我国小城镇体育产业发展方略

王　艳　刘金生◎著

人民体育出版社

图书在版编目（CIP）数据

我国小城镇体育产业发展方略 / 王艳，刘金生著
.— 北京：人民体育出版社，2023
ISBN 978-7-5009-6283-0

Ⅰ. ①我… Ⅱ.①王… ②刘… Ⅲ.①小城镇—群众体育—体育产业—产业发展—研究—中国 Ⅳ. ①G812.4

中国国家版本馆 CIP 数据核字（2023）第 039523 号

*

人 民 体 育 出 版 社 出 版 发 行
北京中献拓方科技发展有限公司印刷
新 华 书 店 经 销

*

710×1000 16 开本 13.5 印张 246 千字
2023 年 8 月第 1 版 2023 年 8 月第 1 次印刷

*

ISBN 978-7-5009-6283-0
定价：70.00 元

社址：北京市东城区体育馆路 8 号（天坛公园东门）
电话：67151482（发行部） 邮编：100061
传真：67151483 邮购：67118491
网址：www.psphpress.com
（购买本社图书，如遇有缺损页可与邮购部联系）

前　言
PREFACE

城镇化是经济发展的结果，也是经济发展的动力，是实现中国式现代化的必由之路。“十四五”时期是我国向基本实现社会主义现代化迈进的关键时期。党的十八大报告中明确提出新型城镇化战略，党的二十大报告为推动新型城镇化高质量发展与深入实施区域协调发展指明了方向。构建新发展格局、优化城乡资源配置、推进以人为核心的新型城镇化，是新时期我国城镇化发展的重要内容。体育产业作为新兴产业获得了发展契机。同时，通过体育产业带动经济社会发展成为一项重要命题。

在原始社会—农耕社会—工业社会—信息社会的演进历程中，每个阶段都会引发社会结构和聚集形式的深刻变革。城镇化是全球性的经济社会演变过程，是不可逆转的趋势，小城镇必然成为这一进程的重要载体①。作为连接城乡的重要桥梁，小城镇处于重要发展战略机遇期。小城镇体育产业发展是实现大中城市与小城镇体育产业协调发展的必然选择，也是推动经济社会高质量发展、全面建设社会主义现代化国家的重要支撑。关于小城镇体育产业发展，国内外学者从理论与实践层面提出诸多建设性的参考策略与建议，但在研究内容、研究空间、研究对象等方面有待深入探讨。尤其是在新型城镇化进程中，对如何将体育产业纳入小城镇经济社会发展规划、采取何种发展策略等问题的理论研究与实践探索极具现实性与紧迫性。

本书以我国新型城镇化与“十四五”时期经济社会发展为时代背景，以小城镇体育产业发展为研究对象，梳理小城镇体育产业在新时期国家战略导向下的发展路径问题。主要内容如下。

首先，提出小城镇体育产业发展的基本理论支撑。作者指出，小城镇应在承接产业转移和产业分工中找准定位，在产业融合中找到市场，以运动项目或赛事活动为引领，打造特色体育产业，实现小城镇体育产业发展。

其次，分析我国小城镇体育产业发展现状与影响因素。在分析我国“十四五”时期体育产业发展的城乡差异、区域差距、行业差序现象的基础上，将小城镇体育产业发展的影响因素置于大环境中进行考量，深入分析城镇化与产业发展的相互关系与影响因素，结合体育产业不同行业的特征与发展条件，阐述小城镇体育

① 费孝通. 中华现代学术名著丛书：乡土中国 生育制度 乡土重建[M]. 北京：商务印书馆，2011.

产业发展的特定影响因素。

最后，提出小城镇体育产业发展的指导方针与策略。通过解析我国小城镇体育产业发展障碍与困境，研判小城镇体育产业发展动力。通过对国内外成功案例的分析，为我国小城镇体育产业发展提供重要借鉴与启示。在此基础上，作者提出小城镇体育产业发展应遵循的指导方针与策略。

鲜活的实践始终是研究的重要对象。对于小城镇经济社会发展的动态性、政府决策的稳定性与及时性、信息传递的裂变性、企业家的敏锐性、资本布局的差异性等，都需要进行持续的深入分析。

知识、认知和数据匮乏，研究量大等因素，增加了研究难度，同时由于作者水平和时间有限，本书难免存在疏漏，恳请广大读者批评指正。

王艳

2022 年 12 月

目　录
CONTENTS

第一章

绪　论

党的二十大报告中提出："深入实施区域协调发展战略、区域重大战略、主体功能区战略、新型城镇化战略"①。这为深入实施区域协调发展和新型城镇化高质量发展指明了方向。一系列政策为小城镇经济社会带来重大发展机遇，体育产业作为新兴产业在小城镇产业结构升级中获得新的发展契机，同时小城镇体育产业发展对拉动就业、促进消费、推动新型城镇化发展有重要战略意义。作者通过对国内外小城镇体育产业发展相关研究的梳理，提出研究问题，运用文献资料法、调查法（实地调研法、问卷调查法）、案例分析法、逻辑分析法、数理统计法等方法，着重分析新型城镇化建设进程中小城镇体育产业发展的相关理论与实践问题。

第一节　时代背景与战略意义

一、小城镇体育产业发展的时代背景

从人类社会发展的文明演进角度思考小城镇发展历程，有利于更清晰地认识现象背后的规律。改革开放以来，我国社会发生的最显著变化之一，莫过于5亿多农村人口进入城镇。在此过程中，他们的生产方式、生活方式发生了巨大改变，这对中国经济社会发展产生了重大影响。党中央、国务院对小城镇建设工作十分重视，把发展小城镇和推进城镇化进程提高到扩大内需、统筹城乡经济社会发展、解决三农问题的战略高度，把积极引导和加强小城镇建设作为进一步推动农村经济全面发展、实现国民经济更快增长的重要工作。新型城镇化进程与小城镇产业高质量发展相互促进，而产业发展是小城镇经济社会发展的关键与根本。体育产业作为新兴产业，在城镇化进程中获得了有利的政策与市场支持。

---

① 习近平．习近平：高举中国特色社会主义伟大旗帜 为全面建设社会主义现代化国家而团结奋斗——在中国共产党第二十次全国代表大会上的报告[EB/OL].（2022-10-25）[2023-02-15]. http://www.gov.cn/xinwen/2022-10/25/content_5721685.htm.

（一）城镇化是中国经济社会发展的必然趋势

城镇化是指随着工业化的发展，非农产业在城镇集聚、非农人口向城镇集中的自然历史过程。国际经验表明，当一个国家的经济社会发展到一定程度，走上工业化、现代化的发展道路时，城镇化必然在一定时期内得到持续推进。这一过程是人类社会发展的客观趋势，也是国家现代化的重要标志。根据世界银行的统计，一个国家国民人均收入达到1000美元是城镇化的起飞线。20世纪90年代后，我国国民人均收入、基础设施的投资都有很大提高，我国城镇化率从1990年的18.9%上升到2001年的37.7%①，再到2015年的56.1%②，并持续快速增长。国家统计局数据显示，我国常住人口城镇化率2021年达到64.72%③，城镇化速度比发达国家的历史同期快得多。经过70多年的发展，中国的城镇化取得了辉煌的成就，在改善民生、推动经济发展、加快现代化进程等方面发挥着巨大作用。

（二）新型城镇化为小城镇体育产业发展带来新机遇

党的十八大报告中明确指出，新型城镇化突出的是“新”，即城乡统筹、城乡一体、城乡互动、节约集约、生态宜居、和谐发展，是大中小城市、小城镇、新型农村社区协调发展，互促共进的城镇化。党的二十大报告中提出，深入实施新型城镇化战略。产业培育与发展是小城镇的立镇之本，体育产业作为新兴产业，在政策利好、产业升级转型、大中小城市与小城镇产业协同发展的环境下，迎来发展机遇。

首先，小城镇作为新型城镇化的重要载体，获得政策支持与市场持续驱动。小城镇建设事关农民生产生活，在国民经济社会发展中具有举足轻重的地位和作用。党中央、国务院多次对小城镇建设做出重要指示和部署。1991年，国务院明确指出小城镇建设事业是社会主义现代化建设的重要组成部分。党的十五大和十五届三中全会上特别强调要搞好小城镇规划建设，明确提出发展小城镇带动农村经济和社会发展的战略规划。鉴于城镇化推进中出现的问题，2012年11月，中国共产党第十八次全国代表大会提出推进“新型城镇化”。2013年12月，中共中

---

① 仇保兴．中国城镇化——机遇与挑战[M]．北京：中国建筑工业出版社，2004.

② 国家统计局．国家统计局：中国常住人口城镇化率历年统计数（1949—2015）[EB/OL]．（2016-08-02）[2022-12-11]．https://wenku.baidu.com/view/dac6641053d380eb6294dd88d0d233d4b14e3fff.html.

③ 国家统计局．中华人民共和国2021年国民经济和社会发展统计公报[EB/OL]．（2022-02-28）[2022-12-11]．http://www.stats.gov.cn/xxgk/sjfb/zxfb2020/202202/t20220228_1827971.html.

央召开第一次城镇化工作会议。2014 年 3 月，中共中央、国务院印发《国家新型城镇化规划（2014—2020 年）》，将其作为指导全国城镇化健康发展的宏观性、战略性、基础性规划。该规划中明确指出小城镇建设在国民经济社会发展中的战略地位和重要作用，为小城镇发展指明了方向，同时提出了更高要求。《2019 年政府工作报告》中继续将“促进区域协调发展，提高新型城镇化质量”纳入政府工作任务。2022 年，《国家发展改革委关于印发〈2022 年新型城镇化和城乡融合发展重点任务〉的通知》（发改规划〔2022〕371 号）中进一步强调促进城乡融合发展的重点任务与具体内容。

其次，小城镇产业结构升级为体育产业发展创造了有利的外部环境。从根本上来说，小城镇发展的核心和关键是产业发展，而在产业发展中，基础动力是第一产业的持续发展，核心动力是第二产业的稳定发展，后续动力是第三产业的快速发展。在新型城镇化进程中，农业富余劳动力逐步转移至小城镇或周边大中城市，他们的生产、生活方式与思想观念逐步向城市居民靠拢。此外，生产要素向小城镇集聚提高了小城镇第三产业的劳动生产率和综合经济效益。实践表明，城镇化过程中大量人口的集聚、农民生活方式的变革、农民生活水平的提高，都会增加农民这一群体对生活性服务的需求，从而促进服务业的快速发展，为体育产业发展提供良好的发展环境。同时，服务业不仅是促进就业的利器，还是带动产业升级、驱动新兴产业的利器，成为城镇化发展的重要推动力量。新型城镇化发展战略以追求民生、可持续发展和提升质量为内涵，以人的城镇化为核心，关键是提高城镇化发展质量，实现产业发展和城镇建设的融合。由于城乡二元经济结构的大背景未发生显著变化，在我国大多数小城镇产业结构中第三产业滞后于第一产业、第二产业的现象仍比较突出，这在一定程度上延缓了小城镇经济发展速度与质量的提高。新型城镇化不断推动小城镇经济发展与产业结构升级，为小城镇体育产业发展创造了有利的外部环境。例如，基础设施的完善为小城镇体育产业发展提供硬件支撑，相关服务业如餐饮、交通、娱乐产业的发展为小城镇体育产业发展提供必要的环境支持。

最后，新型城镇化的持续推进为小城镇体育产业发展提供市场空间。由新型城镇化带来的人口聚集与生产要素集聚，为小城镇体育产业发展提供了潜在消费群体和生产要素，有利于驱动体育产业发展。随着新型城镇化的持续推进，城乡一体化进程不断加快，城镇化质量得到提升，从而使小城镇在基本公共服务、基础设施和资源环境等方面得到提升。例如，京津冀、长三角、珠三角三大城市群，城乡间的差距在逐步缩小，城乡一体化发展突飞猛进，教育、医疗、文化体育、社会保障等公共服务水平明显提高。新型城镇化为小城镇带来大量人口的集聚、居民收入的增加、消费结构的提升、基础设施的改进。社会结构和产业结构的变革，使小城镇居民的生产生活方式逐步向城市居民靠近。小城镇居民在经济基础和闲暇时间的支撑下，将成为体育市场的潜在消费主体。此外，小城镇可以利用和挖掘在自然环境、传统文化、旅游资源等方面的优势，并通过整合这些优势为小城镇体育产业的发展创造条件。

（三）乡村振兴战略为小城镇体育产业发展创造新契机

乡村振兴和新型城镇化都是我国推进现代化建设的必经途径，乡村振兴与新型城镇化并不矛盾，而是相辅相成的。乡村振兴是新型城镇化发展的基本动力，新型城镇化发展为乡村振兴创造条件。小城镇不仅是新型城镇化进程的重要载体，还是乡村振兴战略的重要环节，因此分析小城镇体育产业的发展不仅需要将体育产业置于新型城镇化的战略背景中，还需要分析乡村振兴给体育产业带来的时代机遇。城镇化是伴随现代化发展与分工细化而产生的人口由农村向城市集中的过程，对农村经济的发展具有重要的作用。2018年，《中共中央 国务院关于实施乡村振兴战略的意见》中提出紧紧围绕统筹推进“五位一体”总体布局和协调推进“四个全面”战略布局，坚持把解决好“三农”问题作为全党工作重中之重。这是党中央、国务院谋划新时代乡村振兴的顶层设计，是对包括农村文化、治理、民生、生态等在内的乡村发展水平的整体性提升。2022年，《中共中央 国务院关于做好2022年全面推进乡村振兴重点工作的意见》中提出大力发展县域富民产业。小城镇是承接大城市产业梯度转移与产业延伸的重要载体。大力发展具有比较优势与镇域特色的体育产业应被纳入“十四五”时期小城镇经济社会发展的规划范畴，从而助力乡村振兴与共同富裕发展战略的实现。

小城镇贴近农村，在居民体系中处于中间环节，具有城乡二元特征，是“城镇体系之基础”。作为城市与农村发展的桥梁与纽带，小城镇在实现乡村振兴中具有不可替代的作用。理论与实践表明，推进农业产业化、发展乡镇企业、发展农村第三产业是实现转移农村剩余劳动力、增加农民收入的3条有效途径[①]。小城镇在资金、技术、信息、人才、市场、交通等方面具有集聚优势，同时小城镇对城

① 李云才．小城镇经济学概论[M]．长沙：湖南人民出版社，2000.

市与乡村的天然连接促进了体育消费市场的形成。在乡村振兴战略中，乡村基本设施的建设、生态环境的优化、公共服务设施的完善、农民收入水平的提高、体育参与意识的增强及体育文化的塑造等都为小城镇体育产业发展提供了有利条件与发展机遇。

此外，乡村振兴战略促进小城镇体育产业生产要素的合理配置。由于市场经济是整个市场要素的大流动、大循环，在这个循环系统中，各种生产要素在流动中得到合理配置。在我国，最大的、最重要的流动与循环就是工农之间、城乡之间的循环与流动。乡村振兴战略的实施将我国大、中、小城市和广大农村市场连成一个有机整体，形成统一大市场，实现生产要素在城乡间的合理流动，促进城乡要素平等交换和公共资源均衡配置。这将推动体育产业生产要素在城乡的合理流动，使城市、小城镇、农村连成一个大的体育消费市场。例如，随着乡村旅游的发展，体育产业与旅游产业融合发展不仅提升了乡村旅游地的吸引力，使其成为城市居民节假日休闲的目的地，还成为拉动农村相关产业发展的重要力量，拓宽了体育产业的发展空间。

（四）特色小（城）镇建设为体育产业发展创造新模式

我国的特色小镇建设是国家发展和改革委员会（以下简称国家发改委）、财政部及住房和城乡建设部（以下简称住建部）在全国范围内开展的特色小镇培育工作，特色小镇是乡村振兴中最具增长潜力和发展规模的类型。近年来，特色小镇建设在国家持续性政策规范下稳步发展①，小城镇体育产业在该进程中获得新的发展契机。2017 年 5 月 9 日，国家体育总局办公厅下发《体育总局办公厅关于推动运动休闲特色小镇建设工作的通知》（体群字〔2017〕73 号），正式启动运动休闲

① 2015 年 5 月，习近平总书记考察浙江时肯定了特色小镇建设，同年 12 月，习近平总书记在《浙江特色小镇调研报告》上做出重要批示，此后国家先后颁布一系列文件推进、部署特色小镇建设工作。2016 年 7 月，住建部、国家发改委、财政部 3 部委联合发布《关于开展特色小镇培育工作的通知》，第一批（2016 年 10 月）特色小镇名单包括 127 个镇，第二批（2017 年 8 月）特色小镇名单包括 276 个镇。2017 年 5 月 9 日，国家体育总局办公厅下发《体育总局办公厅关于推动运动休闲特色小镇建设工作的通知》（体群字〔2017〕73 号），启动运动休闲特色小镇建设工作，同年 8 月 10 日，首批 96 家运动休闲特色小镇试点项目公布。2020 年 9 月，《国务院办公厅转发国家发展改革委关于促进特色小镇规范健康发展意见的通知》（国办发〔2020〕33 号）出台实施，为全国特色小镇发展提供了基本依据，明确了总体要求和政策取向。2021 年 9 月 27 日，国家发改委等 10 部委印发《国家发改委等部门关于印发全国特色小镇规范健康发展导则的通知》（发改规划〔2021〕1383 号）。2021 年 9 月 30 日，国家发改委等 10 部委印发《关于印发全国特色小镇规范健康发展导则的通知》（发改规划〔2021〕1383 号），不断促进特色小镇规范健康发展。2022 年 3 月 17 日，国家发改委印发《关于印发<2022 年新型城镇化和城乡融合发展重点任务>的通知》（发改规划〔2022〕371 号），进一步推动特色小镇的健康规范发展。

特色小镇建设工作，提出将运动休闲特色小镇建设和脱贫攻坚任务紧密结合起来，多措并举、综合施策、循序渐进、以点带面，促进体育与健康、旅游、文化等产业融合协调发展，带动区域经济社会各项事业全面发展。可见，建设运动休闲特色小镇在推动中西部贫困落后地区发展、提升公共体育服务供给、助农扶农等方面具有重要意义。

特色小镇建设热潮为小城镇体育产业发展提供新的发展契机与实践模式。新型城镇化进程的持续推进，使特色小镇建设表现为文件热、政策热、规划热、建设热。在这些热潮推动下，小城镇居民的运动休闲需求高涨，市场驱动力明显增强。一方面，市场需求不断升温。在“瓦片经济”向“楼宇经济”的过渡中，小城镇居民生产生活方式的改变对社会公共服务提出新的需求，小城镇产业结构调整与经济增长需要新兴产业的支撑，文化和体育成为新的需求点与发展点。另一方面，国家和地方政府的政策引导与金融支持，为特色小镇建设提供了制度保障、物质支持和经济支撑。体育产业在特色小镇建设中成为实践创新的载体，因其可以作为大城市的“第二居所”①而具有较好的发展前景，成为市场热点领域。助推体育产业与小城镇建设的互动发展，为小城镇体育产业开辟了新的发展模式。

二、小城镇体育产业发展的战略意义

当前，我国新型城镇化与新型工业化快速推进，作为城镇化与工业化进程的主要载体——小城镇发挥着不可替代的作用。同时，小城镇也是建设社会主义新农村与新市镇的主要阵地，是城市先进制造业梯度转移的基本单元，是产业集群的基本组织点与农村第三产业的集聚地②。体育产业符合新型城镇化对小城镇发展的战略导向，是我国体育产业发展的潜在市场，为小城镇发展提供了新动能。

（一）体育产业是助推小城镇产业结构升级的新动力

发展小城镇体育产业符合新型城镇化的产业发展方向。产业发展是小城镇发展的核心，也是助推新型城镇化的关键。新型城镇化建设规划中提出走“以人为

① 丰佳佳．体育产业：体育特色小镇 为什么这么火[EB/OL]．（2017-05-15）[2023-02-15]．https://www.sport.gov.cn/n14442/c802747/content.html．

② 方创琳，张小雷，史育龙，等．中国城镇产业布局分析与决策支持系统[M]．北京：科学出版社，2011．

本、四化同步、优化布局、生态文明、文化传承”的中国特色新型城镇化道路，将加快发展服务业作为产业结构优化升级的主攻方向，将“集约、智能、绿色、低碳”作为新型城镇化的重要“符号”。体育产业被认为是绿色、环保、低碳、无烟产业，完全符合新型城镇化指导思想的要求。应积极推进小城镇体育产业的发展，挖掘其资源潜力，释放居民需求，助力区域经济健康、持续发展。

体育产业是小城镇产业动能转换的新空间。随着城镇化进程的不断加快，以往城镇化的四大动力逐步衰减，具体表现为：传统产业产能严重过剩；工业化动力减弱；新城、新区、城市综合体、房地产难以为继；传统依靠土地财政、土地融资的模式急需转型。如何实现新旧动能转化成为新的命题，特色小（城）镇的建设成为新的着力点和发展方向。体育产业是朝阳产业、绿色产业、健康产业，涉及部门多，延伸领域广，满足当前城市居民追求休闲娱乐的消费需求，与小城镇当地产业的发展目标是一致的，符合产业发展导向。例如，内蒙古主要依托草原资源抓好夏季体育产业项目，借助民族资源创建体育文化产业项目，打造运动休闲带，引导产业基础好、资源优的重点区域率先发展，优化产业布局，加快体育产业市场的培育，提高体育产业对地区经济社会发展的贡献率；江苏南通海门足球小镇地处长江北岸，原是海门市的工业重镇，近两年围绕足球产业，小镇增加近 1000 个就业岗位，体育产业年增加值近 30%，并且带动了餐饮、住宿及零售业的发展①。

在新型城镇化、乡村振兴战略、健康中国规划等政策驱动下，城乡生产要素合理流动，城乡体育市场连通为一个大市场，城乡居民体育公共服务一体化的目标不断推进，体育产业关联性增强，有利于促进小城镇相关服务业联动发展。同时，体育产业成为带动小城镇产业结构升级的重要推动力量。体育及相关产业极大地刺激了新兴产业的发展，由此形成以体育活动为中心的产业链，带动了当地经济社会的发展，成为城镇化进程中提高第三产业比重的重要途径。例如，江浙部分地区城镇化率超过 70%，拥有独特的资源禀赋，其对体育产业的培育成为新型城镇化建设的新动力；太仓市天镜湖电子竞技小镇从一家电竞企业发展成为国内最具经验的电竞赛事主办方，市值超 30 亿元，2015 年电竞产业税收贡献度占到该区域科教新城新兴产业的 58.12%，成为区域龙头产业。

---

① 刘敏．江苏海门打造特色足球小镇全方位发展[EB/OL]．(2017-06-05)[2023-12-15]．https://www.sport.gov.cn/n20001280/n20745751/n20767297/c21178136/content.html．

（二）体育产业是特色小（城）镇建设的新抓手

在国家政策利好、行业热度高涨、市场强力推动的新形势下，体育小镇从无到有进入活跃期，推进特色小镇发展成为全国全社会各领域关注的重点与热点问题。《国家发展改革委关于加快美丽特色小（城）镇建设的指导意见》中指出，特色小镇是以传统行政区划为单元、特色产业鲜明、具有一定人口和经济规模的建制镇。体育产业因其具有与生产活动的连接性、与生活联系的密切性、与生态结合的天然性等特征，易于融入特色小镇建设，这成为体育产业供给侧改革的创新实践抓手、体育产业跨界融合的新模式，对于新型城镇化和健康中国建设意义重大①。

体育产业是培育、建设运动休闲特色小镇的核心。需要注意，特色城镇是统筹城乡发展的新抓手，它是以建制镇为基本单位的，应充分挖掘小城镇特色，体现小城镇的差异化与竞争力。要打造特色小镇，应以产业聚集为特色。从打造特色小镇的思路来看，体育产业有利于提升小城镇居民的精神风貌、完善基础设施建设、促进城镇化、带动相关产业发展。发展小城镇体育产业可以使生产要素在城市的集聚与乡村的扩散之间找到落脚点，使小城镇发展道路在城市化与逆城市化之间找到平衡点，使城市、小城镇、农村居民在市场竞争与诗意生活之间找到支撑点，是产业发展实现生产、生活、生态相协调的融合点。在运动休闲特色小镇的培育中，体育产业的发展有助于彰显小城镇的区域特色与地位，通过差异化提升小城镇的综合竞争力。大力发展小城镇体育产业，既能云集城市、乡镇、农村的市场主体，又能强化小城镇的生活配套与自然环境，符合小城镇居民的生活追求，满足小城镇及农村居民对公共服务的精神需求，实现生态、文化与体育健身休闲需求相融合，有利于推动城乡一体化发展。

（三）小城镇是体育产业纵深发展的新空间

随着城镇化的不断推进、乡村振兴战略的实施、城乡一体化发展政策的引领，城镇化质量不断提升，小城镇的功能逐步升级，由此带来小城镇产业结构的升级与产业发展环境的优化。随着小城镇居民收入水平的快速提高，消费结构的改进将优化小城镇第三产业外部市场环境，激发体育市场消费潜力。这个市场一旦被

① 沈克印，杨毅然. 体育特色小镇：供给侧改革背景下体育产业跨界融合的实践探索[J]. 武汉体育学院学报，2017，51（6）：56-62.

引燃，就将成为中国体育产业增长的爆发点，也将成为我国体育产业发展的增量空间。正因如此，作者着力对小城镇体育产业发展的策略进行分析，以期为小城镇体育产业发展提供一定的借鉴与参考。同时，小城镇体育产业发展为城市体育市场的扩大与延展、体育产品与服务的供给延伸提供了巨大空间。

1. 小城镇体育健身设施、体育场馆的建设，为激发体育消费提供有效手段

在小城镇体育健身设施完善、体育场馆建设过程中，应充分重视小城镇不同年龄、不同性别居民的多元化体育需求，通过满足居民需求，逐步培养居民体育消费意识，培育不同类型的体育市场，推进小城镇体育产业的培育进程。在新型城镇化不断推进及国家全民健身计划实施过程中，小城镇体育健身设施、体育场馆的建设将成为激发小城镇居民体育消费的有效手段。

2. 小城镇居民消费理念的改变，为体育消费创造条件

随着城镇化进程的深入，小城镇非农人口比重不断增加，加之现代交通、通信的快速发展，网络信息技术的覆盖率与传输的及时性在一定程度上缩小了城乡居民的信息获取差距。小城镇居民对城市生活方式的追求、对改善生活品质的要求在一定程度上提升了市场对体育物质产品与服务产品的有效需求。小城镇居民逐步认识到健康的重要性，这使得他们一度以储蓄为导向的生活消费理念有所转变，更加重视体育对促进身体健康的重要性。

3. 小城镇居民可支配收入的提高，为体育消费提供潜在市场支持

随着小城镇居民家庭收入水平的提高，其消费理念与消费结构也发生变化，诸多小城镇居民已逐步形成投资健康的消费理念，成为体育市场的潜在消费者。不少城镇利用地缘、资源优势，将体育、文化、旅游有机融合，推动产业发展。将体育赛事与小城镇资源禀赋、商业、文化、旅游产业等融合，成为小城镇未来体育产业发展的途径。

此外，小城镇体育产业还是扩大体育文化影响力的重要方式。作为文化产业的一部分，体育产业不仅制造物质产品，还发挥着满足和提高人们精神文化需求的重要作用。无论是小城镇举办的体育赛事，还是健身房、台球馆、跆拳道馆等日渐增多的体育健身活动场所，抑或是不断受到热捧的体育旅游，都是体育产业

经营的重要内容和体育文化发展的载体。体育产业可以提升居民的文化素养，彰显体育文化的凝聚力与吸引力。应通过产业化运作使体育向文化转变，进而提高体育产业的竞争力，促进体育文化的传播与传承，创造体育文化的价值与经济效益。

综上所述，小城镇发展一直以来受到国家各级政府的高度重视，随着新型城镇化持续推进、小城镇产业结构不断优化，体育产业获得了有利的发展条件与契机。国家对小城镇体育发展高度关注，并给予连续性的政策支持。2000 年，国家体育总局颁布《2001—2010 年体育改革与发展纲要》（体政字〔2000〕079 号），指出应将小城镇体育发展作为农村体育的重点，形成以小城镇为龙头、对农村体育发展具有较强辐射力的体育组织网络。2002 年，《中共中央 国务院关于进一步加强和改进新时期体育工作的意见》（中发〔2002〕8 号）中进一步强调“农村体育以乡镇为重点”的方针，明确发展小城镇体育对促进农村体育发展的重要性。2014 年 10 月 20 日，《国务院关于加快发展体育产业 促进体育消费的若干意见》（国发〔2014〕46 号）中指出，“要把增强人民体质、提高健康水平作为根本目标，……不断满足人民群众日益增长的体育需求”。2019 年 1 月 15 日，国家体育总局联合国家发改委印发《进一步促进体育消费的行动计划（2019—2020 年）》（体经字〔2019〕13 号），对完善体育消费设施、优化体育消费环境、丰富体育消费产品和服务供给等提出具体的指导意见。同年 9 月，《国务院办公厅关于促进全民健身和体育消费推动体育产业高质量发展的意见》（国办发〔2019〕43 号）中提出优化产业布局，促进区域特色体育产业发展。作为我国体育产业的有机组成部分，小城镇体育产业对实现我国体育产业的市场延展、消费内容与消费人群的扩大具有重要的价值。

我国体育产业正处于快速发展的初级阶段。在大中城市，体育产业呈现蓬勃发展态势，而小城镇体育产业发展滞后，属于有待开发的区域。同时，在新型城镇化进程中，小城镇产业发展受多种因素综合影响，不同区域的经济起点不同，社会文化背景各异。因此，在新型城镇化进程中，如何将体育产业纳入小城镇经济社会发展规划、采取何种发展策略等是值得探讨的问题。

通过对上述问题的分析，本书将实现如下研究目的：①梳理小城镇体育产业发展的时代背景与发展意义，识别和利用新型城镇化带来的发展机遇促进小城镇体育产业发展，以期为完善小城镇体育产业发展体系与发展环境、完善小城镇公共服务体系等工作提供一定的参考；②明晰小城镇体育产业的发展现状与存在的问题，通过调查研究，全面深入地了解和把握小城镇体育产业发展的现实情况、发展条件、存在问题等，为小城镇体育产业发展提供基本依据；③提出小城镇体育产业发展的方针与策略，探讨小城镇体育产业的内涵与目标、指导方针与发展策略等，分析如何将体育产业纳入小城镇经济社会发展规划、采取何种发展战略和方式、不同区域的小城镇体育产业如何施策等问题，以期为小城镇体育产业发展提供一定的理论依据与实践参考。

研究小城镇体育产业发展方针与策略，是在我国城镇化背景下推动小城镇体育产业发展提出的重要任务，具有重要的研究意义。在理论上，该研究有利于丰富和延展区域经济发展理论、公共政策理论等，有助于探讨小城镇体育产业在承载城市产业辐射、培育小城镇特色产业、促进小城镇经济社会发展等方面的作用与实现策略，丰富和延展城镇化有关理论的应用范围；在实践上，该研究有利于为小城镇体育产业发展规划与发展策略的制定提供参考，为小城镇经济社会发展规划的拟定、体育产业的定位、主导产业的选择、发展策略的制定等提供理论依据与实践参考，具有较强的现实性与前瞻性。

第二节 研究综述

一、核心概念界定

（一）新型城镇化的内涵与要义

城镇化是各国家在实现工业化、现代化过程中所经历的社会变迁的一种反映。我国小城镇建设事关农民生产生活，在国民经济社会发展中具有举足轻重的地位和作用。根据国民经济和社会发展的需要，党中央、国务院多次对小城镇建设做出重要指示和部署。伴随着工业化的快速推进和经济的高速增长，中国城镇化呈现进程速度快、规模大、影响深的特点。但高速增长的城镇化带来了一系列问题，如粗放外延式扩张与内涵发展失衡、脱离资源承载力和产业支撑、人口城市化与土地城市化不同步、城镇化速度与产业结构演进不协调等。针对出现的问题，党的十八大报告中明确提出“新型城镇化”概念[①]。

这是在顶层设计和行为路径方面对我国城镇化道路做出的重大调整。新型城镇化的特征突出体现在两点：一是人口的城镇化；二是科学合理的城镇体系新布局。李克强指出，新型城镇化是最大的结构调整[②]。新型城镇化要求改变只追求城市规模扩大和空间扩张的粗放发展模式，以提升城镇的文化、公共服务为中心，强调内涵式发展，使城镇真正成为具有较高品质的宜居之所。可见，新型城镇化是一个复杂的、多层面的、社会经济空间变迁的动态过程，是多因素综合作用的结果。中国幅员辽阔，区域发展不平衡，因此推进新型城镇化应做到因地制宜、分类实施、试点先行。以“业”兴“城”，做大做强中西部中小城市和县城，提升人口承载能力等，成为各地新型城镇化的指导方针。

对新型城镇化理论与实践研究热点进行梳理，有利于深刻了解城镇化的内涵与特征。自 20 世纪 80—90 年代起，城镇化被认为是符合中国国情与发展道路的表述，逐步出现在政府文件中，并受到相关理论研究者的高度关注。城镇化的研究热点主要有：城镇化内涵与政策解读[③④⑤]、城市化或城镇化水平测度[⑥]、具体路径与推进对策[⑦]、城镇化与产业、生态环境的耦合发展[⑧]等。随着城镇化实践的持续推进，研究领域不断深入。进入 21 世纪，新型城镇化的新动能[⑨]、城镇化进程

---

① 所谓新型城镇化，是指坚持以人为本，以新型工业化为动力，以统筹兼顾为原则，推动城市现代化、城市集群化、城市生态化、农村城镇化，全面提升城镇化质量和水平，走科学发展、集约高效、功能完善、环境友好、社会和谐、个性鲜明、城乡一体、大中小城市和小城镇协调发展的城镇化建设路子。

② 李克强．李克强：新型城镇化是最大的结构调整[EB/OL]．（2014-09-17）[2022-12-11]．http://www.gov.cn/xinwen/2014-09/17/content_2751729.htm.

③ 王素斋，祝士苓．五大发展理念下新型城镇化发展路径研究[J]．学理论，2016（12）：20-21.

④ 陆大道．对我国“十四五”规划若干领域发展的初步认识[J]．中国科学院院刊，2019，34（10）：1143-1146.

⑤ 姚士谋，陈维肖，陈振光，等．新常态下中国新型城镇化的若干问题[J]．地域研究与开发，2016，35（1）：1-4.

⑥ 王新越，秦素贞，吴宁宁．新型城镇化的内涵、测度及其区域差异研究[J]．地域研究与开发，2014，33（4）：69-75.

⑦ 倪鹏飞．改革开放 40 年中国城镇化发展的经验与启示[J]．智慧中国，2018（12）：11-13.

⑧ 王芳，田明华，秦国伟．新型城镇化与产业结构升级耦合、协调和优化[J]．华东经济管理，2020，34（3）：59-68.

⑨ 熊爽．关于培育新型城镇化城市发展新动能的对策研究[J]．中国商论，2020（5）：206-208.

中居民消费问题[①]、城镇体系与城乡统筹[②]、城镇化与产业结构升级[③]，以及城镇化与经济高质量发展、多元化就业与扩大消费的良性发展机制[④]、县域城镇化对城乡公共服务融合发展的促进路径[⑤]等成为研究热点。通过梳理我国新型城镇化的政策表达与理论研究成果，可以看出新型城镇化的要义主要体现在以下方面。

1. 促进城镇产业结构升级，全面提升城镇化质量

城镇化是随着社会生产力的进步、科学技术的发展和产业结构的调整，农村劳动力人口不断向城镇转移并从事非农产业工作的过程，这一历史过程使城镇数量增加、城镇规模扩大[⑥]。新型城镇化要求以人口的城镇化为核心，以提升小城镇综合承载能力为支撑，以机制体制创新为保障，实现产业发展、就业转移和人口集聚在小城镇的统一。新型城镇化不是以地的城镇化为指标，而是以人的全面城镇化为核心，对资源进行集约高效利用，走绿色智能、四化同步的有中国特色的新型城镇化道路。

2. 促进资源的空间转移与优化配置，实现城乡统筹协调发展

城镇化的本质是在技术的作用下，通过劳动力的产业转移与空间转移，对生产要素“土地、劳动、资本”进行重新配置的过程。城镇化的动力是工业化，城镇化是实现农业和非农产业、农业人口和非农业人口在地理空间上的分工与分离，使传统的农村生活方式向现代的城市生活方式转化的过程[⑦]，使农民过上与城市居民无差别的生活。

3. 以人的城镇化为核心，强调内涵发展

新型城镇化提出要以人口城镇化为核心，强调内涵发展，坚持公平共享，有序推进农业转移人口市民化，提升城镇居民生活品质，促进城镇化健康发展，推

① 李红艳．居民收入视角下新型城镇化促进居民消费影响的实证研究[J]．商业经济研究，2020（4）：50-54.

② 申明锐，张京祥．新型城镇化背景下的中国乡村转型与复兴[J]．城市规划，2015，39（1）：30-34，63.

③ 蓝庆新，陈超凡．新型城镇化推动产业结构升级了吗？——基于中国省级面板数据的空间计量研究[J]．财经研究，2013，39（12）：57-71.

④ 钟代立，王欢芳．城镇化发展、产业结构升级与城乡消费差距[J]．统计与决策，2022，38（7）：77-81.

⑤ 王凯霞．县域城镇化促进城乡公共服务融合发展的路径研究[J]．经济问题，2022（4）：124-129.

⑥ 佚名．新型城镇化[EB/OL]．（2022-12-11）[2023-02-15]．https://wiki.mbalib.com/wiki/%E6%96%B0%E5%9E%8B%E5%9F%8E%E9%95%87%E5%8C%96.

⑦ 肖金成．中国城镇化四十年[J]．中国金融，2018（18）：33-35.

动城镇基本公共服务全覆盖，使全体居民共享城镇化发展成果。新型城镇化要求改变单纯以地的城镇化为指标的模式，注重实现人的城镇化，要求增强小城镇的综合承载能力，增强小城镇的基础设施、公共服务、资源环境对人口集聚的支撑作用，有效提升小城镇的可持续发展能力。

（二）小城镇的界定

小城镇在我国是一个使用频率较高的通用名词，学者从不同的研究视角对小城镇的概念及其覆盖范围有着不同的界定与看法。我国对小城镇的研究可追溯到费孝通对“江村经济”的研究，他在《小城镇 大问题》中指出，小城镇是比农村社区更高一层的社会实体存在，是一种由从事非农业生产劳动的人口组成的社区。此后，学者们对小城镇概念的主要观点还有：小城镇是区别于大中城市和农村村庄、具有一定规模、主要由从事非农产业生产活动的人口所聚居的社区，是一定区域的政治、经济和文化中心[①]。《辞海》中对小城镇的界定是：介于城乡之间、在农村发展和建立起来的、具备城市的一些基本功能的、以非农业人口集聚为主的小型社区[②]。归纳起来，不同学科的学者对小城镇概念的界定主要有狭义和广义两种（表 1-1）。

表 1-1 小城镇的概念

类别	概念	分析
狭义	小城镇仅指除设市以外的建制镇[③]，包括县城，是农村一定区域内政治、经济、文化和生活服务的中心	这一概念较符合《中华人民共和国城市规划法》中的法定含义
广义	除狭义概念中所指的建制镇和县城外，还包括集镇[④]，是农村中工农结合、城乡结合，有利生产、方便生活的社会和生产活动中心	这一观点强调小城镇发展的动态性与乡村性，是我国目前小城镇研究领域较为普遍的观点

资料来源：根据相关文献和政策文件整理而成。

---

① 吴继宽．小城镇建设实践与探索全书[M]．北京：中国社会科学出版社，2004．

② 夏征农．辞海[M]．上海：上海辞书出版社，1999．

③ 1984 年国务院转批的民政部《关于调整建制镇标准的报告》中关于设镇的规定调整如下：a．凡县级地方国家机关所在地，均应设置镇的建制。b．总人口在 2 万以下的乡，乡政府驻地非农业人口超过 20%的，可以建镇；总人口在 2 万以上的乡，乡政府驻地非农业人口占全乡人口 10%以上的也可建镇。c．少数民族地区、人口稀少的边远地区、山区和小型工矿区、小港口、风景旅游地、边境口岸等地，非农业人口虽不足 20%，但确有必要，也可设置镇的建制。

④ 1993 年发布的《村庄和集镇规划建设管理条例》中对集镇提出的明确界定是：集镇是指乡、民族乡人民政府所在地和经县级人民政府确认由集市发展而成的作为农村一定区域经济、文化和生活服务中心的非建制镇。

关于小城镇范畴的界定方法有以下 4 种：①小城镇包括小城市、建制镇与集镇。显然这一概念中的小城镇分属城与乡两个范畴。②小城镇包括小城市与建制镇。其中的小城市是指城镇范畴中规模较小、人口少于 20 万的小城市（即县级市）。③小城镇包括建制镇与集镇。这一概念中的小城镇也分属城与乡两个范畴，包括小于城市、从属于县的县城镇，县城以外的建制镇和未设镇建制但相对发达的农村集镇。④小城镇仅指建制镇。这一概念中的小城镇属于城镇范畴，是建制镇（包括县城镇）在城镇体系中的同义词。

可以看出，小城镇作为连接城市和乡村的桥梁和纽带，是一定区域内政治、经济、文化和科技服务中心。小城镇的特点是：介于城乡之间，地位特殊；乡镇企业比较集中；非农业人口相对集中；商业与服务行业有一定规模；文化、教育、科技、卫生事业有一定基础；区位条件较好，通常是附近农村贸易的集散地；处于城乡接合部，即乡之头、城之尾；在管理上既有城市的特点，又有农村的特性。小城镇的过渡性和发展的动态性，导致了人们对小城镇概念和范畴的理解分歧。

本书采取第四种对小城镇范畴的界定，集中研究建制镇。主要原因如下。

（1）实现研究目的的需要。本书主要探讨新型城镇化进程中小城镇体育产业的发展问题，主要是针对人口向城市聚集、城市规模扩大等经济社会变化过程中原有小城镇体育应如何发展的问题，探讨农村人口向城市人口转变过程中的文化、生活方式与价值理念的扩散过程，探讨各种生产要素和产业活动向城镇集聚的过程。因此，着重讨论小城镇的变化与变迁，而小城市已经属于城市的范畴，不作为主要讨论和研究的对象。

（2）统计分析的需要。从调查范围来看，建制镇有明确的行政归属，便于统计和分析，并且建制镇是城镇化进程中变化最大、经历城镇化最直接的客体，是本书的主要调查对象。国家统计数据中均有明确的建制镇单列分类，其中城镇主要是指城市，尤其是大城市。国家统计局专门对建制镇的经济社会发展情况进行了统计，并出版发行《中国建制镇统计资料》。为实现研究任务，本书采取第四种对小城镇的界定有利于统计数据的收集整理与逻辑分析。

（3）保证研究建议的可行性与针对性。研究结论或对策建议的提出首先要概念界定清晰、范畴所指明确。学者对小城镇有诸多界定方法，对小城镇具体范畴的界定也因研究目的或研究需要而各有差别。对本书而言，将小城镇的范畴指向建制镇，一方面是为了区别于城市和农村、乡村等概念；另一方面是为了在探讨小城镇体育产业发展的政策制定、发展策略等问题时，避免因概念界定模糊而使研究结论或所提对策与建议失去可行性与针对性。

对小城镇的区域划分依据如下。

本书对小城镇的划分遵从东部、中部、西部、东北的区域划分方式。在具体研究中，对我国小城镇体育产业的调研与分析，以上述4个不同的区域为研究单位进行阐述说明。这是因为我国小城镇星罗棋布、形态多样、经济社会发展水平差异显著，因此有必要对小城镇的类别进行划分，具有分类的必要性。同时，在区域范围内，小城镇经济社会发展程度、产业结构等具有相对同质性，具有分区域研究的可能性。国家在不同时期关于小城镇发展的战略与政策导向文件中，对小城镇的发展规划的指导意见也强调重视区域差异性。例如，《中共中央 国务院关于促进小城镇健康发展的若干意见》（中发〔2000〕11 号）中对不同区域小城镇的发展规划应遵循的原则与发展定位进行了战略指导，分别对沿海发达地区、中西部地区的小城镇提出了不同的发展规划与布局建议①。此外，在《国家新型城镇化规划（2014—2020年）》的指导思想与发展目标中，从东部地区、中西部地区分别给予小城镇战略指导②。在此基础上，作者结合区域经济学有关经济区域的划分原则与划分方法，考虑不同小城镇的经济社会发展水平、产业结构、产业发展状况等方面的相对同质性与绝对差异性，在研究设计中对小城镇体育产业发展情况的调查研究分别以东部地区、中部地区、西部地区、东北地区为调查单元③。

（三）体育产业的界定

为更好地研究小城镇体育产业，在对小城镇进行界定后，还需要对体育产业进行清晰的界定，以实现对研究问题论域范围的准确把握。事实上，对体育产业概念的界定是体育理论界多年来的热点话题。由于研究目的或分析视角的不同，学者们对体育产业的概念界定存在差异，同时随着体育产业实践的不断丰富，对体育产业外延的理解争议也变得复杂。综合来看，对体育产业界定的争议主要涉

---

① 《中共中央 国务院关于促进小城镇健康发展的若干意见》（中发〔2000〕11 号）中指出，在沿海发达地区，要适应经济发展较快的要求，完善城镇功能，提高城镇建设水平，更多地吸纳农村人口；在中西部地区，应结合西部大开发战略，重点支持区位优势和发展潜力比较明显的小城镇加快发展。

② 《国家新型城镇化规划（2014—2020 年）》指导思想与发展目标中提出，“两横三纵”为主体的城镇化战略格局基本形成，城市群集聚经济、人口能力明显增强，东部地区城市群一体化水平和国际竞争力明显提高，中西部地区城市群成为推动区域协调发展的新的重要增长极。

③ 东部地区包括北京、天津、河北、上海、江苏、浙江、福建、山东、广东、海南10个省（直辖市）；中部地区包括山西、安徽、江西、河南、湖北、湖南6个省；西部地区包括内蒙古、广西、重庆、四川、贵州、云南、西藏、陕西、甘肃、青海、宁夏、新疆12个省（直辖市、自治区）；东北地区包括辽宁、吉林、黑龙江3个省。

及以下两个方面：一是对产业是企业集合还是经济活动集合的争议。有的学者认为体育产业是“生产同类或有密切替代关系的体育产品与服务的企业集合”，以提供相似的产品为标准，因此将体育产业界定为体育企业的集合；也有学者将体育产业界定为“体育及其相关产业的经济活动的集合”，以从事相似的经济活动为标准，认为体育产业是体育经济活动的集合体。从本书的研究实际来看，以经济活动对体育产业进行界定更符合研究的目的与要求。二是对体育产业内涵与外延界定的争议，主要涉及体育产业与体育事业的关系、体育产业与相关产业的界定等方面。

可见，学者们从不同角度对体育产业的内涵与外延的解读，在理论上使概念更加准确、符合逻辑，促进了体育产业理论研究体系的日臻完善；在实践中对体育产业活动的认识日趋全面，有利于更好地推进产业实践的开展。虽然理论界对于体育产业的理论研究体系臻于完善，并试图找到一个公认的明确定义，但依然存在争论。无论是理论探讨中对体育产业界定的争论，还是实践操作中对体育产业界定的争论，都是为了促进体育产业的发展。

随着我国一系列促进体育产业发展的政策文件的出台，体育产业得到快速推动与发展，在产业实践中新业态、新商业模式不断涌现，使得体育产业的内容和边界不断拓展[①]。基于我国当前体育产业实践发展的客观现状，在参照有关经济学理论的基础上，从研究目的及资料获取实际出发，作者依据 2019 年国家统计局和国家体育总局联合发布的对体育产业统计分类的文件，将体育产业界定为：为社会提供各种体育产品（货物和服务）和体育相关产品的生产活动的集合[②]。由此，结合小城镇界定的论域范围，作者对小城镇体育产业的界定如下：小城镇体育产业是指在我国建制镇区域范围内为社会提供体育产品（货物和服务）和体育相关产品的生产活动的集合。这是本书对核心概念界定的论域范围，用以界定全面研究与调查的范围。

（四）小城镇体育产业发展的内涵、结构与目标

对小城镇体育产业发展的内涵、结构与目标有清晰的认识是分析小城镇体育

① 鲍明晓，邱雪，吴卅，等. 关于加快推进体育强国建设的几个基本理论问题——基于党的十九大报告提出体育发展全局的战略性问题[J]. 北京体育大学学报，2018，41（2）：1-6，16.

② 国家统计局. 体育产业统计分类（2019）（国家统计局令第 26 号）[EB/OL].（2019-04-09）[2022-12-11]. http://www.gov.cn/gongbao/content/2019/content_5419214.htm.

产业发展的前提与基本要求。在明晰新型城镇化的科学内涵及小城镇产业发展目标的基础上，针对小城镇场域的特殊性及体育产业的界定，作者提出我国小城镇体育产业发展是指在新型城镇化背景下，以科学发展观为指导，以小城镇为空间载体，以资源禀赋为依托，实现我国小城镇（主要指建制镇）体育产品及体育相关产品的生产活动的发展，进一步扩大体育产业规模，优化产业结构与产业布局，使体育产业与新型城镇化协调、协同发展。具体而言，小城镇体育产业的发展内涵主要有以下几点。

1. 体育产业与新型城镇化发展的协同性

新型城镇化发展要求改变粗放的发展模式，以提升城镇的文化、公共服务为中心，强调内涵式发展，使城镇真正成为具有较高品质的宜居之所。鉴于我国小城镇体育产业整体发展相对滞后的客观现实，作者认为小城镇体育产业发展应与新型城镇化的核心要义保持一致，通过发展体育产业，促进小城镇居民身体素质与体育文化素养的提高，提高生活品质，真正实现“人的城镇化”。同时，体育产品是一种特殊的商品，具有经济属性和社会属性。这就要求小城镇体育产业发展不仅应遵循体育企业经营和发展的内在规律，还应考虑小城镇居民基本的公共体育需求，以“人的城镇化”为核心，促进小城镇居民身心健康发展，改善生活方式的，提高小城镇居民的幸福感。

2. 小城镇体育产业发展的差异性

我国幅员辽阔，不同地域的小城镇在地理区位、自然禀赋、人文历史等方面具有较大的差异性，这说明要实现小城镇体育产业的全面发展或齐头并进是很难的，应根据镇域资源实际，凸显和挖掘地方特色，有选择地培育和发展规模适当且具有比较优势的主导产业，并突出在空间场域方面有别于城市和农村的体育产品和服务，走差异化发展道路。鉴于不同类型小城镇在经济社会发展水平、产业基础、资源禀赋等方面的差异性，应因地制宜，培育发展具有特色和产业基础的体育产业类型，即不同区域不同类型的小城镇应坚持分层分类推进的差异化发展道路，尊重区域差异，科学定位体育产业发展方向。

3. 小城镇体育产业发展方式的创新性

小城镇的空间场域既不同于城市，也有别于农村，这就要求其体育产业发展模式不能简单照搬城市套路，也不能盲目承接城市体育产业项目，而应根据自身的区位特征、资源条件及市场环境等，走产业创新发展之路。例如，河北省涞源县处于经济欠发达区域，但其创造性地使体育产业成为扶农的新路径，凭借有利的地理区位与交通优势，依托当地海拔高、生态优、空气质量好的旅游资源优势，打造七山滑雪场，仅 2018—2019 年雪季就接待游客 15 万人次，收入 2000 余万元。2018 年，全县接待游客 208.7 万，总收入 17.87 亿元，创造就业岗位近 2000 个，实现近 300 家农家乐增收，使周边 20 多个贫困村受益，开创了体育产业扶农的新路径①。2020—2021 年雪季开始到春节前，涞源县雪场游客人数增至 2017—2018 年的 3 倍，营业额为 4725 万元，是 2017—2018 年同期营业额的近 4 倍，这些亮眼的数字见证了涞源县冰雪产业的发展壮大，也反映了冰雪产业巨大的发展潜力。

小城镇体育产业发展主要以产业规模的扩大和产业结构提升为主要目标。依据产业经济学理论对产业结构进行界定，即区分各产业的构成及各产业之间的联系和比例关系。小城镇体育产业发展的结构是指小城镇体育产业不同行业之间的构成和比例关系。随着小城镇经济社会发展及产业结构的优化，小城镇体育产业结构在各行业动态发展进程中逐步得到优化。体育产业是集竞赛表演，健身娱乐，体育用品的生产制造、销售，场地设施和体育服务业为一体的综合产业。体育竞赛表演和健身娱乐等体育主体产业的发展在我国相对落后，小城镇体育产业也存在同样的现实情况。因此，在“十四五”时期，应大力推动小城镇依托地域特色，挖掘镇域体育资源，借助体育设施引导体育产品经营，创造条件积极培育体育健身娱乐业和竞赛表演业；抓好主体产业，带动相关产业发展，制定以点带面的综合发展战略，逐步建立健全小城镇体育产业发展体系，使产业结构渐趋合理。根据不同区域的小城镇的实际情况，积极推动体育主体产业发展，带动相关体育产业的发展，加强不同行业间的相互联系，使小城镇体育产业结构合理、产业布局科学，整体推动体育产业发展。

“方略”一词源于《荀子·王霸》，指方针和策略、方法与谋略。本书中的发展方略主要指小城镇体育产业的指导方针与发展策略。通过对发展现状的分析，结合我国新型城镇化的时代背景与发展趋势，作者提出小城镇体育产业的发展目标是：随着新型城镇化的持续推进，逐步实现我国小城镇体育产业规模的扩大、产业结构的升级、产业特色的突出、产业竞争力的增强，使体育产业与小城镇经

① 张继航，樊为肖．涞源县：“引爆”体育产业 开创扶贫脱贫新路径[EB/OL]．(2019-05-07) [2022-12-11]．http://www.hebgcdy.com/dfpd/system/2019/05/07/030377687.shtml．

济社会协调发展。需要指出的是，作者提出的发展目标是以当前小城镇体育产业基础为出发点，结合新型城镇化进程中小城镇经济社会发展趋势，对小城镇体育产业发展进行的预测。鉴于我国区域发展的差异性与小城镇发展的动态性，小城镇体育产业应具有发展目标的多元性、发展路径的多样性和发展策略的灵活性。

二、国外小城镇体育产业相关研究

（一）国外小城镇体育产业发展历程研究

从国外小城镇体育产业发展历程来看，打造田园城市是国外小城镇体育产业发展的起源。第二次世界大战之后，伴随西方国家经济的快速发展，交通拥挤、土地浪费、污染严重等社会问题逐步显现。治理和破解工业化发展所带来的一系列社会问题，一直是西方发达国家寻求经济健康发展的重要出路和努力方向。19世纪末，英国社会活动家霍华德（Howard）提出关于城市规划的设想——建设“田园城市”，这是一种兼有城市繁华和乡村特色的理想城市[①]。田园城市实质上是城和乡的结合体，也是我国当前城乡结合发展的雏形。西方国家基于“田园城市”的理念，开始发展大中城市周边的小城镇，并将小城镇作为经济发展的突破口。同时，伴随经济的发展，许多富裕阶层的人开始追求高品质的生活，而环境优美的城市郊区便成为他们首选的目的地，户外活动成为拉动城镇经济发展的有利抓手，小城镇体育产业由此逐渐发展和繁荣起来。最初城镇体育休闲的主要参与人群是贵族和生活富足的新兴阶层，体育产品主要用于满足休闲健身和精神层面的需求，由此产生的经济影响力尚不明显，小城镇的体育特色也不明显，相应的基础设施也较为简单和落后。

逆城市化助推体育产业发展。到20世纪80年代，西方发达国家经过多年的工业发展之后开始步入以服务业占主导的后工业社会时代，这一时期被部分经济学者称为“逆城市发展时期”[②③]，该时期的主要特征是人口从大中城市开始大量流向城市周边的郊区和小城镇，正是这种逆城市发展的趋向使得体育作为一种产业开始在小城镇得到较好的发展，并逐渐形成较为完整的产业链。进入20世纪

① HOWARD E. Garden cities of tomorrow[M]. London: Swan Sonnenschein, 1902.

② KWOK Y W. Recent urban policy and development in China: A reversal of 'anti-urbanism'[J]. The town planning review, 1987, 58(4): 383-399.

③ SÖDERMANN S. Football and management: Comparisons between sport and enterprise[J]. Nursing standard, 2013, 27(33): 31-31.

80年代，以美国为代表的发达资本主义国家的民众对体育的消费需求开始猛增，体育作为一项朝阳产业开始受到各国的重视，城镇体育经济也得到快速发展。国外城镇体育产业进入快速发展阶段之后，其服务人群也由过去的贵族及富裕阶层进一步扩展到广大民众，因此体育产业规模进一步扩大，产业链继续延伸，并逐渐出现了多种产业融合的趋势。在此过程中，政府逐渐找准定位，为小城镇体育产业保驾护航，使具备条件的小城镇稳步发展体育产业。

（二）城镇化与体育产业发展相关研究

研究表明，城镇化（或城市化）是一个全球性的经济社会演变过程。截至2016年，全球的城镇化率已达54.5%，预计到2050年全球城镇化率将达到66%。城镇化是全球学者共同关注的课题，早期研究热点主要集中于城镇化过程中的迁移和逆城市化问题；进入21世纪后，研究主题与方向呈多样化发展态势，研究热点主要集中于特定区域、乡村发展[①②③]、城镇化的政策制定与治理问题[④⑤]、城市生态环境与生物保护、城市景观变化[⑥]等。

国外对于城镇化和体育产业的研究散见于城镇化中体育赛事与城市形象识别、体育设施与城市景观、运动队或俱乐部联盟对社区民众认同感的研究。主要研究内容如下。

1. 城市化与休闲活动的关系研究

学者们将工业化和城市化视为普遍的经济发展趋势。19世纪末，现代运动在欧洲逐步兴起，并成为休闲活动的表现方式，Bale在《体育、空间与城市》一书中分析了英国足球运动的发展和城市环境问题[⑦]；Riess以城市运动会为研究点，

---

① HARA Y, TAKEUCHI K, OKUBO S. Urbanization linked with past agricultural land use patterns in the urban fringe of a deltaic Asian mega-city: A case study in Bangkok[J]. Landscape and urban planning, 2005, 73(1): 16-28.

② WENG Y C. Spatio-temporal changes of landscape pattern in response to urbanization[J]. Landscape and urban planning, 2007, 81(4): 341-353.

③ KIM Y D, MAGNUSEN M J, WEAVER A,et al.. Rural community well-being through minor league sport[J]. Sport, business and management, 2019, 9(4): 328-343.

④ WALEY P. Distinctive patterns of industrial urbanisation in modern Tokyo, c. 1880—1930[J]. Journal of historical geography, 2009, 35(3): 405-427.

⑤ ADDIE J P D. On the road to the in-between city: Excavating peripheral urbanization in Chicago's “Crosstown Corridor”[J]. Environment and planning, 2016, 48(5): 825-843.

⑥ ANTROP M. Landscape change and the urbanization process in Europe[J]. Landscape and urban planning, 2004, 67(1-4): 9-26.

⑦ BALE J. Sport, space and the city[M]. Lonon: Routledge, 1992.

讨论了美国城市社会演变与体育运动的兴起[①]，他指出，工业化和城市化改变了自然事物的发展秩序，新的生产方式决定了新的生产流程，大规模工厂兴建导致城市群增加，而现代体育运动为所有社会阶层增加了休闲机会。

2. 城镇化进程中体育与城市文化的关系研究

体育和城镇看起来是相互分离和相互独立的两个部分，其实不然。新的生产方式决定了新的工业进程，大量工厂的产生导致了城市聚集速度的加快。与此同时，现代体育为社会各阶层提供了更多的休闲娱乐机会和时间。研究表明，在城市化进程中，工人建立了自己的体育工会；高质量的技术仪器提高了运动员追求卓越表现的能力；发达的交通系统使人们更容易参加国际体育比赛；最终，体育成为身份认同的一部分，并逐渐被纳入城市政策和政治议程中。体育有时甚至成为一个城市的身份标志，如提到足球人们会想到巴西、提到篮球人们会想到美国的NBA等。从 *Sporting Dystopias: The Making and Meanings of Urban Sport Cultures*（《体育反乌托邦：城市体育文化的产生与意义》）中可看出，体育与城市文化、经济和政治的关系受到不同领域学者的关注。相关研究大多数集中在关于英国、美国的案例中，对欧洲的概述较少。*Sport and Urban Space in Europe: Facilities, Industries, Identities*（《序言：欧洲的体育与城市空间：设施、产业、身份》）填补了这一空白，它从地理学到政治学、从体育史到城市和交通史，汇集了不同学科领域学者针对欧洲体育与城市空间相互关系的研究成果。相关学者指出，体育设施通常位于城市（在人类聚居的地方），并为各种体育锻炼提供空间，工业类型和政治发展对人们的体育偏好具有重要影响；运动设施与城市休闲运动随着休闲活动的需求普遍增加。

3. 从体育与商业的领域研究体育产业

从体育与商业领域研究体育产业集中于以下 5 个重要方面：治理与绩效，媒体和技术，地点、时间和观众，俱乐部管理和团队，运动品牌和赞助[②③]。这是从

---

① RIESS S A. City games: The evolution of American urban society and the rise of sports[M]. Champaign, IL: University of Illinois, 1989.

② DEBORAH C, RON J. Sporting Dystopias: The making and meanings of urban sport cultures[J]. Urban geography, 2003, 24(8): 739-740.

③ THIERRY T, SANDRA H. Prologue: Sport and urban space in Europe: facilities, industries, identities[J]. The international journal of the history of sport, 2012, 29(14): 1939-1941.

微观层面对体育产业进行的研究。

4. 城镇化与体育产业发展条件相关研究

国外研究并未出现直接讨论小城镇体育产业发展的专题性研究，国外对不同区域体育产业、乡村体育、城镇化与产业发展等方面的相关研究表明，小城镇体育产业兴起与该地区城市化密切相关①，独特的资源禀赋、居民生活风格、体育消费文化等是不容忽视的基础元素②，身份认同对小城镇体育发展具有重要作用。Stacy 通过加拿大曲棍球社区代表性的案例分析了社区身份对曲棍球俱乐部成长的重要性③。该研究跟踪报道了一个球队从小镇的社区代表队发展为职业俱乐部的过程，探讨了体育和社区身份的关系在这支顶级曲棍球俱乐部各关键发展时期的作用。研究表明，社区或本土情结对运动队及当地经济社会发展有重要意义。

5. 小城镇体育特色产业发展相关研究

相关研究表明，打造本土体育赛事、成立职业俱乐部、利用特色资源是发展小城镇体育旅游业的重要因素④。Mashiach 在 *Sport Tourism in Israel*（《以色列的体育旅游》）中指出，体育旅游业的兴起和发展依赖当地的人文地理条件，可形成独特的旅游优势和特色。休闲时间、收入、教育水平、对体育活动的关注和热情等都是体育旅游需求增长的条件，以色列虽然地域面积不大，但是借助自身的各种资源优势，其体育旅游业发展迅速且特色鲜明⑤。Vassilios 以美国得克萨斯州斯托克顿堡为例进行研究，研究表明赛事与社区文化活动共生，有利于实现当地旅游产业发展⑥。

---

① DICKSON G, ZHANG J J. Sports and urban development: An introduction[J]. International journal of sport marketing and sponsorship, 2021, 22(1): 1-9.

② TERRET T, HECK S. Sport and urban space in Europe: Facilities, industries, identities[J]. The international journal of the history of sport, 2012, 29(14): 1939-1941.

③ STACY L L. 'The product of the town itself': Community Representation and the Stanley Cup Hockey challenges of the Kenora Thistles, 1903—1907[J]. The international journal of the history of sport, 2015, 32(17): 2078-2106.

④ NEALE W C. The peculiar economics of professional sports[J]. The quarterly journal of economics, 2012, 78(1): 1-14.

⑤ MASHIACH A. Sport tourism in Israel[J]. Journal of sport & tourism, 2007, 6(3): 10-13.

⑥ VASSILIOS Z, CARLA A C. Event portfolio and multi-purpose development: Establishing the conceptual grounds[J]. Sport management review, 2011, 14(4): 409-423.

6. 城市化进程中乡村体育的发展经验

在国外城市化进程中，乡村体育的发展历程为本书提供了思路与参考。Nancy介绍了业余体育在安大略省（加拿大东部的一个省）小城镇的发展历史。19世纪工业化时期，安大略省的两个小城镇——Ingersoll（英格索尔）和Woodstock（伍德斯托克），棒球、曲棍球、田径运动、骑自行车等娱乐体育活动在当地有较大影响。中产阶级改革者通过报纸、传单、族谱、税务券等宣传方式，将俱乐部会员名单、体育纪念品、球队奖杯和团队的照片等编制到体育组织和体育参与大数据库中，通过培养球迷对比赛的热爱打造体育社区，并将这种娱乐活动作为体育商品进行生产，形成由小城镇主导制定运动规则、促进俱乐部职业化发展的方式[①]。Young等研究了小型联赛运动队给社区带来的利益，指出体育是当地社区应对其社会经济挑战的一种方式[②]。社区居民认同当地小型联赛运动队的社会责任感，因此居民的主观幸福感、社区自豪感和依恋感得到增强。运动队除了为社区提供适度的经济利益，还利用体育团队的方式为社区居民提供社交、娱乐的机会[③]。社区自豪感被视为发展体育圈层的重要特征之一[④]。由此可以看出，发展体育产业有利于提高社区居民的凝聚力和身份认同，并提升整体社会福利。

综上所述，国外研究中尚未有直接讨论小城镇体育产业的成果，但从相关研究中可以发现体育与城市化进程联系密切，体育消费与体育产业在城市化进程中不断演变，城市化进程中社区体育的发展策略各异。从研究主题来看，在对城市化的相关研究中，学者主要关注的领域是体育赛事对城市形象、文化的表征；在城市化发展中体育设施的布局、居民参与体育休闲活动的程度、体育消费等的相互关系；城市化中体育对社区身份认同和社会福利的提升，以及基于体育与经济的关系探讨体育产业的特征与发展策略等。

需要说明的是，由于行政区划、城市化水平、城市化进程及国情文化等存在差异，国外关于城市化与体育产业的相关研究对我国小城镇体育产业发展的研究

---

① NANCY B B. For the love of the game: Amateur sport in Small-Town Ontario, 1838—1895[M]. Montreal: McGill-Queen's University Press, 2003.

② YOUNG, D K, MARSHALL J M, ANTHONY W, et al.. Rural community well-being through minor league sport[J]. Sport, business and management: An international journal. 2019, 9(4): 328-343.

③ SHETH H, KATHY M B. Beyond the game: Perceptions and practices of corporate social responsibility in the professional sport industry[J]. Journal of business, 2010, 91: 433-450.

④ LORENZ S L. Constructing a cultural history of Canadian hockey[J]. The international journal of the history of sport, 2015, 32(17): 2107-2113.

有一定的借鉴意义与价值，但不能简单照搬或直接借鉴。因为国外很多小城镇如欧美发达国家的小城镇，其城市化水平高，城市与小城镇的经济社会发展差异或差距并不显著。为追求休闲与舒适的生活方式，很多市民选择居住在小城镇、工作在城市，因此体育市场的消费者集聚于城郊而非市区，这与我国小城镇居民的构成情况有所不同。但可在国外小城镇体育发展的市场环境的培育、体育产品与服务的供给方式、社区体育的成长经验、体育赛事的文化培育等方面寻找经验与思路。

三、国内小城镇体育产业相关研究

本书主要对小城镇发展概况、小城镇体育事业、小城镇体育产业等已有研究成果进行系统梳理与回顾。首先，将小城镇体育产业发展置于新型城镇化背景中，分析小城镇经济社会发展现状、发展规划与制度设计等，了解发展小城镇体育产业的重要意义、小城镇体育活动开展情况、居民体育消费特点等，并梳理存在的问题。其次，着重回顾小城镇体育产业的有关理论与实践层面的相关研究成果，以期为相关研究提供重要的文献参考与思路借鉴。

（一）我国小城镇发展概况、特征及相关研究

分析体育产业在小城镇的发展，必然需要研究小城镇发展的规律及特征、小城镇产业发展规划、小城镇经济社会状况、小城镇产业结构等。小城镇作为连接城乡的基地和桥梁、统筹城乡发展的关节点，其地位和作用不断提升。学者们将我国小城镇发展划分为“恢复与初步调整（1949—1957年）、萎缩和停滞（1958—1978年）、恢复发展（1979—1983年）、快速发展（1984—2001年）、协调提升（2002年至今）”五个阶段[①]。

改革开放以来，我国小城镇的成长方式已经由数量扩张向规模扩大转变。随着交通基础设施的不断完善，小城镇的经济社会发展环境发生了较大变化，区位优势逐步形成。同时，在国内外产业梯度转移和产业升级的发展进程中，小城镇产业获得快速发展。专门化生产分工的深化促使小城镇逐步形成特色产业，在东南沿海地区出现了颇具特色的块状经济和专业镇。小城镇综合承载力凸显，成为实现中国特色城镇化过程中的重要环节，受到社会各界广泛关注。在城市化进程

① 吴康，方创琳．新中国60年来小城镇的发展历程与新态势[J]．经济地理，2009，29（10）：1605-1611．

中，影响小城镇崛起的必要条件是特定的区位条件、资源条件、经济条件、社会文化条件等；而其崛起的充分条件是政策和制度的支持、大中城市的牵引和带动效应等[①]。

我国小城镇发展现状的主要特征如下。

（1）建制镇数量不断增多，城镇化率逐年提高。小城镇数量与地区经济发展水平高度相关，东、中、西部地域空间发展不均衡。改革开放以来，伴随着工业化进程加速，我国城镇化经历了一个起点低、速度快的发展过程。1978 年，我国城镇常住人口只有 1.7 亿，到 2013 年增加到 7.3 亿，城镇化率快速提高，从 17.9% 提升到 53.7%，年均提高 1.02 个百分点。在城镇化进程不断推进中，我国建制镇的数量不断增加。截至 2021 年年底，在乡镇级区划数中，我国小城镇的数量达到 21322 个[②]。城镇化进程持续推进，城镇常住人口逐年增加。截至 2021 年年末，我国常住人口城镇化率为 64.72%，比上年年末提高 0.83 个百分点[③]。这表明我国城镇人口持续增长，规模不断扩大。同时，建制镇的成长由原来的数量增加向规模扩大转变，城镇化水平不断提高。

（2）小城镇区域发展差异显著。我国幅员辽阔，各地自然环境、经济发展水平及区位条件存在明显差异，不同地区在经济发展定位上各有不同，整体而言表现出明显的非均衡性。同时，城镇化水平与地区经济发展呈正相关，中西部地区城镇化水平一直处于较低水平，如贵州和西藏城镇化率不足 30%，而北京、上海、广州、深圳等地城镇化率高达 80%。不同区域经济社会发展水平的差异及城镇化水平的不同，使得我国东、中、西部区域发展呈显著的差序发展格局。这种不均衡不仅体现在东、中、西部区域的不平衡，还表现在省域、县域乃至镇域的不平衡[④⑤]。对我国东、中、西部区域的小城镇的研究表明，不同区域的小城镇在经济发展总量方面差异巨大。例如，在《对中小城镇经济发展的地区差异研究》中对调查样本中心镇的统计分析表明，东部区域中心镇经济发展总量是中部区域中心镇的 2 倍，是西部区域中心镇的 4 倍；在经济发展水平方面，东部区域中心镇是中部区域中心镇的 2.5 倍，是西部区域中心镇的 3.5 倍；在经济增长率方面，不同

① 石忆邵．中国新型城镇化与小城镇发展[J]．经济地理，2013，33（7）：47-52．

② 资料来源于《中国统计年鉴（2021）》。

③ 国家统计局．中华人民共和国 2021 年国民经济和社会发展统计公报[EB/OL]．[2022-02-28]（2022-12-11）．http://www.gov.cn/xinwen/2022-02/28/content_5676015.htm．

④ 吴康，韦玉春．20 世纪 90 年代以来江苏区域发展均衡性的测度分析[J]．地理科学进展，2008（1）：64-74．

⑤ 乔家君，赵德华．河南省百强镇时空演化特征及其影响环境[J]．经济地理，2008（2）：255-260，282．

区域也存在较大差异。从产业结构看，东部区域的部分省份如浙江、山东等经济发达地区的中心镇第一产业规模甚至大于西部某个省区；在第二产业和第三产业方面，西部区域小城镇远远落后于东部区域中心镇。在投资结构方面，差异更显著，东部区域中心镇的投资强度是中部区域中心镇的 4 倍，是西部区域中心镇的近 5 倍，并且这种差距呈不断拉大趋势①。从有关统计数据中可以看出，三大区域小城镇拥有的企业数、财政收入及小城镇数量和质量差别巨大，东部区域远远领先于中西部经济欠发达区域。

（3）省域、县域及镇域范围存在较大差异。例如，建制镇的数量、密度、人均收入水平、经济发展总量等存在差异，这说明建制镇的形成与发展受诸多因素的影响。这些因素的综合作用与长期影响，导致小城镇区域发展的差异性及差序发展格局。影响区域城镇化差异及水平空间布局差异的因素主要有经济发展水平、工业化水平、区域投资强度、离中心城市距离、人口集聚程度等②。受各种综合因素的影响，我国的城镇化在不同时期进展不同，在不同区域呈差序发展格局。这与地理区位、经济社会发展水平、政策因素等分不开。例如，东部区域地势平坦，土壤肥沃，河湖密集，加之发展历史较长，人口密集，小城镇分布集中，以及改革开放以来的政策推动，这些区域人口与产业的集聚程度不断提高。政策的先行与积累效应促使该区域经济社会不断发展，有利于聚集优质资源，实现产业持续快速发展。

综上所述，随着我国城镇化率的不断提高与质量的逐步提升，小城镇在经济社会中的作用日益凸显。学者们主要对小城镇经济社会发展、小城镇发展规划、小城镇模式与制度创新等进行探索研究。从研究内容的空间层次来看，从单独的小城镇到区域小城镇乃至全国小城镇均有涉及。其中不乏对小城镇发展一般理论的探索，如城市产业扩散与小城镇发展机制、小城镇政府效率与小城镇发展、小城镇制度创新、小城镇空间形态演变等。一些学者也提出了颇具影响的综合理论观点。这些理论观点将为研究小城镇体育产业发展提供重要的思路借鉴与策略参考。

（二）小城镇体育相关研究

从相关研究的主题内容来看，以“小城镇体育”为关键词，截至 2022 年 12

① 袁中金，杨朝辉．中国小城镇经济发展的地区差异研究[J]．经济地理，2004（3）：361-363，369．

② 杨忍．中国城镇化进程中的乡村发展空间优化重组[M]．北京：科学出版社，2016．

月，从核心期刊发表的近150篇相关文献来看，从2000年起有关研究呈逐步上升态势，这表明小城镇体育逐步受到越来越多学者的关注，尤其是2004—2010年的研究成果较为丰富。研究主题主要集中在小城镇体育的现状描述、体育组织、体育消费等基本问题。我国小城镇体育的早期研究主要有：20世纪90年代，牛兴华和童义来对我国不同社会阶层体育现状进行调查研究，对城市、小城镇、农村的不同社会阶层的体育组织、体育指导与体育支出等进行比较分析①；也有学者把小城镇作为农村体育发展的重点②，以小城镇社区体育为中心发展农民体育③，对小城镇体育与经济、社会控制等方面进行研究④；还有学者对小城镇体育文化建设与发展进行研究⑤，对体育小镇进行认知反思与重构⑥等。

从研究对象的空间维度来看，诸多学者对不同区域小城镇体育发展现状进行分析，主要研究有：对珠三角小城镇社区体育的考察分析⑦、苏南地区小城镇体育发展研究⑧、西部地区小城镇体育开展情况分析⑨、河北省不同地域小城镇体育发展情况研究⑩、湖南小城镇体育活动开展研究⑪、陕西小城镇体育发展研究⑫、山西小城镇体育活动开展情况研究等⑬。由此可以看出，基于我国城乡结构与城乡发展不均衡的现实国情，小城镇体育发展受到学者们广泛关注。

通过梳理上述研究成果，可以看出我国小城镇体育发展存在的问题主要有：①小城镇体育的发展滞后于小城镇自身的发展。受小城镇本身城镇化水平及新农村建设实现程度的影响，小城镇体育呈不均衡发展态势，不同区域小城镇体育发

---

① 牛兴华，童义来．我国不同社会阶层人口体育现状的调查与研究（之二）[J]．天津体育学院学报，1994（3）：22-28.

② 吕树庭，裴立新，王垒，等．以小城镇为重点的中国农村体育发展研究[J]．体育学刊，2005（3）：1-4.

③ 袁广锋，张水顺．我国小城镇社区体育发展的主要影响因素分析[J]．中国体育科技，2004（3）：48-50.

④ 刘志民，丁燕华．小小城镇 大大问题——苏南小城镇体育场地设施的现状调查报告[J]．体育与科学，2002（1）：24-27.

⑤ 万浩．小城镇体育文化建设与发展[J]．体育学刊，2001（2）：20-21，24.

⑥ 王成．中外比较视域下的体育小镇认知反思与重构[J]．上海体育学院学报，2020，44（1）：78-86，94.

⑦ 周良君，吕树庭，陈小英．珠江三角洲小城镇社区体育现状和发展对策的实证研究[J]．广州体育学院学报，2007（3）：19-24.

⑧ 耿香玲，司荣贵，东芬，等．苏南小城镇全民健身工程（点）投资社会效益探析[J]．西安体育学院学报，2006（4）：23-25，29.

⑨ 卢文云．西部大开发与西部地区农村体育发展模式的研究[J]．北京体育大学学报，2005（12）：1604-1606.

⑩ 李会增，高爱民，朱京涛，等．我国冀东地区小城镇体育活动现状及发展模式[J]．上海体育学院学报，2005（5）：28-32.

⑪ 尹小波．湘西小城镇居民体育现状的调查研究[J]．山东体育学院学报，2005（6）：48-50.

⑫ 吕颖．陕西省小城镇群众体育组织及其活动状况的研究[J]．西安体育学院学报，2004（6）：35-37.

⑬ 郑旗．山西省小城镇体育发展现状及其对策研究[J]．中国体育科技，2002（9）：31-33.

展差异显著。部分小城镇在建设发展过程中存在缺乏体育发展方面的规划、相关法规政策缺失、体育发展资金短缺、体育经费来源渠道单一等问题。②缺乏体育基本设施建设及体育活动组织管理。具体问题包括：小城镇居民体育锻炼项目受体育场地、锻炼时间、体育兴趣爱好等限制；小城镇体育场地设施匮乏，居民满意度低；体育技术指导人才匮乏；缺乏积极环境带动，居民体育运动意识及参与程度低。这些问题在一定程度上限制了小城镇体育产业的发展。③小城镇居民收入水平不高，体育消费支出低。由于资金匮乏，小城镇基础体育设施规模受限，小城镇居民中体育人口占比较低，这在一定程度上限制了体育文化产业的发展[①]。

（三）小城镇体育产业发展相关研究

随着新型城镇化的推进，小城镇居民的体育消费意识逐步形成、体育消费水平不断提高。诸多学者进一步探讨小城镇体育产业的发展情况及影响因素。王小康和饶纪乐对处于我国改革开放前沿的珠三角小城镇体育发展的研究表明，人口规模、区城经济发展水平、区位、外资投资赞助及居民社会经济地位等是小城镇体育产业发展的重要影响因素[②]。周良君等同样对珠三角小城镇社区体育进行考察分析，发现该区域小城镇体育经费充足，体育场馆设施较多，居民有一定程度的体育消费行为，但消费水平整体不高，应制定小城镇体育发展战略，加强硬件建设，形成体育特色等[③]。此外，体育人口数量、居民收入水平、闲暇时间与文化水平在一定程度上影响着小城镇居民参与体育活动的广度与深度[④]。体育场馆设施建设、政府重视程度、公民的体育参与意识、体育社会化程度、体育经费等因素也是影响小城镇体育产业发展的因素[⑤]。

近年来，体育产业不但在大中城市成为提升城市形象、推动经济发展的新型产业，而且日益成为推动县域及中小城镇经济发展的特色产业。小城镇经济社会发展水平、区位条件、资源禀赋等与大中城市有较大差异，针对如何在小城镇开展体育产业的问题，学者们从理论与实践层面进行了较为全面的探讨，提出诸多

---

① 张前成．小城镇体育文化发展的历史规律及未来趋势研究[J]．吉林广播电视大学学报，2018（5）：114-115．

② 王小康，饶纪乐．珠江三角洲小城镇体育发展预测研究[J]．体育科学，1991（1）：16-20，93．

③ 周良君，吕树庭，陈小英．珠江三角洲小城镇社区体育现状和发展对策的实证研究[J]．广州体育学院学报，2007（3）：19-24．

④ 袁广锋，张水顺．我国小城镇社区体育发展的主要影响因素分析[J]．中国体育科技，2004（3）：48-50．

⑤ 李会增，高爱民，朱京涛，等．我国冀东地区小城镇体育活动现状及发展模式[J]．上海体育学院学报，2005（5）：28-32．

有建设性的参考策略与建议，具体如下。

（1）将体育纳入小城镇发展规划。从小城镇的现实经济社会条件出发，依托政府支持和引导，确立镇域体育发展的战略目标和政策制度体系。突破传统财政约束，拓宽投融资渠道，引入民间资本，包括对投资主体的选择与吸引、投资方式、投资回报等。以村落为重点发展民俗特色体育项目，缩小城乡体育差距，实现社会体育公平[①]，推进小城镇体育产业发展。

（2）培育体育产业发展环境。体育产业发展环境包括场馆设施、交通通信、体育消费人口、配套设施等物理环境，以及政策法规、人文素养等非物理环境。发挥小城镇体育组织与社会团体主观能动性，逐步建立以当地体育组织和社团为主体的群众健身指导和服务体系[②]，从体育人口、体育手段、体育组织与体育环境等方面促进小城镇体育生态系统的自我发育和成熟[③]。

（3）选择体育产品与市场，培育和维护体育产业链条。依据区域经济社会发展现状、体育产业发展阶段、区域禀赋特征等选择适宜的体育产品，重视支撑体育产业存在与发展的上游产业与下游产业，按照实际情况选择优先发展的产业链条。重视体育竞赛表演业与健身娱乐业的本源性带动作用，做大做强上游产业，带动下游产业发展，延伸体育产业发展链条，逐步形成系统的、完善的产业发展体系。

（4）重视体育产业消费环境的培育与消费主体的培养。消费决定生产的理论说明“谁来消费”是体育产业发展的生命线，对消费环境的培育是吸引消费者的重要条件，而对消费主体的消费意识、消费习惯、消费方式的培养则关系到体育产业消费市场的容量与发展空间的拓展。小城镇居民的体育消费水平与消费意识决定着该区域体育产业的发展潜力与市场容量[④]。

（5）实现小城镇体育休闲旅游资源的整合与优化。小城镇应根据所在区域的体育休闲先天条件与区位状态，同时考虑客源主体的需求，选择有利于小城镇休闲体育产业开发与整合的项目。政府要树立大区域发展观并积极给予小城镇政策扶持和制度保障。各旅游基础部门应深化分工合作，提高服务水平，打造特色品

---

① 董晓春. 新型城镇化建设进程中的小城镇体育发展路径研究[J]. 体育研究与教育，2015，30（4）：58-62.

② 黄爱峰. 中国小城镇体育发展之思考[J]. 西安体育学院学报，2004（1）：22-24，29.

③ 李佳川，孙洁. 我国小城镇体育生态系统的发育现状与自驱动力分析[J]. 广州体育学院学报，2012，32（2）：1-5，23.

④ 莫再美. 西部小城镇体育产业发展构思——以广西平果县为例[J]. 体育研究与教育，2011，26（6）：8-10.

牌，增强体育休闲旅游产业集群优势[①]。

（6）构建体育产业特色品牌，打造运动休闲特色小镇是小城镇体育产业发展的策略与思路。2018年8月16日，在全国运动休闲特色小镇建设工作培训会上，时任国家体育总局副局长赵勇指出，要从战略和全局高度充分认识建设运动休闲特色小镇的重要意义。运动休闲特色小镇作为体育产业供给侧改革的创新实践，是体育产业跨界融合的新模式，对于新型城镇化和健康中国建设意义重大[②]，可整体提升中西部贫困落后地区公共体育服务供给水平和经济社会发展水平，为破解城乡二元结构、促进协调发展提供了有效抓手。在打造运动休闲特色小镇时，应把握以下几点：注重体育产业与当地文化、商业、旅游业等相关产业的融合，延伸产业链条，发挥其叠加效应；坚持以体育特色产业为导向，考虑当地居民的体育需求与自然禀赋，突出地域与人文特色；建立完善的保障体系，遵循“政府主导、企业运作”的原则，通过市场化实现资源的有效配置[③]。

可见，小城镇体育产业发展必须立足现实，考虑小城镇经济社会发展水平，居民收入水平、生活习惯、文化背景等因素，同时考虑当地体育设施、体育文化传统、运动技术水平发展程度等，在此基础上制定切实可行的发展方略。各地应增强政府的政策引导和支持力度，确立小城镇体育发展的战略目标与实现路径，科学定位发展方向。诸多学者提出小城镇体育产业发展应采用多种途径改善小城镇体育健身设施、设备和场所，使居民的健身需求得到满足。此外，科学健全的健身指导与服务也是引导小城镇居民参与体育活动、科学锻炼、积极从事体育运动的因素。建立以小城镇体育组织、社会团体为主体的群众健身指导和服务体系，有助于实现科学健身，培育居民运动兴趣与运动技能，实现小城镇居民体育参与的逐步深入，通过培育体育市场实现体育产业发展。

四、文献述评

从研究背景来看，探讨小城镇体育必须深入了解与系统把握中国小城镇及城镇化等相关研究成果。我国体育理论界对小城镇体育的研究较少把中国现代化作

① 钟秉枢，鹿志海，李相如，等．中国中小城镇体育休闲旅游资源的整合与优化：以北京市房山区张坊镇为例[J]．首都体育学院学报，2014，26（5）：388-393．

② 沈克印，杨毅然．体育特色小镇：供给侧改革背景下体育产业跨界融合的实践探索[J]．武汉体育学院学报，2017，51（6）：56-62．

③ 刘灏，张宏杰．新型城镇化视域下运动休闲特色小镇建设机制及路径研究[J]．南京体育学院学报，2017，31（4）：14-17，27．

为小城镇体育研究参照系①，关于小城镇体育产业的相关研究大部分局限于现状描述，如分析小城镇体育场地、体育人口比重、体育意识及体育消费情况、参与的体育活动项目及时间和地点、影响因素等，未能从中国的社会变迁、新型城镇化的时代背景、小城镇未来发展态势等社会背景与视野来看待小城镇体育产业发展的问题。

从研究结论来看，英国、美国等发达国家城市化发展的实例分析表明，城市化水平与体育发展程度高度相关②。我国城镇化水平与体育产业发展之间存在长期稳定的均衡关系，城镇化对促进体育产业发展有明显作用，体育产业对城镇化有一定的积极效应，但作用不明显③。但对于在新型城镇化进程中发展小城镇体育产业有哪些积极因素和机遇、面临哪些发展困境、采用何种策略等问题，未见系统性研究。

从研究对象的地域维度来看，已有研究对不同地域小城镇体育产业发展进行了现状分析与策略探讨，研究成果较为丰硕，这说明小城镇产业发展实践受到理论界的高度关注。尤其是近年来随着特色小（城）镇政策引导与资本推动，与小城镇有关的概念、业态、模式不断涌现，关于体育特色小镇、运动休闲特色小镇、体育综合体等的研究逐步增多④⑤。例如，郭琴对体育特色小镇建设的二元模式路径进行探索⑥；王龙飞等对体育特色小镇建设中体育产业的集群式进行研究⑦。但对小城镇体育及体育产业发展的理论研究相对较少。

从研究空间来看，大中城市始终是我国体育产业实践的主战场与研究的重点领域。在乡村振兴战略、健康中国规划等政策推动下，农村体育成为统筹城乡公共服务均等化的重要支持对象，因此对农村体育公共服务、体育事业的发展等方面的研究大量涌现。但对小城镇体育产业应如何发展等方面的研究相对较少。面对新型城镇化进程的持续推进，对我国小城镇体育产业发展的理论研究相较于政

---

① 虞重干，刘志民，于海勇，等．我国小城镇及小城镇体育之研究现状[J]．上海体育学院学报，2001（1）：11-14．

② 邱雪．城市化进程中的中国体育现状研究[J]．北京体育大学学报，2017，40（2）：10-16．

③ 孟佩，徐宏毅．中国新型城镇化水平与体育产业发展关系的实证研究[J]．武汉大学学报（哲学社会科学版），2017，70（5）：86-95．

④ 付群，王雪莉，郑成雯，等．传统工业园区向体育综合体转型发展研究[J]．中国体育科技，2020，56（8）：65-75．

⑤ 郭雯婧．中部乡村崛起：运动休闲特色小镇区域协同发展研究[J]．农业经济，2022（2）：136-138．

⑥ 郭琴．体育特色小镇建设二元模式的路径探索[J]．体育与科学，2018，39（2）：89-94．

⑦ 王龙飞，姚利松，王俊之．体育特色小镇建设中体育产业的集群式发展研究[J]．南京体育学院学报（社会科学版），2017，31（5）：49-53．

策引导与实践发展已略显滞后。

事实上，小城镇一直是中国社会、经济、文化发展不可或缺的重要组成部分。中国的城镇化进程离不开小城镇的崛起与发展，全民健身战略的实现离不开小城镇居民的参与，城市体育产业集聚效应也需要扩散至小城镇，拉动体育产业内需更需要关注小城镇这一空间主体，体育产业高质量发展也离不开小城镇体育市场，体育产业在区域的协调发展同样要求大力培育和重视小城镇体育产业。在这一背景下，需要对小城镇体育产业的市场定位、培育方式、发展策略等一系列问题进行理论探讨与实践思考。

以国家有关政策为指引，以现实观察为出发点，坚持问题导向是本研究的基础。通过对现实问题的观察，结合对文献的学术梳理，本书提出一系列值得思考的问题：①在新型城镇化建设进程中，小城镇体育产业发展现状如何？存在哪些问题？②在国家供给侧结构性改革、乡村振兴战略、特色小镇建设如火如荼开展的时期，小城镇如何利用现有条件，实现体育产业的起步与发展？③作为连接城市与农村的桥梁，小城镇体育产业受哪些因素影响？如何识别这些因素？④小城镇是否具备发展体育产业的条件？如果具备，那么应遵循怎样的培育与发展原则？如何科学定位小城市体育产业？选择何种发展路径与策略？对于这些问题，亟待进行深入的理论思考与现实探索。

第三节 研究对象与研究方法

一、研究对象

本书以小城镇体育产业发展现状与发展方略为研究对象，着重分析新型城镇化建设进程中，小城镇这一重要空间场域的体育产业发展现状、存在问题、影响因素、发展内涵与目标、发展方针与策略等相关理论与实践问题；科学探讨小城镇体育产业适应新型城镇化政策趋向与时代要求的方法，以小城镇资源禀赋为依托，突出产业特色，发掘、培育、推动小城镇体育产业发展。

二、研究方法

学术研究须遵循既定的研究范式，以便引起学术共同体的认同与交流。从体育学研究的整体情况来看，当前对体育产业相关问题的分析主要借用经济学、社会学、管理学等理论，从不同的学科视角洞察和分析问题，有利于对体育产业发展领域进行科学思考。理论研究的生命力与意义在于对现实社会问题的理性关怀。易剑东教授2019年在“关于体育产业的逻辑”的演讲中指出，学者的使命在于收集大量有效性信息，开展人文性理解，进行逻辑性解释，做出规律性说明，推荐合理性应用。在研究设计中，一方面要对研究问题进行全面深入的剖析，另一方面要考虑研究范式的规范性、研究方法的有效性、研究实施的可行性等因素。

研究方法与理论范式同等重要①。要将科学问题转化为科学研究并得到其他学者的认可，需要深厚的理论积淀与科学有效的研究方法，实现提出问题——理论分析—方法运用—数据分析—研究结论的一致性和可靠性。鉴于研究问题的综合性与复杂性，作者采用以问题研究为中心的研究范式，在有关理论的指导下，运用文献资料、实地调研、访谈、问卷调查等方法层层推进，分析小城镇体育产业发展现状、存在问题，探讨小城镇体育产业受哪些因素影响、不同区域小城镇是否具备体育产业的发展条件、如何在小城镇培育和发展体育产业等问题，并将研究问题上升为科学问题，采用规范的研究方法对问题进行理论分析，避免资料堆砌与主观臆测。

作者主要围绕交叉学科的研究范式开展研究，不限于对体育产业的单一探讨，而是将对小城镇体育产业发展的探讨置于新型城镇化进程中、小城镇经济社会文化环境中，力争跳出体育单一领域分析体育产业发展，研究小城镇体育产业的发展方略，并进行实证研究。作者在对我国小城镇体育产业发展整体现状的分析研究中，主要采用调查方法获取数据与资料，并结合多种分析方法对研究进行纠偏与验证。具体研究方法及其运用如下。

（一）文献资料法

作者整理分析城镇化、小城镇产业、体育产业发展等相关研究成果，为研究提供理论指导。截至2022年12月，在中国期刊网文献检索中以“小城镇”为关键词检索到相关文献6790条；以“小城镇产业”为主题搜索到文献1700多条；以“小城镇体育”为主题检索到文献593篇；以“小城镇体育产业”为主题检索到文献近百篇。本书研究组成员大量阅读有关著作，如《小城镇建设实践与探索全书》《江村经济》《乡土中国》《小城镇大战略》《小城镇论》等相关论著，深入

① 左冰．旅游流动、资本积累与不平衡地理发展——基础设施建设对旅游发展影响研究[M]．北京：经济科学出版社，2010.

了解小城镇的发展进程、产业特征及问题、在新型城镇化进程中的战略地位、发展动力、制度建设与发展规划等有关成果，为本书撰写奠定了坚实的理论基础。此外，本书研究组成员还广泛查阅小城镇经济社会发展情况的相关统计年鉴，汇总分析小城镇经济社会发展情况及与体育活动有关的统计数据，为本书撰写提供数据支撑。

（二）调查法

数据收集与分析方法对研究结论的可信度与科学性具有决定作用。作者采用实地调研、问卷调查与访谈相结合的方法，以客观的态度对小城镇体育产业的发展现状、存在问题、影响因素等，按照研究目的进行调查。为实现研究目的，作者采用两次问卷调查，分别是《我国新型城镇化进程中小城镇体育产业发展现状调查问卷》（附录 1）、《我国新型城镇化进程中小城镇体育产业发展影响因素专家调查问卷》（附录 2）。对于两次问卷调查具体实施方法及信效度检验等具体问题，将在有关章节中做详细阐述。

为进一步全面深入了解我国小城镇体育产业发展的概况，作者采用问卷调查与实地调研相结合的方式，以期全面把握小城镇体育产业的发展现状及存在的问题。在问卷调查中，作者主要对小城镇体育产业发展现状和开展条件进行调研。在对小城镇问卷调查的样本选择上，根据国家统计局统计数据，截至 2020 年年底我国共有小城镇 21157 个，结合研究需要与调研实施的客观条件，对我国四大区域（东部区域、中部区域、西部区域、东北区域）的小城镇进行分层抽样调查，共发放问卷 4500 份，具体发放情况及小城镇样本范围见附录 3。为更好地了解小城镇体育产业发展的客观现实，在调查中以聊天、小型会议、访谈等方式（访谈参考提纲见附录 4）与当地政府管理人员、体育产业经营者、体育场馆经营管理人员、体育健身娱乐机构的经营管理人员、体育旅游产业的开发者、体育专业方面的理论研究者、体育培训机构从业人员等，就各行业发展的具体情况、存在问题，不同利益主体的诉求、当地居民的体育消费需求等问题进行深层次的沟通和交谈，探寻小城镇体育产业发展存在的问题及未来发展趋势。

（三）案例分析法

小城镇体育产业发展存在显著的区域差异性。作者在对小城镇体育产业发展方略进行分析时，依据分析目的，选择体育产业发展好、有特色的小城镇作为研究对象，全面系统地整理、分析收集到的资料，对这些小城镇开展体育产业的条件、经济社会环境、发展方式等进行逐项分析研究，以探求发展小城镇体育产业的规律性认识。为避免结论的主观性与随意性，在具体分析中，作者结合文献资料法、实地调研法、访谈法等方法展开对问题的探讨，竭力避免采用单一研究方法进行分析产生的结论片面性。作者拓展对典型案例的分析范围，对我国东中西部不同类型的具有典型意义的小城镇体育产业发展实践进行深入、系统的实证研究，总结其成功经验，为其他小城镇体育产业发展提供参考。

（四）逻辑分析法

逻辑分析法是人们认识事物与构建理论体系的方法①，也是体育科学研究工作中常用的一种方法②。作者采用逻辑分析法，对我国新型城镇化的理论与实践问题进行整理分析，将小城镇体育产业发展置于当今时代背景下，以更加深入地理解小城镇体育产业发展的内外部环境。作者研究分析小城镇在区位条件、要素禀赋、市场环境等方面与城市、农村的异同点，比较不同区域小城镇体育产业的发展现状与发展条件；归纳整理影响小城镇体育产业发展的因素；对国内外体育产业发展具有代表性的小城镇的特征进行归纳总结，发现有利于体育产业开展的条件因素，探索小城镇体育产业萌芽与演进的规律，综合分析体育产业的发展方针与发展方略。总之，作者在研究设计与写作中，始终以严谨的逻辑思维为导向，综合运用比较分析、抽象与概括、归纳与演绎等具体逻辑方法，以期客观反映小城镇体育产业发展的现状，并提出有针对性的策略建议。

（五）数理统计法

作者采用 SPSS19.0 统计软件对问卷调查收集的资料和数据进行统计分析，以实现定性分析与定量分析相结合，更加客观地描述小城镇体育产业的发展现状。作者着力分析“十四五”时期社会经济环境及新型城镇化的持续发展，拟定调查问卷，并对小城镇体育产业影响因素的专家问卷调查数据进行统计分析，以保证研究的科学性、客观性与合理性。

---

① 楚明锟．冯友兰的逻辑分析法思想[J]．中国文化研究，1999（2）：88-92.

② 方千华，黄汉升．我国体育人文社会学研究生学位论文研究方法的调查与分析[J]．体育学刊，2007（2）：127-130.

第二章

小城镇体育产业发展的理论基础

对于小城镇体育产业发展的实践，需要从理论视角深入剖析其背后的原因及发展策略，即小城镇体育产业发展呈现的城乡差异、区域差序发展格局、不同类型行业的发育态势等是由哪些问题引起的，小城镇体育产业发展受哪些因素影响等。本章主要对新型城镇化进程中小城镇体育产业的发展方略进行研究，充分运用多学科的原理与推论开展深度研究，在累积因果理论、产业分工与转移理论、产业融合理论、特色产业理论等指导下，深入分析和探讨小城镇体育产业发展的现实情况与发展方略等问题。

第一节　累积因果理论

一、累积因果理论的核心思想

1957年，著名经济学家米达尔（Myrdal）提出累积因果理论，该理论又被称为循环累积因果理论。该理论指出，在社会动态发展过程中，经济社会各因素（包括政治、经济、技术、文化等）之间存在循环累积的因果关系，即某一经济社会因素的变化，会引起其他社会经济因素的变化，而后者的变化又反过来强化了前者的变化，这些因素之间以累积的方式相互作用，推动经济社会形成累积性循环发展态势。在市场力量的驱动下，如果某一地区具有初始优势，该地区就会凭借该优势比其他地区发展得更快，形成经济循环累积。这种累积效应包括回流效应和扩散效应。前者是指具有先发优势、发展较好的区域对周边资源具有吸引力，实现更好发展；后者是指发展较好的区域对周边区域的辐射扩散，促进了落后地区的发展。这一理论对培育和发展小城镇体育产业具有重要的指导意义。

二、累积因果理论的指导意义

依据经济增长极理论原理，城市具有增长极效应。城市经过长期的积累与发展，成为区域经济社会发展的“增长极”，在发展到一定程度后将向周边的小城镇扩散。城市集合优质生产要素，实现经济的逐步累积增长，成为“增长极”或中心地发展到一定程度后，会发挥应有的扩散效应，且呈现层级波纹状扩展次序，向小城镇扩散信息、技术、人力资源与城市文明，推动小城镇的发展。这是经济社会发展的规律，也是小城镇第三产业发展的规律。城市对小城镇经济社会各方面的带动作用由近及远，呈逐渐地、有层次地、波纹状扩展开来。这种扩散效应先传递给邻近小城镇，再由小城镇通过自身功能传递给农村。

（一）城市体育产业的发展将辐射带动小城镇体育产业的发展

城市作为现代文明的产物与载体，累积了更多的物质财富，其劳动生产率高，并不断创造新的生产力，这就为精神文明建设提供了强大的物质基础。城市比小城镇和农村拥有更先进、更发达、更丰富的文化、教育、卫生、通信资源及基础设施，可以更好地、更有效地传播和建设精神文明。在新型城镇化不断推进的过程中，城市体育产业的发展将带动周边小城镇居民的精神文明建设，促使小城镇居民实现角色转化，逐步实现生活方式的转变与提升，从整体上提高小城镇居民素质与文明程度。

从国民经济发展来看，扩大国内需求，开拓国内市场，是我国经济发展的战略方针和基本立足点。发展小城镇可有效地发挥城市的辐射效应，直接提升消费需求，开拓小城镇第三产业消费市场。随着城镇化进程的不断深入，城乡统筹协调与一体化发展的全面推进，小城镇经济社会发展环境不断得到优化，小城镇居民对生活型消费品的需求量大大增加，这将在一定程度上拓展第二产业、第三产业的市场空间，促进第二产业、第三产业的发展，并且有利于小城镇经济结构与产业结构的协调发展与调整。小城镇居民对基础设施、住宅及公共建筑的需求推动了基础设施的建设与完善，带动了直接投资的增加，促进了小城镇体育基础配套设施建设。生活型配套产业将在这一进程中得到发展、实现增长。这是探讨小城镇体育产业发展的时代背景与基本前提。

（二）正视体育产业在城市与小城镇差序发展中的客观现实

对于城市发展而言，当城市处于较高经济社会发展水平时，决定城市增长的主要因素不是资源禀赋，而是城市是否具有集聚生产要素的能力，以及对生产要素的资源整合能力。城市对生产要素的集聚能力将决定城市的主导产业及由其派生的新产业的类型，产业的不断创新与繁荣将推动城市不断向前发展。体育产业作为生活型消费服务业，近年来在我国大中城市得到快速发展。城市快速发展的经济、便捷的交通条件、丰富的体育资源、人口的大量集聚、完备的基础设施、多元的产品供给、完善的产业链条等，推动体育产业不同行业繁荣发展。体育产业在小城镇的发展由于受到种种条件的限制，发展非常缓慢，远远滞后于体育产业在城市的发展规模与速度。

从新经济地理学对产业集聚的原因分析中可以看出，在城市发展进程中，历史偶然因素、地理位置优势等使城市获得了初始的产业优势，这种优势因“路径依赖”而被逐步放大。城市对资源的吸引力促使优质生产要素的集聚、人才资源的集聚、人流量的聚集，这些都为城市体育产业发展提供了强大的支撑。体育产业实践表明，体育产业各行业在城市的发展速度与发展规模远远超过小城镇及农村地区。

（三）小城镇形成“反磁力”中心，实现产业发展

城市产业规模的扩大、产业结构的优化在一定程度上能够提高小城镇非农产业的市场潜能，带动小城镇产业结构转型升级。增长极理论说明，小城镇在接受城市产业发展扩散效应的同时，也受到城市虹吸效应的影响，小城镇对优质资源的吸引与集聚能力被削弱，这导致小城镇非农产业发展受限，产业结构调整缓慢。在体育市场的开发中，小城镇应切实分析城市与农村不同消费者的需求与支付能力，提供相应的体育产品与服务，吸引城市人口到小城镇就近休闲消费，引导和集聚农民有效需求，逐步形成“反磁力”中心，即一方面接受大城市体育产业发展的扩散效应，另一方面减少大城市极化效应对小城镇体育产业生产要素的吸引，形成具有特色且有一定竞争力的体育产品，进一步发展小城镇体育产业。

（四）小城镇体育产业发展前景可期，但过程漫长

随着我国新型城镇化进程的不断推进、乡村振兴战略的逐步落实，城乡统筹协调与一体化协同发展将逐步得到实现。可以预见，在新型城镇化进程中，体育产业在小城镇的发展有很大的市场潜力，前景可期。随着我国经济转型与市场机制的逐步引入，作为市场主体的企业势必会考虑成本与利润，将产业布局在具有比较优势的区域，从而提高生产效率。小城镇具有土地成本与劳动力成本较低的比较优势，因此应在市场力量的作用下发挥其优化资源配置的作用，引导部分企

业进驻小城镇，尤其是体育制造业。随着经济转型与市场化进程的不断加快，市场化程度相对较高的小城镇将成为体育用品业集聚的区域，并带动小城镇体育相关产业的萌芽与发展。

小城镇城市化水平低，小城镇居民对体育产品与服务的消费需求不足，使小城镇体育产业缺乏存在与发展的根本前提。这种消费需求不足，是相对于有购买力的有效需求而言的，并不是指全部小城镇居民的实际需求。简言之，小城镇居民的购买力不足或购买力实现有障碍，而不是小城镇居民不需要体育产品或服务。从国家统计局发布的2021年居民收入和消费支出统计数据来看，我国居民消费总体规模不断扩大，居民消费能力不断提高，消费升级步伐加快，服务消费占比不断扩大。2021年，全国居民人均可支配收入为35128元，城镇居民与农村居民人均可支配收入分别为47412元、18931元，农村居民人均可支配收入与城镇居民相比仍存在较大差距。从居民消费支出情况来看，2021年全国居民人均消费支出为24100元，城镇居民与农村居民人均消费支出分别为30307元和15916元，城乡差异显著。从消费支出的构成情况来看，2021年全国居民人均教育文化娱乐消费支出为2599元，占人均消费支出的比重为10.8%，相比于2020年增长27.9%。由消费结构可以看出，随着可支配收入的增长，城乡居民的消费能力日益提升，尤其是对于文化娱乐消费的预算与实际支出均有增长。居民更注重消费质量，从有形产品向无形服务迁移，从模仿型排浪式消费向个性化多样化消费转变。在新发展格局下，内需拉动对实现双循环发展格局意义重大，而小城镇居民的消费潜力有待挖掘，消费市场有待培育。体育产品作为生活性消费品，在提升生活质量、提高消费层级等方面有较大市场。

农村人口的人均消费水平远不及城市人均消费水平。因此，培育小城镇体育市场、扩大居民体育消费需求，是扩大农村及小城镇体育市场内需的关键，但最根本的还是提高农民购买力。启动小城镇市场、扩大居民消费需求主要取决于两大因素：一是农民的收入水平，二是农民的生活方式。对于体育消费而言，收入水平与生活方式更是直接影响因素。这两个因素都与城市化水平及小城镇发展程度息息相关。只有不断增加农民收入，改变农民生活方式，促进农村消费水平的提高和消费结构的升级，才能启动农村消费市场，拓展小城镇农村体育消费市场，实现消费结构升级。但从可支配收入的硬性约束来看，这是一个较为漫长的发展过程。

（五）重视辐射能量的累积性与层次性

无论是城市对小城镇的辐射，还是小城镇对农村地区的辐射，其能量作用大小在一定程度上受辐射源本身的政治地位、经济实力、科技能力等的影响，因此其辐射与吸引能力不同。同时，这种能力通常与其所处地区的政治、经济、科技、文化等实际状况有关，且这种能力是长时期积累的结果，不是一蹴而就的。此外，增长极效应的发挥与城镇化的进程与水平密切相关。因为城镇化水平在一定程度上反映了一定范围内国家和地区的经济发展水平。当前，我国大部分地区城镇化的发展水平仍然落后于工业化、市场化的发展速度，直接影响农业生产率的提高与农村剩余劳动力的转化，使得小城镇第二产业、第三产业结构失衡。

这就要求在城镇化进程中，遵循城镇发展规律，既要强化城市对周边小城镇的辐射累积，又要重视小城镇对周边农村地区的辐射累积，重视相互关联的交错发展，不断培育城市—小城镇—周边农村地区的良性互动关系，并注重协调发展过程中的累积效应。对小城镇而言，这种累积效应不是单一的线性关系，而是一个综合的系统工程，不仅包括小城镇的建设，还包括培育各种生产要素市场、建设基础设施、健全农村法治、培养知识型居民、提高农民精神文明与思想道德建设等一系列因素。小城镇体育产业的市场培育一方面受到城市居民体育消费方式的延伸影响，另一方面与周边农村农民的精神文化生活、生活习惯、精神文明建设、体育消费意识等息息相关，且体育产业的市场发掘与培育是一个长期的历史过程，需要各种因素的不断累积。

总之，体育产业在小城镇的发展是一个漫长的过程，主要原因如下。

（1）根据经济增长极理论的原理，城镇是一个增长极，具有增长极效应，即每个城镇都具有对周边农村的带动能力，这种带动能力体现在经济社会发展中对周边农村地区的辐射效应与吸收能力。这种能力的强弱取决于城镇的政治地位、科技实力与经济实力。同理，无论是城市体育产业对小城镇体育产业的辐射，还是小城镇体育产业对农村地区体育产业的辐射，都是一个长期积累的过程，不可能一蹴而就。

（2）城镇化进程中出现的问题客观上限制了小城镇服务业的发展，直接影响小城镇体育产业的培育和发展。在城镇化进程中，城镇区域的产业结构并未实现全面转型，第三产业发展滞后；缺乏产业发展支撑力，尤其是对第三产业的支撑弱；基本的公共基础设施尤其是体育场馆设施匮乏。这些成为阻碍体育产业发展的重要因素。

（3）体育产业主体行业属于生活性服务业，只有小城镇居民的收入水平达到一定的富裕程度，小城镇居民有一定的体育消费能力与消费意识，才可能激发当地的体育市场需求，实现体育产业的发展。小城镇居民的收入水平、生活方式、参与体育活动的程度、对体育产业概念的认知、体育消费意识及消费能力，需要一个漫长的培育过程。据初步估算，3.2 个农村居民的消费水平相当于 1 个城市居民的消费水平①。由此可见，消费水平极大地影响农村居民这一群体对生活性消费品的消费能力。对于初入小城镇的非农产业人口，其生产生活方式更多受到农村生活的影响，因此其体育消费意识薄弱、消费能力不足、人口集聚程度不高，难以达到体育产业的“进入门槛”，这些都成为限制小城镇体育产业发展的客观因素。

（4）小城镇体育产业的发展与城镇化水平有着密切的关系。通常而言，城镇化水平越高，体育产业的发展环境越好，体育产业各行业的推进越快。城镇化与区域的市场化程度、产业结构等密不可分。随着市场化程度的提高，政府对城镇化的宏观调控能力增强，市场对资源的配置能力增强。城镇化水平的不断提高，将成为小城镇体育产业发展的重要经济社会条件。可以预见，随着我国新型城镇化的不断推进，体育产业已在或将在城镇化率较高的区域得到持续发展，而上述条件的实现，受到小城镇经济社会发展环境、制度政策的实施效果、小城镇体育文化氛围的营造、居民体育消费意识的培养等诸多因素的制约。这些条件的实现都需要长期的历史积累与培育过程。因此，体育产业在小城镇的发展任重道远。

第二节　产业分工与转移理论

一、产业分工与转移理论的核心思想

以亚当·斯密（Adam Smith）为代表的古典经济学理论的基本逻辑是：产业分工→专业化→技术进步→报酬递增→市场范围扩大。Young 等重新阐述并延展了分工与市场规模的思想，提出产业是有机联系的整体，分工促使社会收益递增。新兴古典经济学进一步提出制度变迁和组织创新对分工深化的决定性影响。

产业分工是指一定的生产经营主体、群体在产业、行业的整个生产过程中所承担的任务或扮演的角色。产业分工的作用在于使资源在国际或国内的利用更深

① 申振东，周其华．城镇化透析[M]．北京：中国经济出版社，2004．

入、更精细，推动国际产业结构的升级与产业技术创新。影响产业分工的因素主要有：①产业市场的容量。随着市场的延展与需求的增加，产业间的分工程度更高、更专业化，从而使分工达到更高水平。②产业成熟度。通常而言，产业越成熟，分工水平越高，生产的标准化程度越高。③产业的比较优势分布。比较优势是产业分工的基础，产业在资源、制度、物流成本、产业配套环境及宏观经济景气程度等方面的综合比较优势越强，产业分工的机会越多、越有利。④产业分工的依赖度。随着产业分工的深化发展，区域对产业分工的依赖度也越来越强，参与产业分工的动力也越强。⑤产业及经济发展的不平衡性。这种不平衡性造成国家或地区在市场需求、生产要素成本、资源利用效率、产业技术水平等方面的差异，从而推动产业资本流动及产业分工。

所谓产业转移，是指一个产品、产品系列或产业类别的生产系统，整体上从一个地域空间转移到另一个地域空间。梯度转移理论认为，随着时间推移及产业生命周期阶段的变化，生产活动通过多层次的城市系统扩散，从高梯度地区向低梯度地区转移。梯度转移理论主张首先加快发展发达地区的生产活动，在形成一定的规模后，通过产业和生产要素逐层向较发达地区和欠发达地区转移，以带动整个经济的发展。

二、产业分工与转移理论的指导意义

（一）小城镇与城市产业分工与合作的必要性与可能性

发展小城镇产业，需要考虑实现小城镇与城市产业发展的分工和合作。小城镇与城市存在区域性的梯度差异，这使得产业转移成为可能。小城镇与周边大中城市之间及其他小城镇之间存在产业和技术梯度。一方面，在产业发展过程中，产业的空间梯度转移及经济与社会财富逐步向沿海都市密集区集中集聚，使得城市成为人口、资本、技术、先进生产要素集聚的最佳区域；另一方面，这种趋势也为小城镇发展带来了机遇。因为城市产业发展成本高、产业结构需要调整，所以需要将部分产业转移至成本较低的小城镇，同时有些产业链条也会延伸至小城镇。产业的空间梯度转移满足了城市降低成本、提升产业结构的需求，同时为小城镇产业发展提供了机遇。

在体育产业发展过程中，城市与周边小城镇可以实现产业分工，由于产业发展所处的生命周期不同，城市体育产业市场较为成熟，产业体系更加完善，产业结构更加合理，产业规模大，产值效益高。地处城市周边的小城镇其体育产业发展大多处于生命周期的低级阶段，无论是行业体系还是产业结构都不完善。在这种情况下，通常可以采用产业分工与合作的方式实现小城镇体育产业的发展。随着城市经济发展的空间组织形式的变化，城市产业的邻近扩散将促进周围小城镇相关产业的发展。当前，我国大城市体育产业得到快速发展，有些行业已经成熟与标准化了，由于体育产业结构升级与成本降低的需要，这些产业具备了向周围中小城市及小城镇扩散与转移的必要性与可能性，也使得小城镇具有了开展该产业的条件。

（二）小城镇与城市体育产业分工与转移的条件分析

大中城市的牵引和带动效应对周边小城镇的兴起与发展具有重要的作用，小城镇产业的发展应依托城市产业的延伸与辐射效应，承接城市产业。大中城市的快速发展，引领和带动了周边大量小城镇的兴起。当前，我国体育产业在城市呈现快速发展的态势，这得益于城市在发展过程中对资源要素的吸引、政策导向对城市生产要素的吸引及产业不断发展的相互增强的循环累积效应。体育产业属于第三产业，其发展与当地经济社会环境、产业结构、居民消费水平等密切相关。

近年来，随着我国城镇化的不断推进，小城镇居民的收入水平不断提高，其消费方式明显改善，从温饱型消费逐步向享受型消费与发展型消费转变。第三产业与城镇化存在明显的良性联动发展规律①，两者相互驱动。随着城镇化不断推进，非农人口比重日益提升，第三产业的潜在消费群体逐步扩大，促进了第三产业发展。同时，第三产业发展助推小城镇经济社会发展，促使居民收入水平提高，吸引更多非农业人口集聚，助推城镇化进程。

（三）小城镇参与体育产业分工与合作应有明确定位

需要指出的是，小城镇在承接城市体育产业转移的过程中，应有明确的发展战略，应清醒地认识小城镇所处的产业梯度。同时，应考虑市场发展的前景，依托小城镇自身资源及其他生产要素优势，选择具有比较优势的产业进行发展，或承接、延伸城市体育产业链条，推动小城镇体育产业的培育和发展。

从我国整体情况来看，不同区域资源禀赋差异显著，经济社会发展水平各异，第二产业仍是小城镇的主导产业，而第三产业发展滞后。当前，作为生活型消费的体育产业尚未成为小城镇经济社会发展的重要产业，但随着小城镇居民收入水

① 龚晓菊，郭倩．第三产业发展与城镇化推进探讨[J]．商业时代，2012（11）：117-119．

平的提高与消费方式的逐步升级，体育消费将逐步被纳入居民日常消费领域，体育市场的潜力也将不断被挖掘。大多数小城镇体育产业的启动需要当地政府的重视与引导。当地政府应从镇域资源、区位条件等方面制定和完善有利于小城镇体育产业成长的投资政策、产业政策、土地政策等，为当地体育产业的发育与聚集创造条件，满足小城镇居民的体育消费需求，同时实现体育产业的发展。反过来，体育产业也能为当地创造经济效益和社会效益，带动小城镇经济社会发展。例如，当前诸多县市依托马拉松赛事活动，宣传和推广当地形象，拉动旅游产业、交通、餐饮等行业的发展。

第三节 产业融合理论

一、产业融合理论的核心思想

随着产业结构“软化”和经济体系“服务化”的不断加深，产业融合作为一种客观的经济现象在全球范围内呈现蓬勃发展的态势。产业融合是指原本边界清晰、各自独立、性质迥异的两个或多个产业间，以技术和产品融合为手段，以出现融合产品或融合市场为标志的产业边界模糊或消弭的动态过程[①]。体育产业具有较好的嵌入性，并且体育产业的纵深推进需要与相关产业融合发展。体育作为一个综合性、复合型产业，具有较好的嵌入性和资产通用性，这是体育产业与相关产业融合的充分条件。同时，体育产业蕴藏着巨大的产业融合空间，需要与其他产业融合，以便实现更好的发展，这是体育产业与相关产业融合的必要条件。

二、产业融合理论的指导意义

（一）通过政策引导，促进体育产业与相关产业融合

通常而言，小城镇的经济社会环境是体育产业发展的土壤，体育产业发展必须与城镇相融合。党的十八届三中全会通过的《中共中央关于全面深化改革若干重大问题的决定》中明确提出产业和城镇融合发展。对于体育产业而言，需要从小城镇的承载能力、城市的产业转移梯度序列、小城镇生态资源、基础设施承载

① 王艳，刘金生．体育产业融合与产业发展——以产业融合促进我国体育产业发展的新视角[J]．成都体育学院学报，2009，35（7）：7-10.

力等方面进行思考，通过有效的政策规范和市场引导，有序地进行产业空间转移，引导体育产业空间合理分布，使体育产业发展符合小城镇的能级。

依据产业融合理论，小城镇体育产业与相关产业融合发展，是培育小城镇体育产业的有效路径。与城市相比，小城镇发展体育产业的软硬件基础服务较为落后，这极大地制约了小城镇体育产业的发展。随着新型城镇化的加快推进，小城镇的综合承载能力、对人口要素的集聚力、对产业的承接能力得到不断增强。小城镇公共服务水平的提升将助推体育产业的萌芽和发展。需要指出的是，当前诸多小城镇尚不具备独立开发体育产业的经济社会条件，但可以考虑与相关产业融合发展。例如，体育产业与当地旅游产业的融合，不仅增强了旅游目的地的吸引力，还增强了游客消费黏性，扩大了体育活动的影响力。有关政府部门可以在发展规划中对相关基础设施建设进行有序配置和布局，促进小城镇体育公共服务发展，以期实现小城镇体育产业的萌芽与发展。

（二）重视体育产业融合的动态发展

体育产业融合是一个动态发展的过程。在小城镇体育产业与相关产业融合发展的进程中，可依据现实条件与未来发展潜力，选择不同的融合层面与融合方式。在技术融合—产品融合—业务融合—产业和市场融合链条中找准定位（图 2-1），围绕当地具有特色的体育产品核心要素和功能，实现与具有不同产品元素的其他产业的融合，将当地体育产品作为一个价值模块嵌入其他产业价值链中。以技术融合为前提条件，发掘和经营融合产品，逐步形成融合市场和融合产业。

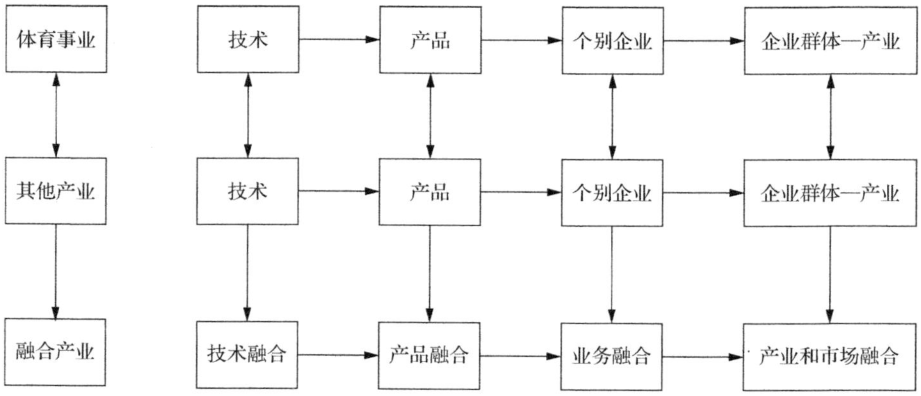

图 2-1　体育产业融合演进示意图

（资料来源：根据产业融合理论整理制作而成。）

第四节　特色产业理论

一、特色产业理论的核心思想

特色产业近年来受到理论界与实业界的广泛关注。综合学者对特色产业的界定，可以将特色产业概括为：以区域特色产品、独特资源禀赋为依托，由工农业生产加工、科技开发、商业服务、信息传播等形成的完整产业体系，具有一定规模与市场竞争优势，能够带动其他领域共同发展的产业①。可见，特色产业体现了“人无我有，人有我优”的比较优势思想，围绕特色产品、特色资源的综合开发，形成具有鲜明地域性和竞争性的产业体系。

二、特色产业理论的指导意义

已有的对特色产业的研究主要针对县域经济和小城镇产业发展，从侧面反映特色产业与小城镇发展具有紧密联系。对于小城镇体育产业而言，特色产业理论具有重要指导意义。

（一）开发特色产品有利于提高小城镇体育产业竞争力

在产业发展中，小城镇要打造产品在空间场域的差异性，开发与大城市不同的体育项目或服务，依托当地独特的自然资源或田园风光，打造休闲旅游产品，找准目标市场，弥补市场空缺。例如，根据当地资源特色，因地制宜，以运动项目为主题，开发特色服务产品，如户外运动、水上项目、航空、冰雪等项目。这些项目具有独特性，同时有较强的消费引领性，可满足不同消费群体的健身休闲需求。小城镇开发特色运动项目有利于与周边邻近区域区分开来，避免产业雷同，形成产业发展的独特优势，并以此打造产业链条与服务圈。

（二）发展特色体育产业有利于小城镇集中有限资源打造发展优势

与城市相比，小城镇在资金、技术、人才等方面较为匮乏，因此在发展体育产业时不能全面开花，而应集中有限资源开发具有自身优势、特色的产品，通过

---

① 袁中金．中国小城镇发展战略[M]．南京：东南大学出版社，2007．

政策引导生产要素向特色优势产业倾斜，同时提高该产业的基础设施水平与服务环境，通过对有限资源进行集中整合，增加产品的附加值，增强产业竞争力。此外，打造特色产业有利于解决小城镇与邻近区域或大城市产业同构的问题，实行错位竞争，充分挖掘自身资源潜力，打造特色优势产业体系，创造独具特色的拳头产品。例如，上海市提出打造“一区一品”“一街（镇）一品”赛事，以赛事活动搭建平台，依托当地体育场地设施与群众体育组织开发特色体育产业，既满足了小城镇居民参与体育健身活动的需求，又有利于打造区域品牌赛事，取得非常好的社会效益与经济效益。

（三）发展体育特色产业应具备生产要素优势

打造小城镇体育特色产业是一个综合的、复杂的系统工程，对小城镇生产要素的优势要求较高，主要包括自然资源、社会资源、人才资源等优势。在开发小城镇体育特色产业时，应有清晰的产业定位，综合考量当地是否具备以上生产要素优势，或是否具有邻近大城市、交通便捷的区位优势等，以及是否具备适宜体育产业发展的外部环境，如生态环境、政策支持环境、服务环境等。同时，体育产业的生存与发展离不开一定的物质条件，因此要考量小城镇是否具备发展特色产业的基础设施、场地条件、场馆规模等。此外，还需要通过创新驱动来实现特色产业的成长。例如，福建省连城县举办环冠豸山国际自行车大赛，就是依托连城县优质的旅游资源、客家文化、客家美食等特色资源，将体育赛事融入当地文旅产业发展的大格局中，依托旅游产业发展的优势，以赛事为契机，培育体育消费市场，整合区域优质资源，实现体育产业发展。

综上所述，应正视我国小城镇体育产业发展滞后的客观现实，明晰小城镇体育产业发展的制约因素，树立发展意识。在发展小城镇体育产业时，应理清思路，遵循产业发展的客观规律。同时，考虑小城镇所处的产业发展梯度、产业链条序列，在产业分工中找准定位，在产业融合中找准市场，以运动项目或赛事活动为引领，打造体育特色产业，延伸产业链条，提升价值链，整合区域链。依托小城镇的域情，因地制宜，选择具有特色的体育产业为突破口，在产业发展中采取针对性的培育策略，推动小城镇体育产业萌芽、发展。

第三章

我国小城镇体育产业发展现状与影响因素剖析

全面分析和了解我国小城镇体育产业发展现状，首先要把握我国当前体育产业的整体现状与发展态势。对新型城镇化进程中小城镇第三产业总体概况的清晰认识与把握，有利于分析体育产业的时代背景与内外部环境。本章重点分析小城镇体育产业的发展现状，包括区域发展情况与产业发展情况，结合不同区域小城镇在发展体育产业方面的条件进行分析，以期为我国小城镇体育产业发展提供借鉴与参考。

第一节　体育产业发展现状与特征

近年来，随着经济社会的快速发展、国家政策的战略引导与制度支持、社会资本不断涌入体育行业，人们的体育消费意识与消费能力不断提升，这为体育产业发展提供了前所未有的历史机遇。随着体育产业的快速发展，体育产业规模不断扩大，体育产业呈区域差序发展格局，体育产业呈行业差异化发展态势，不同区域优势体育行业类型各异。

一、体育产业规模不断扩大

（一）体育产业总产出不断攀升

国家体育总局与国家统计局联合发布的统计数据显示（表 3-1），我国体育产业总产出呈不断攀升的态势。从“十三五”时期全国体育产业统计数据可以看出，我国体育产业呈现快速发展趋势。从总体来看，无论是体育产业总产出，还是体育产业增加值，都在稳步提高。2016 年全国体育产业总产出达到 19011.3 亿元，2019 年达到 29483.4 亿元，受疫情等因素影响，2020 年总产出比 2019 年下降 7.2%。体育产业增加值从 2016 年的 6474.8 亿元增加到 2020 年的 10735 亿元，在国内生产总值中的比重也日益提升。全国体育产业总产出呈逐年增加态势，体育产业各行业规模均有不同程度的扩大，其增加值也呈逐步上升趋势。这说明近年来经济社会发展环境的有力支撑、政策的有效助推、社会资本的积极投资、居民体育消费意识与消费能力的不断提高，促使体育产业规模逐步扩大、体育产业经济效益日益显现。

表 3-1　我国体育产业总产出和增加值比较（2016—2020 年）

产业类别	总产出（亿元）					增加值（亿元）				
	2016 年	2017 年	2018 年	2019 年	2020 年	2016 年	2017 年	2018 年	2019 年	2020 年
体育产业	19011.3	21987.7	26579	29483.4	27372	6474.8	7811.4	10078	11248.1	10735
体育服务业	5713.6	6827	12732	14929.5	14136	3560.7	4448.7	6530	7615.1	7374
体育管理活动	229.1	287.1	747	866.1	880	143.8	262.6	390	451.9	459
体育竞赛表演活动	149.5	176.8	292	308.5	273	65.5	91.2	103	122.3	103
体育健身休闲活动	276.9	368.6	1028	1796.6	1580	172.9	254.9	477	831.9	736
体育场地设施管理	856.2	1072.1	2632	2748.9	2149	567.6	678.2	855	1012.2	808
体育经纪与代理、广告与会展、表演与设计服务	47.0	63.2	317	392.9	316	17.8	24.6	106	117.8	98
体育教育与培训	247.6	296.2	1722	1909.4	2023	230.6	266.5	1425	1524.9	1612
体育传媒与信息服务	100.0	110.4	500	705.6	847	44.1	57.7	230	285.1	339
体育用品及相关产品销售、出租与贸易代理	3508.3	4019.6	4116	4501.2	4514	2138.7	2615.8	2327	2562.0	2574
其他体育服务	299.0	433.0	1377	1700.2	1554	179.7	197.2	616	707.0	645
体育用品及相关产品制造	3508.3	4019.6	13201	13614.1	12287	2863.9	3264.6	3399	3421.0	3144
体育场地设施建设	155.2	222.1	646	939.8	948	50.3	97.8	150	211.9	217

资料来源：根据国家体育总局与国家统计局联合发布的统计数据整理而成。

（二）体育产业各行业发展势头较好

从2016—2020年体育产业统计数据来看（图3-1），虽然2019年年底疫情暴发，导致2020年体育产业各行业发展受到较大影响，但纵观整个“十三五”时期，在全国范围内体育产业各行业的总产出与增加值呈现上升趋势。从具体行业来看，体育用品及相关产品制造、销售、出租与贸易代理呈现快速上升趋势，体育场地设施管理、体育健身休闲活动、体育管理活动等行业呈现快速发展势头。各行业相互促进，推动我国体育产业全面发展。

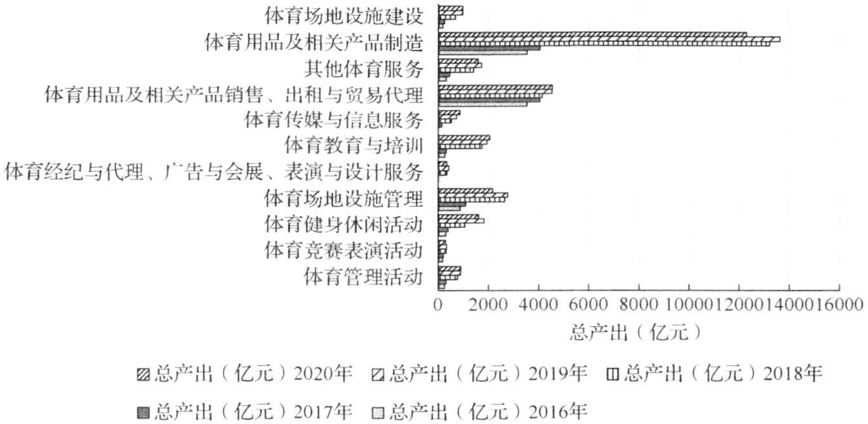

图3-1　体育产业各行业总产出（2016—2020年）

（资料来源：根据国家体育总局与国家统计局联合发布的统计数据整理而成。）

由统计数据可以看出，我国体育产业的经济效应日趋显著，各行业产出呈上升趋势。其中，体育用品及相关产品制造业仍是我国体育产业的支柱行业，体育服务业各行业也呈现出较强的发展活力。体育竞赛表演活动、体育健身休闲活动行业增长显著。近年来，我国各级政府不断加大对体育场馆、健身步道、体育公园等场地设施建设的投入力度，促使居民的体育消费意识增强，同时居民经济收入水平、体育消费能力的不断提高，助推体育产业发展。总体来看，近年来我国体育产业不同行业虽然发展速度不同、规模各异，但都呈现蓬勃发展势头，未来体育产业的市场空间将不断延展。小城镇体育产业将在时代机遇与政策导向指引下逐步萌芽、发展。

二、体育产业呈区域差序发展格局

我国体育产业总体规模呈现稳定增长态势，各省份体育产业总产出及占当地当年 GDP（Gross Domestic Product，国内生产总值）的比重也在稳步提高，社会各界对体育产业的投资更加积极，这说明全国范围内体育产业发展良好。但不同区域体育产业发展程度差异较大。作者通过查询国家体育总局官方网站、各省份体育局网站、有关政府部门工作报告、文献资料等多种方式，同时考虑到统一时间便于比较，综合考量代表性、客观性及数据获取等因素，分别在 4 个区域（东部区域、东北区域、西部区域、中部区域）选取 10 个省份来较客观地反映各区域体育产业发展态势。这 10 个省份对四大区域体育产业发展总体情况具有较强代表性。对 10 个省份（包括河南省、湖南省、重庆市、上海市、广东省、山东省、浙江省、江苏省、福建省、辽宁省）2020 年体育产业总规模、增加值等相关统计数据（表 3-2）进行分析，由体育产业的总规模、增加值可以看出区域间的显著差异。

表 3-2　我国部分省份 2020 年体育产业总规模、增加值统计数据（*N*=10）

省份	体育产业总规模（亿元）	体育产业增加值（亿元）	增加值占全省份 GDP 比重（%）	体育服务业总产出占体育产业总产出比重（%）	体育服务业增加值占体育产业增加值比重（%）
河南省	1285.81	514.26	0.94	40.52	62.3
湖南省	879.69	372.99	0.86	—	66
重庆市	541.33	226.37	0.9	55.3	72.8
广东省	5295.44	1811.4	1.64	51.6	68.09
上海市	1621.62	560.19	1.40	79.7	89.9
山东省	2937.42	—	1.54	—	—
浙江省	2776	881	1.36	39.9	56.9
江苏省	4881.80	1641.79	1.6	51.2	67.2
福建省	5314.23	1795.43	4.02	—	—
辽宁省	1064.44	361.76	1.46	40.88	60.33

资料来源：根据国家体育总局、各省份体育局官方网站资料及有关政府部门工作报告数据计算整理而成。

注：因数据获取的局限性，辽宁省为 2019 年数据；“—”表示未查询到相关数据。

从统计数据中可以看出，我国体育产业总规模存在显著的区域差异，体育产业发展不均衡。在东部区域，体育产业无论是总规模还是总产出，均高于其他区域。2020 年，体育产业总产出位于全国前六位的省份均处于东部区域，依次为福建省、广东省、江苏省、山东省、浙江省、上海市（图3-2），这6个省份体育产业总产出占全国体育产业总产出的比重高达83.39%（图3-3）。中西部区域体育产业发展水平较低，尤其是西部区域体育产业整体水平较低。例如，重庆市2020年体育产业总产值约为福建省或广东的1/10，而《甘肃省体育发展“十四五”规划》的目标任务中指出，到2025年，甘肃省体育产业总规模将达到500亿元。可见西部区域体育产业发展远远落后于东部区域。

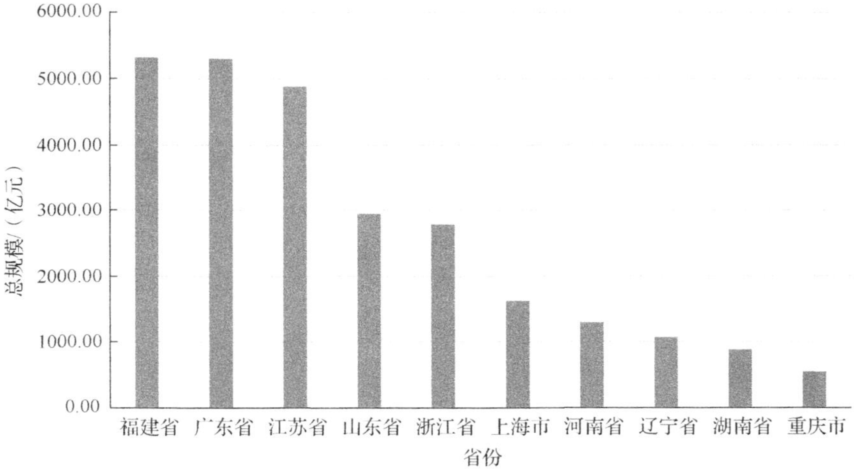

图3-2　2020年我国部分省份体育产业总规模（N=10）

（数据来源：根据国家体育总局数据、各省份体育局官方网站资料及有关政府部门工作报告数据整理而成。）

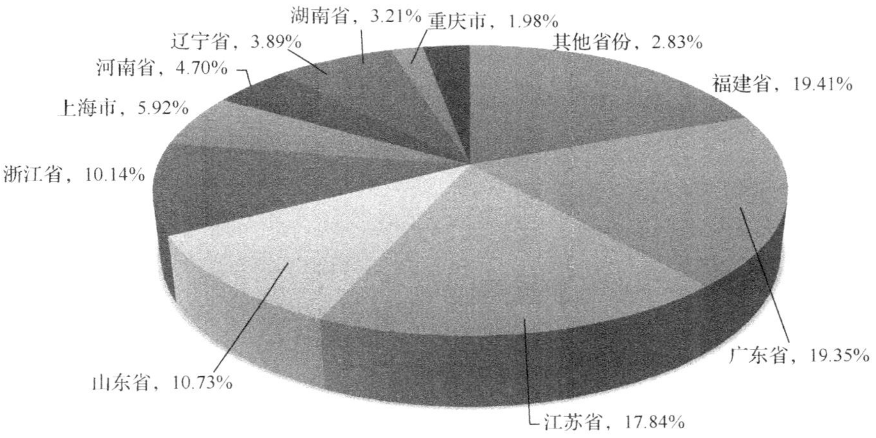

图3-3　我国部分省份2020年体育产业总产出占当年全国体育产业总产出的比重（N=10）

（资料来源：根据国家体育总局数据、各省份体育局官方网站资料及有关政府部门工作报告数据整理而成。）

此外，体育产业对当地经济发展的作用也呈东大西小的区域差异。从体育产业总规模占当年该省份 GDP 的比重可以看出体育产业的相对发展程度。统计数据显示（图 3-4），东部区域体育产业产值对当地经济发展的贡献程度相对较高，高于全国平均水平，尤其是福建省体育产业发展在全国遥遥领先，2020 年其体育产业总产值占全省 GDP 比重达到 4.02%，对该省经济社会发展具有突出贡献。此外，广东省、江苏省、山东省等体育产业总产值占当地 GDP 的比重分别达到 1.64%、1.6%、1.54%，这说明东部区域体育产业对当地经济社会发展具有较为重要的影响力，体育产业对就业的拉动作用、对相关产业的带动作用均较显著。地处东北区域的辽宁省 2019 年体育产业总产值占当年该省 GDP 的比重为 1.46%，而湖南省 2020 年体育产业总产值占当年该省 GDP 的比重为 0.86%，都呈现良好发展势头。在现状调研中发现，中部区域体育产业整体发展得到快速推进，但与东部区域相比，在发展规模、对经济的贡献程度等方面仍较为落后。西部区域因经济、地理环境、产业发展基础等因素，体育产业对当地经济的贡献程度较低。需要指出的是，近年来重庆市政府部门重视体育产业发展，尤其是对小城镇特色体育产业给予重点扶持，其 2020 年体育产业总产值达到 541.33 亿元，体育产业产值占当年该市 GDP 的比重为 0.9%。这是重庆市体育产业快速稳步向好发展的体现，也为西部区域其他省份体育产业发展提供了参考与借鉴。

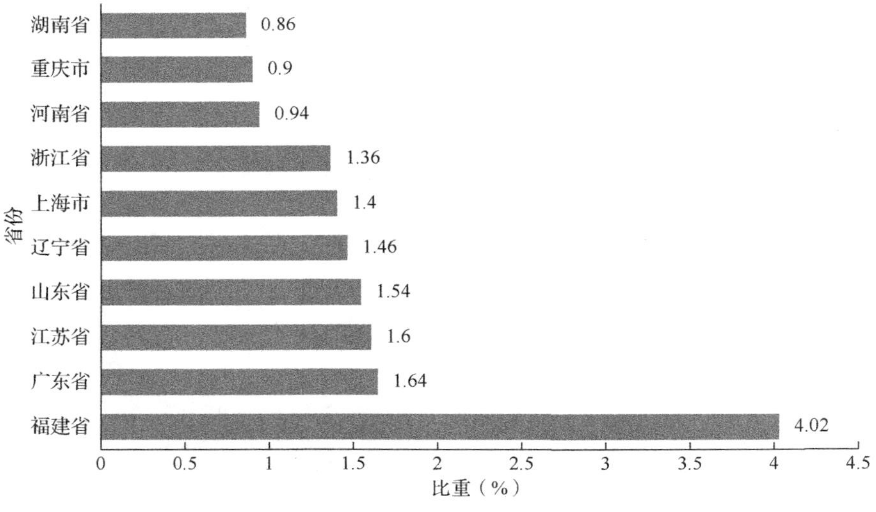

图 3-4　2020 年我国部分省份体育产业总产值占全省份 GDP 的比重（N=10）

（资料来源：根据国家体育总局数据、各省份体育局官方网站资料及有关政府部门工作报告数据整理而成。）

三、体育产业呈行业差异化发展态势

我国体育产业各行业发展规模与速度差异显著。从发展规模来看，体育健身休闲活动、体育竞赛表演活动虽有发展，但作为体育主体行业，其在整个体育产业发展中贡献程度较低，体育用品业仍是支柱行业。体育服务业（除体育用品和相关产品制造业、体育场地设施管理外的其他九大类）是体育产业发展的核心与关键，其产值在体育产业总产出的比重能反映体育核心产业的发展程度。从统计数据来看，在我国体育产业总产出构成中，体育服务业总体占比较低，其内部不同行业的发展规模也呈现明显差异，如体育场馆与健身休闲业在不同区域差异显著。

在不同省市，体育服务业总产值和增加值占体育产业总产值和增加值的比重也各有不同（图 3-5）。例如，2020 年上海市体育服务业增加值在当年上海市体育产业增加值中占比高达 89.9%，远远高于其他省份，这说明上海市体育体育产业结构不断优化，产业发展后劲足。这与上海市竞赛表演活动级别高，赛事经济效益好，体育健身休闲活动市场发育好，体育中介、体育培训服务等行业发展迅速有关。东北区域体育服务业整体发展水平有待提高，因此当地应依托冰雪资源及产业基础，尤其是既有冰雪人口存量优势，大力开发竞赛表演、健身娱乐、体育培训市场，优化体育产业结构。西部区域体育服务业的总产值及增加值近年来呈稳步发展态势，体育服务业总产值在整个体育产业总产值中的比重较高。

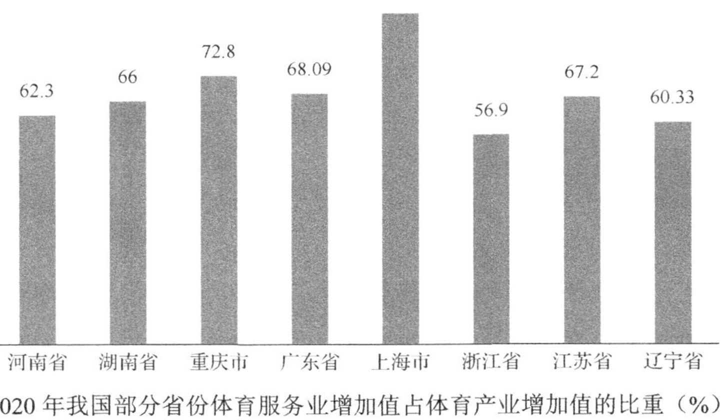

图 3-5　2020 年我国部分省份体育服务业增加值占体育产业增加值的比重（%）（N=8）

（资料来源：根据国家体育总局数据、各省份体育局官方网站资料及有关政府部门工作报告数据整理而成。）

四、不同区域优势体育行业类型各异

从部分省份体育产业总产值与增加值占比最高的行业类型看，不同区域优势体育行业类型存在差异，但总产值较高的行业均与体育用品有关。例如，山东省、浙江省体育用品及相关产品制造业占有很高比重，与这些省份制造业基础雄厚有关。重庆市、贵州省、湖南省、上海市等体育产业总产值和增加值占比最高的行业是体育用品及相关产品销售、出租与贸易代理，比重均在 30%～40%。可见，体育产业优势行业发展具有区域性，与当地经济社会发展水平、产业结构、产业发展基础、资源禀赋、政策导向等有关。从体育产业的绝对值来看，不同省份的体育产业发展规模、总产值与增加值存在较大差异，同一行业类型在不同区域的发展水平也各异，这种现象对分析不同区域小城镇体育产业的发展概况具有很强的参照性。

第二节　小城镇体育产业发展现状

对我国体育产业现状及发展特征进行分析，有利于了解小城镇体育产业的区域总体态势。小城镇体育产业的发展程度与当地体育事业的活跃程度密切相关，同时，可以从产业发展总体水平、不同行业的发展情况等方面进行考量。

一、小城镇体育事业与体育产业交融发展

体育是重要的社会事业，也是前景十分广阔的朝阳产业①。体育事业是体育产业发展的根基，能为体育产业培育市场。诸多学者认为广义的体育事业和广义的体育产业在概念上具有同一关系②，应在体育产业与体育事业发展过程中追求经济效益和社会效益的平衡，通过政府、第三方与企业实现对体育产品的交叉供给，最大限度地实现体育的社会建设职能③。在新时期体育实践中，体育事业为体育市场的培育和体育产业的发展提供需求与可能，体育产业发展为体育事业增添活力与新动力，因此应坚持体育事业与体育产业“双轮驱动，协同发展”④。《体育产

① 社论．以全民健身引领体育消费 实现体育产业高质量发展[EB/OL]．(2019-09-19) [2023-02-15]．https://www.sport.gov.cn/n20001280/n20745751/n20767279/c21258375/content.html.

② 张岩．论体育事业与体育产业的内涵及二者的关系[J]．成都体育学院学报，2002（2）：21-25.

③ 马慧，袁雷．体育事业与体育产业内在关联的再思考[J]．沈阳体育学院学报，2014，33（3）：13-16.

④ 刘清早，王荣朴，孙胜男．体育事业与体育产业的相关关系辨析[J]．中国体育科技，2008，(3)：16-20.

业发展“十三五”规划》中提出“积极推动体育与经济社会的协调发展，促进体育事业与体育产业协调发展”。因此，有必要对小城镇体育事业的发展现状进行分析，把握小城镇体育产业发展的基础条件，为提出体育产业发展方略提供依据与参考。

限于我国目前尚未有专门针对小城镇体育事业发展的统计数据，通过分析我国不同省份县级层面体育事业发展情况来分析小城镇体育事业是次优选择。应通过分析为总体把握小城镇体育产业发展现状提供重要参考。无论是体育事业还是体育产业，都依赖生产要素的投入。例如，政府财政支持是拉动社会体育公共需求的主要动力[①]，也是体育产业开展的政策驱动；公共体育场馆是构建公共体育服务体系和改善民生的重要载体[②]，也是体育产业发展的物质载体；科技对体育事业发展有先导作用[③]，也是体育产业发展的重要推动力量。因此，通过对小城镇体育系统机构、体育人口、体育组织、体育场地、体育器材、体育经费数据等进行统计分析，能够较为全面地反映小城镇体育事业的基本运行态势，间接了解体育产业在小城镇的发展状况，是分析小城镇体育事业的最优选择。

（一）小城镇体育系统机构与活动组织情况

体育系统机构是专门负责管理体育行政事务的机构，负责当地体育活动的组织协调与管理。对于小城镇体育事业和体育产业的发展而言，县级体育系统机构的数量在一定程度上反映了该县域体育活动的组织开展情况。不同省份体育系统机构数量及县级体育系统机构数量差别较大（附录 5）。

从 2019 年我国部分省份体育系统机构数量及县级体育系统机构数量比较统计数据来看（图 3-6），县级体育系统机构数量与体育系统机构总数呈正相关态势。从体育系统机构数量来看，处于全国前列的主要有四川省、江苏省、广东省、山东省、湖南省、河北省，其体育系统机构总数分别为 428 个、389 个、370 个、344 个、327 个、305 个；其中县级体育系统机构数量分别为 337 个、239 个、225 个、212 个、233 个、206 个。统计数据反映出东部区域体育系统机构数量总体上高于其他区域，县级体育系统机构数量也相对较多。东北区域中的黑龙江省体育系统

① 李燕领，王家宏，邱鹏，等．我国体育事业财政支出：规模、结构与空间效应[J]．中国体育科技，2018，54（6）：20-28，36．

② 阴腾龙．建设体育强国进程中体育场馆资源非均衡发展研究[J]．广州体育学院学报，2017，37（6）：15-18，65．

③ 李颖川．不忘初心，继往开来，为体育科技事业发展谱写新篇章——在中国体育科学学会成立 40 周年纪念会上的讲话[J]．体育科学，2021，41（1）：3-6．

机构数量为 277 个，县级体育系统机构数量相对较多，为 181 个；西部区域中四川省体育系统机构数量与县级体育系统机构数量多，与统计口径有关，也与当地的地理面积、县镇数量等有关，间接反映出该省体育系统的组织与协调力量较强，在一定程度上有利于推动和引导小城镇体育事业与体育产业的发展。

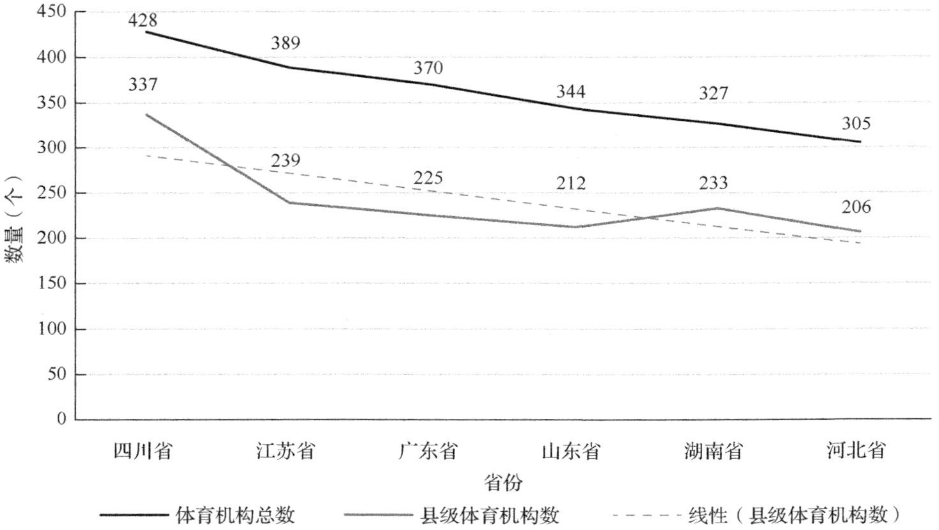

图 3-6　我国部分省份体育系统机构数量及县级体育系统机构数量比较（2019）（N=6）

（数据来源：根据《中国体育事业年鉴（2019）》有关数据整理而成。）

在对小城镇体育活动开展情况的调研考察中发现，小城镇体育活动的开展与当地体育系统机构的组织力度密不可分。例如，贵州省县域经常举办春节篮球赛，各小城镇居民积极组队参与竞赛，镇域体育文化活动氛围浓厚。在调研中，很多小城镇居民提出希望政府有关部门重视当地体育活动，多组织体育竞赛。随着新型城镇化的持续推进，小城镇居民收入水平不断提高，闲暇时间增多，体育健身意识逐步增强，而群体性的体育活动有利于培育居民的体育消费意识。在此过程中，个性化的体育消费诉求逐步显现，可拓展当地的体育消费市场，实现体育产业的萌芽与发展。

（二）小城镇体育场馆布局情况

场馆数量与布局区域差异显著。研究表明，区域经济与体育场馆数量密切相关。发达的经济是建造体育健身设施的前提条件，体育场馆设施的数量及质量与小城镇的经济发展水平及人口密度呈高度正相关关系，同时体育场馆设施的数量取决于小城镇政府部门领导及小城镇居民对体育和健身的认知[①]。结合县级体育场馆机构数（附录 6）与县级体育系统机构数量来看，发现两者高度相关，同时在调研中发现江苏省、广东省等的县级体育场馆数量多（图 3-7），且体育场馆的规模较大、功能性与综合性较强。这与两地高度发达的县域经济及居民的健身意识与体育消费能力密不可分。在江苏省建设智慧城市的过程中，体育基本公共服务是其有机组成部分，能促进居民健身消费的升级。广东省处于我国改革开放的前沿，经济发达，居民健身意识浓厚，体育消费能力强，政府部门及企业对体育产业的培育有创新的思路与措施，体育场馆经营管理水平高，且亚运会体育场馆的科学布局为居民体育健身与消费奠定了坚实的基础。例如，河北省迁西县在县域范围有 10 所台球馆，同时迁西县是中国板栗之乡、栗蘑之乡，生态资源良好，先后承办过全国登山比赛、全国库钓大赛等全国性体育赛事，每年吸引自行车运动爱好者 3000 余人来此骑行健身[②]，实现赛事举办与场馆设施改善相互驱动。山东省在县域体育场馆设施资源方面有待提高，相对于其他经济发展水平相近的东部区域省份，山东省小城镇体育场馆资源相对较少，需要加大重视力度，为小城镇居民健身与体育消费创造更多物质条件。

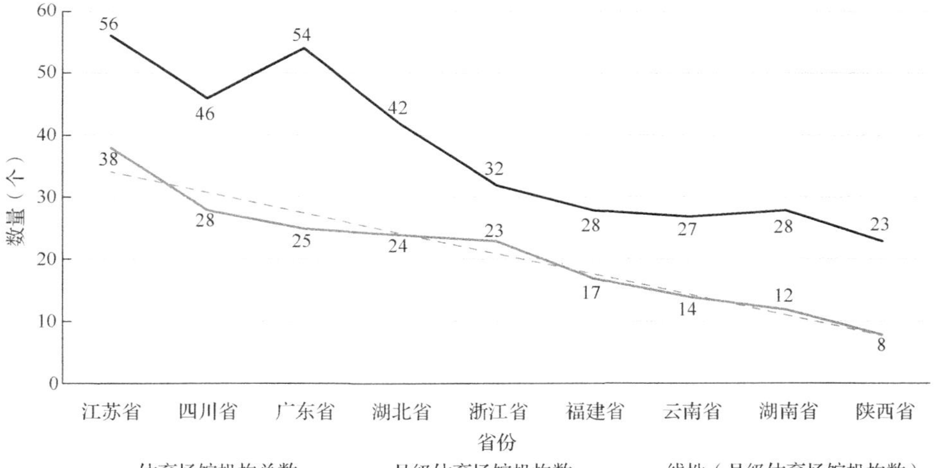

图 3-7　我国部分省份体育场馆机构数量及县级体育系统机构数量（N=6）

（资料来源：根据《中国体育事业统计年鉴（2019）》有关数据整理而成。）

① 刘志民，丁燕华．小小城镇 大大问题——苏南小城镇体育场地设施的现状调查报告[J]．体育与科学，2002，23（1）：24-27．

② 媛媛．全国公路自行车锦标赛移师迁西[EB/OL]．（2017-06-27）[2022-12-11]．http://ts.hebnews.cn/ 2017-06/27/content_6539028.htm．

此外，健身路径也是考量小城镇体育产业发展载体的重要指标。健身路径是指在一系列健身器械上完成各种指定健身动作，它集健身娱乐于一体，适合各类人群参加。为全面贯彻和落实全民健身计划，推动城乡居民健身活动广泛开展，国家体育总局在全国诸多社区、公园内投资建设了大量全民室外健身器材。健身路径数量的多少从某种程度上反映了这一区域的体育基本设施配置情况。健身路径能激发小城镇居民参与健身的热情。居民在参与基本健身后有可能参与个性化的付费体育项目，从而带动区域体育产业的发展，促进体育服装、器械等用品的销售及体育健身娱乐业的发展。

体育场地设施是开展体育活动的基础条件与物质保障。2020 年全国体育场地统计调查数据显示，截至 2020 年年底，全国体育场地共计 371.34 万个，体育场地面积为 13.88 亿平方米，人均体育场地面积为 2.2 平方米。其中，事业单位、村委会与企业体育场地面积分别为 13.68 亿平方米、5.86 亿平方米、5.59 亿平方米。从中可以看出，随着我国经济社会发展进入新阶段，以完善场地设施为重点的全民健身公共服务体系逐步建立，城乡公共服务一体化改革得到落实，这有利于满足居民健身需求，解决“健身去哪儿”的关键性问题，也有利于营造浓厚的参与体育活动氛围，带动多元体育需求增长，拓展小城镇居民体育消费市场，促进体育产业萌芽和发展。

此外，对体育场地设施投入的社会资本反映出不同区域的体育产业市场发育情况。限于统计数据的可得性，本书以《中国体育事业统计年鉴》中的数据分析健身路径中的社会资本投入，以间接说明不同省份体育产业发展的情况。截至 2017 年，我国健身路径数量为 49658 个，共有 399744 件器械，所占场地面积是 8485587.42 平方米，总计投资约 293261.30 万元，其中社会资金为 10327.87 万元（附录 7）。如果按省域划分，因为各省份地域面积及人口有差别，所以难以用健身路径数量来反映该地域体育产业的发展状况。但可以通过健身路径中社会资本的投入占该省份总花费的比重来间接地反映该区域体育产业的发展状况，因为社会资本具有逐利性，所以社会资本投入越多，说明所得回报越多，体育产业发展带来的经济效益越好。因此，本书通过社会资本占总投入的比重来推测该省份体育产业发展整体状况。

从统计数据来看，江苏省、浙江省社会资本对健身路径工程的投资较高，均达到 1500 万元左右；湖北省、湖南省社会资本在这项工程上的投资在 1100 万元左右。这充分说明以上 4 省社会资本对健身路径投资踊跃，从侧面反映出体育产业在这些省份产生较好的社会效益与经济效益。地处西部区域的重庆市、四川省、贵州省社会资本对健身路径工程的投入分别为 20 万元、13 万元、24 万元，与江苏省、浙江省、湖南省、湖北省 4 省相比差距极大。需要指出的是，从统计数据来看，甘肃省健身路径的数量为 898 个，处于全国中等水平，而其社会资本的投入为 924 万元，仅落后于江苏省、浙江省、湖北省、湖南省 4 省，这说明该省体育产业发展中社会资本投资热情较高，体育产业具有较强的发展潜力。

（三）小城镇体育系统从业人员情况

从业人员的数量在一定程度上反映了区域体育事业的行政管理辐射范围，从侧面反映了该区域体育产业的政府组织协调力度。从 2019 年我国不同省份体育系统从业人员数量的统计数据来看，广东省、山东省体育系统从业人数分别为 11647 人、10489 人，是体育系统从业人数在 10000 人以上的省份，而海南、青海、宁夏、西藏等省份体育系统从业人数分别为 1041 人、1266 人、646 人、798 人，均在 1000 人左右，从业人数的差距显而易见。县级体育系统从业人数同样可以反映出小城镇体育事业组织管理活动的状况，东部区域中的广东省、山东省、江苏省县级体育系统从业人数分别为 3574 人、3991 人、2493 人；东北区域中的辽宁省、吉林省、黑龙江省体育系统从业人数分别为 6670 人、4172 人、4880 人，县级体育系统从业人员数分别为 1182 人、1270 人、1088 人；西部区域中的青海、宁夏、西藏等省份县级体育系统从业人数分别为 424 人、195 人、161 人①。县级体育系统从业人数可以间接反映出不同区域小城镇体育事业与体育产业的非均衡发展状况，东部区域远远领先于西部区域。如果从地域面积与平均每万人拥有体育系统从业人员这个相对指标来看，则西部区域体育系统从业人员与东部区域的差距更加显著。

（四）不同省份县级社会体育组织发展情况

社会体育的开展情况与体育产业发展程度紧密相关，社会体育在县级层面的开展状况可以从侧面反映小城镇居民参与体育活动的情况、消费水平与市场潜力等。在小城镇社会体育发展过程中，一方面要依靠政府提供公共服务，保障公民享有基本公共体育服务；另一方面，通过考察社会体育开展情况，可以评估小城镇体育产业的市场空间，通过引入市场机制提高增量资源的优化配置效率，激活参与社会体育活动的群体中小城镇居民的体育消费潜力，扩大体育消费市场，挖掘体育消

① 资料来源：《中国体育事业统计年鉴（2019 年）》。

费多元渠道，扩大小城镇体育产业就业空间，推动小城镇体育产业稳步发展。

县级体育社会组织是在县域层面落实全民健身计划纲要、开展群众体育活动的直接行政组织，对于县域范围内小城镇及农村体育活动的开展具有重要的组织与引领作用。2016 年 8 月 21 日，中共中央办公厅、国务院办公厅印发的《关于改革社会组织管理制度促进社会组织健康有序发展的意见》（中办发〔2016〕46 号）中指出，社会组织建设对于公共服务供给方式的改进与完善、社会治理的加强和创新、社会活力的激发等方面具有重要作用。社会组织以社会团体、基金会和社会服务机构为主体，是我国社会主义现代化建设的重要力量。体育社会组织是社会组织的有机组成部分。在“十四五”时期，更需要大力发挥体育社会组织在推动全民健身事业发展、完善全民健身公共服务体系方面的重要推动力量。它是促进小城镇体育产业发展不可或缺的因素。对区县级体育社会组织的考察，有助于了解我国各省份小城镇体育活动的组织体系与发展情况。

对于小城镇体育事业及体育产业的发展而言，区县级体育社会组织、社会团体、体育基金会及体育类民办非企业单位是当地开展群众体育活动、组织体育比赛、调动社会力量的重要组织。从国家体育事业统计数据来看，截至 2019 年年底，我国共有体育社会组织 63384 个，其中，体育社会团体为 44795 个，体育基金会为 453 个，体育类民办非企业单位为 18136 个。具体来看，从行政级别看，县级体育社会组织为 40182 个，可见，我国体育社会组织有 63%分布在县级层面。从不同省市体育社会组织发展情况来看，截至 2016 年年底，江苏省体育社会组织总数为 5918 个，其中县级体育社会组织为 4697 个，远远领先于其他省市。其次为山东省，体育社会组织为 4010 个，县级社会组织为 2199 个。此外，浙江省、河南省、广东省、四川省、安徽省、福建省、江西省、湖北省等省份是体育社会组织总数及县级体育社会组织数量较多的省份，而青海省、宁夏回族自治区、海南省、新疆维吾尔自治区等省份的体育社会组织数量较少（图 3-8）。从社会团体的发展情况来看，江苏省拥有 6628 个社会团体（其中县级社会团体为 5082 个），位居第一，浙江省、山东省、广东省、四川省拥有的社会团体数均在 2000 个以上，县级社会团体数也在 1300 个以上。从 2020 年体育基金会的数量来看，湖北省、浙江省体育基金会数量分别为 71 个、56 个，其中，县级体育基金会分别为 37 个、56 个，它们分别是体育基金会总数第一、县级体育基金会总数第一的省份；此外，山东省、四川省 2020 年县级体育基金会数量也在 30～40 个。从体育类民办非企业单位来看，江苏省、山东省、浙江省、河南省等省份处于全国前列（附录 8），这充分说明这些省份社会体育活动开展的条件优于其他省市①。

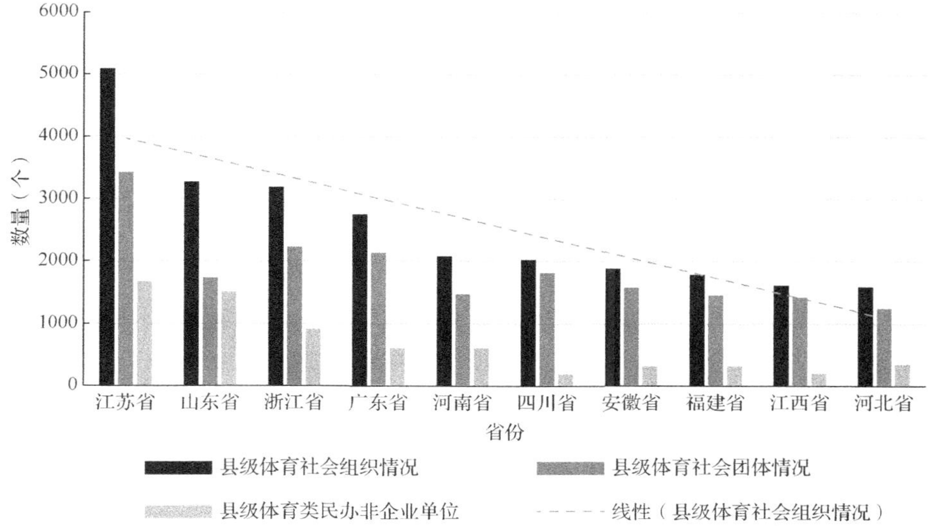

图 3-8　我国县级体育社会组织发展情况 TOP10（N=10）

（资料来源：《中国体育事业统计年鉴（2019）》。）

以上数据充分表明，社会组织数量较多的省份的体育社会组织发展较好，通过对中国社会组织数量位居全国前 10 位的省份进行考察（图 3-9），可以看出经济社会发展好的东部区域的体育社会组织、社会团体、体育基金会、民办非企业数量均处于全国前列，其中江苏省最为显著，社会组织的强大作用与该省发达的县域经济有非常密切的关系。

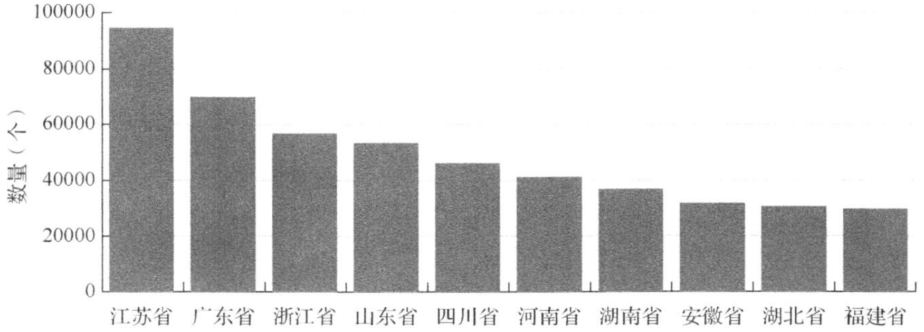

图 3-9　全国社会组织数量 TOP10（N=10）

（资料来源：中国社会组织公共服务平台，截止时间为 2019 年 5 月。）

① 资料来源：《中国体育事业统计年鉴（2019）》。

（五）社会体育指导员与群众体育活动开展情况

社会体育指导员是我国体育事业开展的重要力量，其在体育活动中的指导与引领作用对于增进公民身心健康、提高生活质量具有不可替代的作用，因此社会体育指导员是我国建设社会主义精神文明的重要力量。当前，我国城市社会体育指导员数量多、分布范围广，尤其是社区健身指导员对于体育活动的开展具有重要的组织作用，而镇域体育指导员相对匮乏，这制约了小城镇体育活动的开展。

群众体育活动的开展不仅有利于培养更多的体育人口，营造浓厚的体育活动氛围，还有利于扩大体育市场，培养潜在体育消费者，推动体育产业发展。从《中国群众体育发展报告（2019）》及《中国体育发展报告（2020—2021）》中关于中国群众体育发展报告（2020—2021）的相关数据可以看出，近年来在国家政策引导与各级各类部门协同推进下，群众体育场地数量不断增加，人均体育场地面积逐年扩大；群众体育健身组织网络不断健全，健身站点不断增加与延展，为小城镇居民参与体育活动提供良好的外部环境；群众体育健身赛事的广泛开展，营造了浓郁的运动氛围，每年参与活动的总人数都超过 1 亿人次。但相关报告反映出全民健身在区域间的发展不平衡，西部区域总体落后于东部区域与中部区域；群众体育活动在城乡间的发展不平衡；全民健身公共服务体系不够健全，尤其是乡镇公共体育服务有待提升；群众体育的多元功能和综合价值尚未得到充分重视与体现等。从统计结果来看，各级政府应高度重视小城镇体育事业和体育产业的发展，以便促进两者在城乡间的协调发展。

（六）小城镇体育人口情况分析

一个国家或地区的体育人口数量是促进体育事业与体育产业发展的重要因素。李佳川和孙洁从体育人口、体育手段、体育组织、体育环境四大构成要素进行分析，考察我国小城镇体育生态系统的发展现状，指出我国体育人口在不同区域小城镇之间差异较大，在年龄、性别、地域、职业等方面分布不均衡。快速提高小城镇体育人口数量是实现小城镇体育发展的前提条件[①]。在我国城乡公共服务发展中，存在发展水平不平衡、乡镇公共服务体系不够完善、体育社会组织薄弱、公共财政的投入有待加强等现实困境，诸多省份提出有效应对方案。例如，浙江

① 李佳川，孙洁．我国小城镇体育生态系统的发育现状与自驱动力分析[J]．广州体育学院学报，2012，32（2）：1-5，23．

省提出“城乡等值”理念，即虽然城市和乡村形态不同，但在体育方面具有同等区域价值，使体育成为美丽城镇建设的重要因素，着力完善小城镇生态绿道、文体综合服务中心、体育场馆设施建设等，切实推动小城镇体育产业快速发展。国家体育总局发布的《2020年全民健身活动状况调查公报》显示，全国经常参加体育锻炼的人数比例为37.2%。其中，经常参加体育锻炼的乡村人数比例增长幅度超过城镇，西部区域和中部区域的增长幅度超过东部区域。在实地调研中发现，近年来小城镇居民的健身意识逐步增强，更多居民成为积极的体育参与者，也将成为未来的体育消费者。本书主要研究我国小城镇体育产业的现状与发展方略。体育人口是反映和影响小城镇体育产业的一个因素，关于体育人口的调查涉及面广、专业性强，作者尚未对这一问题进行专门调查。但作者通过对已有文献的梳理和分析获取了相关数据，为研究提供一定的理论支撑和依据。

由体育人口的研究结果可以看出，小城镇居民体育健身意识有所提高。从健身人群来看，文化程度较高、非体力劳动者参与体育锻炼的程度较高，而以体力劳动为主的群体体育锻炼参与度低；在锻炼项目的选择上，走路、跑步、广场舞等消费较少、易于实现、对场地要求不高的项目参与人数较多。由此可以看出，参与体育锻炼虽然与体育运动习惯和偏好有关，但小城镇居民参与体育锻炼主要受到农耕文化及其生产生活方式的影响，也与其经济收入水平相关。很多居民虽然居住在小城镇，但仍延续农村的生活方式与生活习惯，健身意识薄弱。此外，小城镇健身场地匮乏、健身指导缺乏、居民体育消费意识与消费能力低，都是小城镇体育产业发展远远落后于城市的主要原因。

二、小城镇体育产业整体发展调查

（一）调查方法说明

1. 调查方式

为进一步全面深入了解我国小城镇体育产业发展的概况，作者采用问卷调查与实地调研相结合的方式，主要对小城镇体育产业发展现状和开展条件进行调研。依据不同区域各省市镇级区划数与分布特征进行问卷发放，根据东部区域、中部区域、西部区域、东北区域小城镇数量在全国小城镇总数中的占比，分别发放问卷1400份、1100份、1600份、400份，具体发放情况及小城镇样本范围见附录3。

采取分散与集中相结合的方式选取调查样本。分散调查主要对不同区域的小城镇进行散点式调查；集中调查主要针对某个小城镇进行深入集中调查。由于时间、精力、财力有限，作者难以调查全国各地。但本书研究组成员竭尽全力，历经5年，先后深入我国诸多小城镇展开实地调研，对山西省、山东省、浙江省、湖北省、安徽省、陕西省、贵州省、广东省、辽宁省等省份部分小城镇进行实地调研，采用参与式观察与无结构式深度访谈的方法展开调查。本书研究组成员深入浙江德清莫干山特色小镇、湖北荆门爱飞客小镇、湖南宁乡灰汤镇温泉小镇、云南安宁市温泉镇等进行调研，以会议座谈、闲聊、会话等方式与当地政府部门负责人、体育产业的经营管理人员、当地居民等进行沟通交谈，探寻体育特色小镇发展中存在的问题及影响因素，以及不同利益主体的诉求等。

此外，作者多次参加体育小城镇研讨会议，先后对来自全国各地的30余名体育企业管理人员进行访谈，深入了解体育产业在实践领域的客观问题与企业家诉求。在实地调研中，通过观察当地小城镇体育产业的开展现状及存在问题，形成对小城镇体育产业发展更深入全面的认识，在此基础上进行理论分析与探讨。

2. 调查内容

在调查问卷的内容设置方面，为实现研究口径的一致性，依据《体育产业统计分类（2019）》中对体育产业的大类与小类划分，本书沿用体育产业的11个子行业划分内容，对各行业发展程度的评价采用李克特（Likert）5级量表，从非常好（赋值为5）到非常不好（赋值为1），以期把握体育产业不同行业在我国小城镇中的整体发展情况。同时，以影响因素为依据，对当地小城镇体育产业的发展条件进行评价，较为全面地把握小城镇体育产业的发展条件，为进一步研究提供现实资料与分析基础。

3. 调查对象

在问卷调查中，汇集理论层面、实践层面、政府管理层面、社会组织层面的意见与评价，为研究提供较为客观全面的支撑。调查问卷的发放对象如下。

（1）体育理论研究人员，即对区域内小城镇体育产业有一定理论思考的学者。他们对体育产业的关注度高，且有较为深入的理论思考。对他们的调查结果可用于分析小城镇体育产业不同行业的发展实际，以及客观评价小城镇体育产业的发展条件。

（2）政府部门工作人员，即小城镇政府部门负责体育事业及体育产业发展的工作人员。他们对小城镇整体发展情况有较为全面的认识，对体育产业的政策把握准确，对当地体育产业的发展情况较为熟悉，能从管理人员的角度评价体育产业的发展概况。对他们的调查结果可用于评估当地体育产业的发展条件。

（3）企业经营管理人员，即小城镇不同体育行业的经营管理人员及当地体育社会组织成员。具体包括：体育用品销售领域的经营人员、健身俱乐部的经营管理人员、体育培训行业的教练员、体育旅游企业的营销人员及当地不同体育社会组织的成员。他们身处体育产业发展实践第一线，对小城镇体育产业的发育情况、市场环境等发展条件认识深刻。调查这一群体有利于准确把握小城镇体育产业的发展状况、存在问题及现实诉求。被调查者的基本情况如表 3-3 所示。

表 3-3　被调查者的基本情况（*N*=4092）　　单位：人

区域	体育理论研究人员	政府部门工作人员	企业经营管理人员	人数合计
东部区域	431	265	657	1353
中部区域	372	214	396	982
西部区域	618	297	521	1436
东北区域	84	83	154	321

（资料来源：根据《我国新型城镇化进程中小城镇体育产业发展现状调查问卷》中被调查者基本信息的有关数据整理而成。）

4. 调查问卷回收情况与信效度检验

本次调查共发放调查问卷 4500 份，回收 4189 份，回收率为 93.1%。本书研究组成员对问卷进行一一核查，将出现以下问题的问卷视为无效问卷进行剔除：问卷中所有选项相同、问卷选项有规律填写、问卷漏填题目达到 3 个及以上。核查后剔除无效问卷 97 份。共收集有效问卷 4092 份，有效率为 90.9%。本次调查的回收率和有效率符合设计标准及要求。

调查问卷的信度、效度检测。根据研究内容与研究目的初拟调查问卷，主要对我国不同区域小城镇体育产业各行业的开展情况进行调查，按照社会学关于调查问卷设计的基本要求进行设计。在多次征求专家意见后进行修改，并在此基础上设计专家问卷调查表。

（1）调查问卷的信度检验首先采用再测法，以湖北省枝江市董市镇为预测对象，在小范围内做重复调查，对调查问卷的信度进行了检验。在首次问卷调查两周后，用同一份调查问卷从原来的被调查者中抽取 40 人进行重测，计算出两次调查结果的相关系数为 r=0.819，经检验检验值 P<0.05，这表明两份调查问卷的信度较高，证明了调查问卷指标内容的一致性程度较高。最后，使用 SPSS19.0 对有效调查问卷再次进行信度检验，分别对小城镇体育产业发展现状及发展条件调查问卷的可靠性进行分析，结果表明 Cronbach's Alpha（克朗巴哈系数）值分别为 0.822 和 0.848（表 3-4 和表 3-5），这说明调查问卷具有较高的信度。

表 3-4　可靠性统计量

Cronbach's Alpha	0.822
基于标准化项的 Cronbach's Alpha	0.822
项数	11

注：该可靠性统计是对附录 1 的检验结果，对 11 个行业在不同区域小城镇的发展情况进行调查，有效样本量为 4092 份。

表 3-5　可靠性统计量

Cronbach's Alpha	0.848
基于标准化项的 Cronbach's Alpha	0.849
项数	20

注：该可靠性统计是对《小城镇体育产业发展条件评价调查表》的检验结果，对 20 个发展条件在不同区域小城镇的表现进行评价，有效样本量为 4092 份。

（2）采用定性评价方法，邀请 15 名专家对调查问卷的内容和结构进行效度评价，设定非常合适、比较合适、一般、不合适 4 个量级。专家的构成情况与评价结果如表 3-6 和表 3-7 所示。从检验结果来看，绝大部分专家认为调查问卷能够反映所要调查研究的问题，具有较高的有效性。

表 3-6　专家基本情况（N=15）　　单位：人

统计项	教授	副教授	管理人员	合计
频数	8	5	2	15
百分比（%）	53.3	33.3	13.4	100

表 3-7　专家对调查问卷设计的总体评价（N=15）

统计项	非常合适	比较合适	一般	不合适	合计
频数	1	13	1	0	15
百分比（%）	7	86	7	0	100

影响因素调查问卷的主要内容是针对影响小城镇体育产业发展的因素及其重要程度进行专家调查（附录 2）。被调查者主要有体育产业的理论研究专家（学界）、体育产业的行政管理人员（政界）、体育产业的实践运作人员（业界）。共发放调查问卷 60 份，回收调查问卷 58 份，回收率为 96.7%，其中有效调查问卷为 56 份，有效率为 93.3%。对于专家意见的集中程度和协调程度，采用 Kendall 协同系数 W 检验，协同系数 W 的取值范围在 0～1，W 值越接近 1，说明评价者的评标准越一致；反之，W 值越接近 0，说明评价者的评价标准越不一致。对本调查问卷使用 SPSS19.0 进行分析，计算结果表明，Kendall 协同系数 W=0.692，P 值为 0.000，小于给定的显著水平 0.05（表 3-8）。这说明专家对小城镇体育产业影响因素的意见一致性较高。卡方值为 99.651，说明变量间的相关性较强；自由度（df）为 19，说明以样本的统计量来估计总体参数时，样本中独立或能自由变化的自变量个数为 19 个，再次说明专家的协调性系数较好，一致性较高。

表 3-8　多配对样本的 Kendall 协同系数检验统计量

N	56
Kendall W	0.692
卡方	99.651
Df	19
渐近显著性	0.000

在专家访谈中，对调查问卷的目的和内容、表述的清晰度、维度设置的逻辑性与全面性、各影响因素含义的独立性等方面进行了咨询。专家团队一致认为该调查问卷具有较强的内容效度。采用因子分析法进一步检验调查问卷的结构效度，如果因子分析的 KMO 值>0.5，则说明可以进行因子分析；如果 Bartlett 的球形度检验的 P 值<0.001，则说明因子的相关系数矩阵为非单位矩阵，调查各变量间具有相关性，可以进行因子分析。通过 SPSS19.0 计算，结果显示本调查问卷的 KMO 值为 0.619，大于 0.6，说明可以有效提取数据信息。Bartlett 的球形度检验的卡方值为 470.944（P=0.000）（表 3-9）；共提取 6 个主成分，解释的总方差累积百分比

为 73.398%，这意味着研究项目的信息量可以被有效地提取出来（表 3-10），这说明问卷具有较高的结构效度。

表 3-9　KMO 和 Bartlett 的检验

取样足够度的 Kaiser-Meyer-Olkin 度量		0.619
Bartlett 的球形度检验	近似卡方	470.944
	df	190
	渐近显著性	0.000

表 3-10　解释的总方差

成分	初始特征值			提取平方和载入			旋转平方和载入		
	合计	方差的百分比（%）	累积百分比（%）	合计	方差的百分比（%）	累积百分比（%）	合计	方差的百分比（%）	累积百分比（%）
1	10.168	50.838	50.838	10.168	50.838	50.838	2.838	14.189	14.189
2	1.221	6.107	56.944	1.221	6.107	56.944	2.831	14.154	28.343
3	0.989	4.947	61.892	0.989	4.947	61.892	2.694	13.469	41.811
4	0.831	4.157	66.048	0.831	4.157	66.048	2.160	10.802	52.613
5	0.792	3.958	70.007	0.792	3.958	70.007	2.124	10.620	63.234
6	0.678	3.391	73.398	0.678	3.391	73.398	2.033	10.164	73.398
7	0.584	2.921	76.319						
8	0.521	2.607	78.926						
9	0.483	2.417	81.343						
10	0.456	2.281	83.624						
11	0.430	2.148	85.773						
12	0.371	1.855	87.628						
13	0.355	1.775	89.402						
14	0.348	1.740	91.143						
15	0.329	1.647	92.790						
16	0.311	1.557	94.347						
17	0.296	1.482	95.829						
18	0.288	1.439	97.268						
19	0.281	1.406	98.674						
20	0.265	1.326	100.000						

注：提取方法为主成分分析。

共提取 6 个主成分（表 3-11），对各主成分包含的因素变量的负荷量进行排序，并根据因素变量间的内在关系命名潜在公共因子，将其分别定义为小城镇区位条件、市场容量、产业基础、生产要素、基础设施、旅游业实力 6 个维度。

表 3-11 旋转成分矩阵[a]

因素	成分					
	1	2	3	4	5	6
小城镇的地理位置	0.788					
小城镇传统文化与风俗习惯	0.746					
小城镇产业发展规划	0.722					
小城镇自然条件与自然资源	0.656					
小城镇经济政策	0.633					
小城镇居民收入水平		0.861				
小城镇居民娱乐文化消费水平		0.721				
小城镇内体育市场需求		0.616				
小城镇的城镇化水平		0.599				
小城镇体育人口的数量		0.496				
小城镇相关体育产业发展情况		0.433				
小城镇主导产业发展情况			0.749			
小城镇的产业结构			0.722			
小城镇外体育市场需求			0.638			
小城镇体育人才资源				0.809		
小城镇体育管理体制				0.714		
小城镇体育场馆资源				0.597		
小城镇竞技体育的综合实力					0.744	
小城镇基础设施条件					0.718	
小城镇旅游业的实力						0.906

注：提取方法为主成分分析、旋转法（具有 Kaiser 标准化的正交旋转法）；
a：旋转在 9 次迭代后收敛。

（二）小城镇体育产业总体表现

根据国家体育总局与国家统计局发布的《全国体育产业总规模与增加值数据公告》，在调查问卷中将体育产业划分为 11 个子行业，对不同区域小城镇体育产业的各行业类型进行调查。根据调查数据并利用 SPSS19.0 进行分析，从全国小城镇体育产业发展情况总体均值的统计结果来看，各行业都处于相对滞后的发展状态（图 3-10）。数据显示，在小城镇体育产业各行业发展情况的总体评价中，除体育健身休闲活动与体育管理活动略高于“发展一般”（均值分别为 3.037 和 3.191）外，其他行业的总体均值都低于“发展一般”的评价（调查问卷等级量表中值设定为：3 为“发展一般”，2 为“发展不太好”），即大部分行业处于“发展不太好”的层次。但落后也意味着发展机会较多与开发潜力较大，这正是作者深入研究小城镇体育产业发展方略的出发点与价值所在。

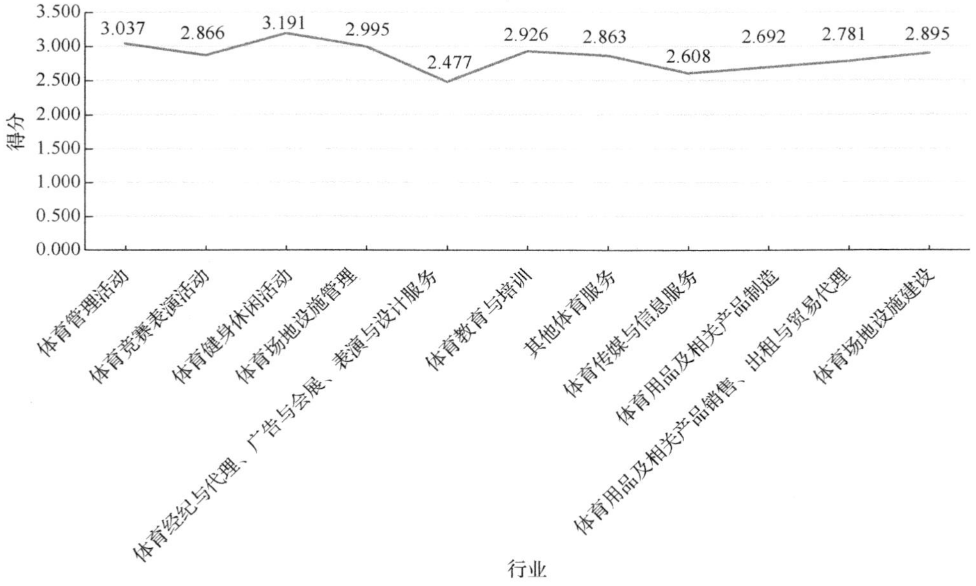

图 3-10　体育产业各行业在小城镇发展现状总体表现（N=4092）

（资料来源：根据附录 1 中的统计数据整理而成。）

鉴于不同类型体育行业的特征具有绝对差异性与相对同质性，为便于进一步分析同一类型体育行业的发展情况，按照我国体育产业状况统计分析方法，对体育产业内部结构进行分析，将体育产业划分为三大类型：体育服务业（包括体育管理活动，体育竞赛表演活动，体育健身休闲活动，体育场地设施管理，体育经纪与代理、广告与会展、表演与设计服务，体育教育与培训，体育传媒与信息服务，体育用品及相关产品销售、出租与贸易代理及其他体育服务），体育用品及相关产品制造，体育场地设施建设。

从不同类型行业的发展情况来看，体育服务业在小城镇总体呈现较好的发展势头，体育用品及相关产品制造发展相对较好，体育场地设施建设发展较差。这与我国体育产业整体发展概况基本一致，小城镇体育场地设施建设发展远远落后于城市。究其原因，城市在要素集聚能力、资源配置效率、人口集聚与经济集聚的交互影响下，其体育产业各行业的发展均优于乡村与小城镇。小城镇体育服务业、体育用品及相关产品制造业受经济社会发展条件、生产要素聚集程度、人们的体育参与意识与体育消费能力等因素影响，体育场地设施建设发展缓慢与前述小城镇体育场地设施相对匮乏的研究结果高度一致。我国小城镇在室内场地设施建设，室外田径场、篮球场、足球场、网球场及全民健身设施等方面发展较差，场地设施匮乏问题较严重，在场地设施建设方面投资有限，社会资金投入较少，场地设施建设的经济效益相对较低。“十四五”时期经济社会的高质量发展，以及新型城镇化与乡村振兴战略的持续推动，将在一定程度上推动小城镇体育产业不同行业的发展。

三、不同区域小城镇体育产业发展现状

在对区域体育产业发展的分析中，按照四大区域（东部区域、中部区域、东北区域、西部区域）进行划分，根据调查数据并利用 SPSS19.0 进行分析，获得对我国四大区域小城镇体育产业发展现状的总体评价。从统计数据中可以看出，小城镇体育产业表现出东强西弱的差序发展格局，东部区域小城镇体育产业整体发展好于其他区域，其次是东北区域、中部区域，西部区域小城镇体育产业总体发展较为落后（图 3-11）。

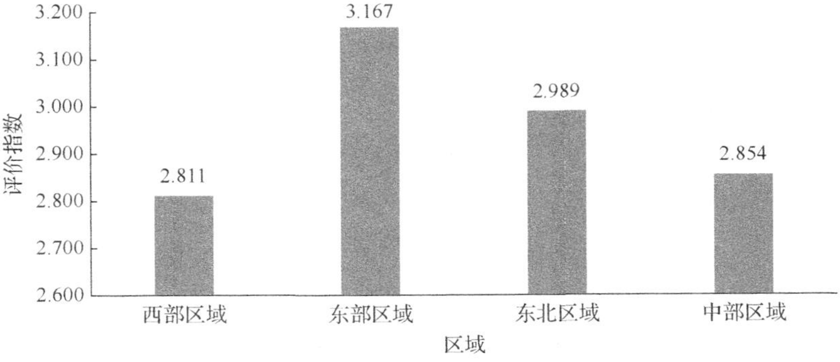

图 3-11　小城镇体育产业在四大区域发展现状的总体评价（N=4092）

（资料来源：根据附录 1 中的统计数据整理而成。）

究其原因，中国新型城镇化与体育产业发展水平呈一致增长趋势①，小城镇体育产业与经济社会发展水平密切相关。本书的研究结果与郭相兴等（2014）的研究结果相一致：不同区域小城镇发展水平存在明显差异，东部区域明显好于其他3个区域，东北区域相对好于中部区域和西部区域，西部区域小城镇发展水平最低②。由此可以看出，我国东部区域小城镇体育产业总体高于其他区域，这说明城镇化发展综合水平越高的小城镇，越有利于培育和发展体育产业。

四、小城镇体育产业不同行业发展现状

（一）小城镇体育产业各行业发展不均衡

本书进一步分析小城镇体育产业不同行业的具体发展现状，从统计结果来看（图 3-10），我国小城镇体育产业各行业发展均处于相对落后状态，其中健身休闲活动、体育管理活动开展情况评价略高于其他行业，这与小城镇居民健身意识不断提高、参与体育活动增多有关。此外，小城镇体育管理活动发展评价相对较好，这说明小城镇政府部门开始重视当地体育活动的组织协调工作，产生了一定的社会效益与经济效益。在调查中发现，体育产业在我国东部区域小城镇已逐步开展起来，而西部区域的部分小城镇也在积极推动体育及相关产业发展，诸多县域举办群众性体育赛事，推动群体活动开展。

（二）小城镇体育产业各行业发展呈现东高西低的区域发展态势

从体育产业各行业的整体发展表现（图 3-12）中可以看出，东部区域小城镇产业各行业的发展态势均优于其他区域；其次是东北区域，其小城镇各行业的发展领先于西部区域和中部区域。中部区域和西部区域小城镇体育产业各行业的发展评价有交叉与波动，总体而言，中部区域和西部区域体育产业发展均较为落后，尤其是西部区域小城镇体育产业发展更加滞后。

---

① 孟佩，徐宏毅．中国新型城镇化水平与体育产业发展关系的实证研究[J]．武汉大学学报（哲学社会科学版），2017，70（5）：86-95．

② 郭相兴，夏显力，张小力，等．中国不同区域小城镇发展水平综合评价分析[J]．地域研究与开发，2014，33（5）：50-54．

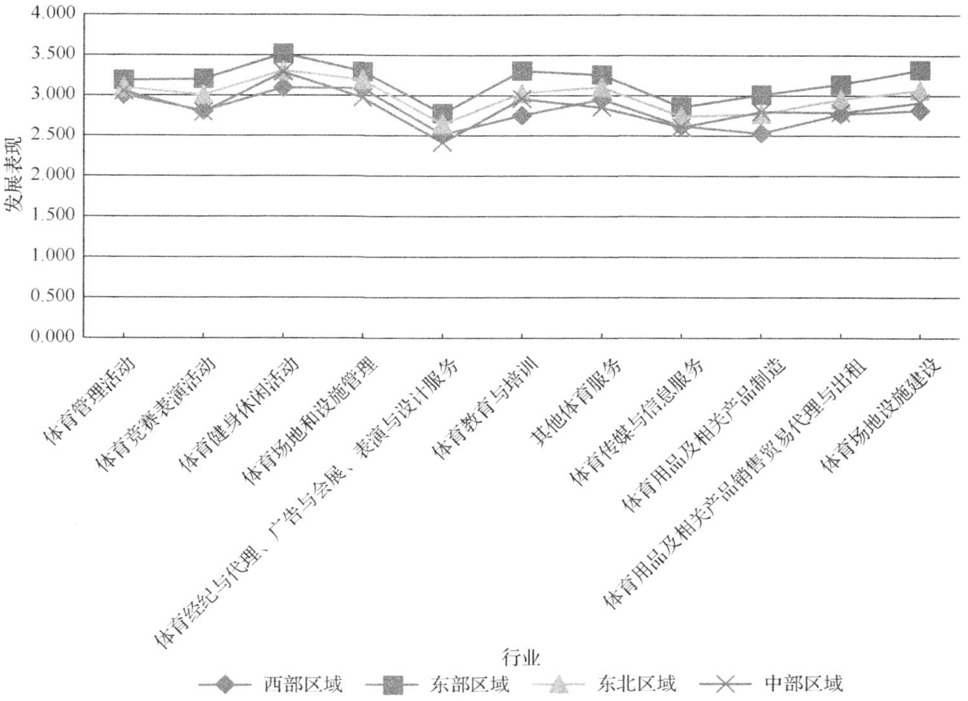

图 3-12　小城镇体育产业各行业发展表现（*N*=4092）

（资料来源：根据附录 1 中的统计数据整理而成。）

由图 3-12 可以看出，小城镇体育产业发展规模与速度、质量与效益等在不同区域间差异显著，这是由长期以来我国区域梯度发展格局导致的。体育产业在东部区域开展得如火如荼，而在中西部区域发展相对落后。不同区域在基础设施、经济发展质量与水平、环境条件、体育人才资源、特色优势项目等方面发展程度不同，这些内外部环境的差异是导致小城镇体育产业区域差异显著的重要原因。

（三）同一类型体育行业发展的区域比较

从小城镇体育行业发展现状来看，体育服务业、体育用品及相关产品制造、体育场地设施建设三大业态在各区域的发展表现存在差异。具体表现为：体育用品及相关产品制造业在东部区域小城镇的发展水平高于其他区域。从图 3-13 中可以看出，体育用品及相关产品制造业在四大区域的发展现状评价均处于最外层，这说明其发展程度好于同区域的其他行业类型。这与我国体育产业的总体发展规模中体育用品业的比重较高具有高度一致性。从区域发展角度来看，体育用品及相关产品制造业在东部区域（均值为3.317）的发展现状好于其他区域，其次是东北区域（均值为3.066），最后是中部区域和西部区域（均值分别为2.912和2.815）。可以看出，虽然小城镇体育行业发展整体落后于大中城市，但相对而言，小城镇体育用品及相关产品制造业在东部区域与东北区域相比于其他体育行业发展较好，这与东部区域、东北区域镇域经济与小城镇产业结构有关。

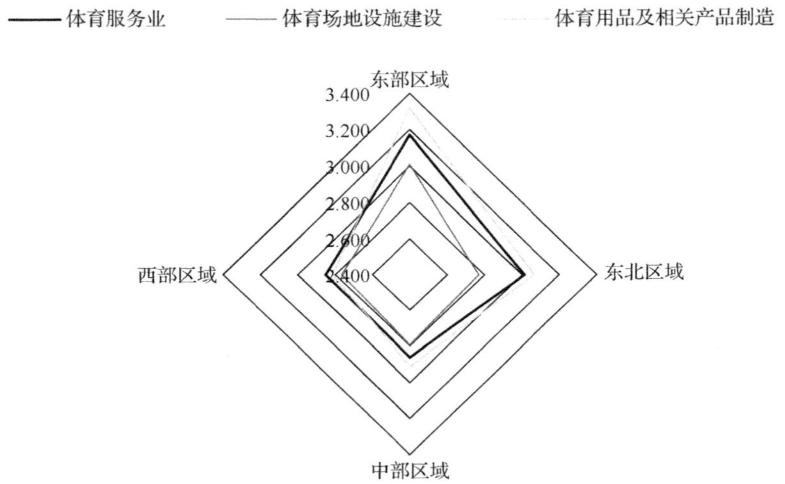

图 3-13　小城镇体育产业三大行业的区域发展表现（N=4092）

（资料来源：根据附录 1 中的统计数据整理而成。）

体育服务业在不同区域小城镇的发展水平各异。体育服务业是体育产业的主体行业，其发展水平及发展程度是体育产业成熟的重要标志之一，直接影响整个体育产业的发展。结合统计结果与实地调研来看，体育服务业在不同区域小城镇的总体发展表现低于体育用品及相关产品制造业，这符合经济发展规律及小城镇居民体育消费结构与消费现状。相对而言，东部区域体育服务业发展最好，其次是东北区域，再次是中部区域，而发展最差的是西部区域，其均值低于全国均值（图 3-14）。

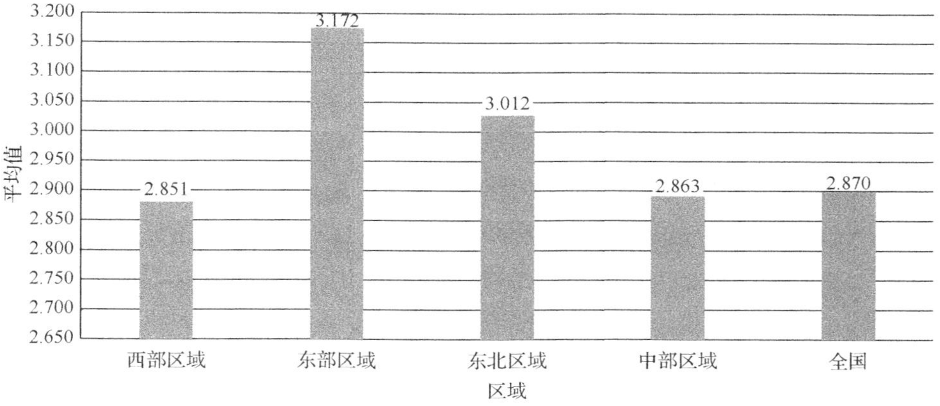

图 3-14　体育服务业在不同区域的发展表现（N=4092）

（资料来源：根据附录 1 中的统计数据整理而成。）

体育服务业的区域发展差异与不同区域小城镇的经济社会水平、政策环境、体育文化氛围、场馆资源等密切相关。在对小城镇投入中，各区域小城镇在镇政府相关立法与体育规划及财政投入等方面存在较大差异[①]。东部区域总体投入最高，在体育设施与体育赛事场地建设方面均有投入，尤其是上海市、江苏省等地；而中部区域投入较低，主要以小型比赛场地建设投入为主；西部区域投入最低。这与区域经济社会发展水平和传统习惯密切相关，呈现出与小城镇体育产业总体发展相同的特征与走势。东部区域小城镇居民体育参与意识强，开展群众体育活动较多，居民消费能力不断提高，体育服务消费具有很大潜力。这说明东部区域经济发展较快，人均可支配收入较高。体育服务业能满足人们日益增长的文化生活需求，在东部区域得到较快发展。尤其是近年来国家大力推进特色小镇建设，体育产业不仅有自身特色与优势，还易于与相关产业融合发展，成为东部区域经济发展不可或缺的重要部分。此外，我国西部区域部分省份近年来在产业结构转型升级中，逐步重视体育产业尤其是体育服务业的培育。例如，贵州省体育服务业总产值占全省体育产业总产值的比重高达 86.8%，竞赛表演业、健身服务业、体育培训，尤其是体育用品及相关产品销售、出租与贸易代理行业发展相对较好，这与近年来贵州省政府部门大力发展体育事业、培育体育市场、促进体育消费的政策引领分不开。贵州省尚嵇镇、肇兴镇等小城镇在春节期间组织开展篮球赛，

① 刘志民，丁燕华．小城镇体育大社会问题——来自我国小城镇大众体育的调查报告[J]．体育科研，2004（2）：14-17，23．

调动小城镇居民参与热情，带动居民参加日常体育锻炼，营造浓厚的体育运动氛围。此外，有些少数民族聚居区还依据当地的传统体育文化，开展特色体育赛事，如高台舞狮、独竹漂、芦笙舞、舞龙灯、板鞋、高脚、打篾鸡蛋（贵州省境内仡佬族广泛流传的传统体育项目之一）等。

体育用品及相关产品制造业在各区域相对于其他行业发展较好。东部区域小城镇体育用品及相关产品制造业的发展领先于其他区域，东北区域小城镇该行业发展状况一般，西部区域体育用品及相关产品制造业总体发展较为落后（图 3-13）。这与区域小城镇规模以上体育企业的生产能力、企业数量与规模、居民参与体育活动、体育用品生产要素等密切相关。

体育场地设施建设行业在各区域的发展均较为落后。该行业的发展程度主要取决于小城镇体育场地设施建设与发展情况。总体来看，该行业在各区域小城镇的发展状况均落后于同一区域内其他体育行业（图 3-13），在发展评价中处于最内层，这说明该行业在各区域小城镇的发展情况均较差。东部区域小城镇体育场地设施活动的开展状况略好于其他区域。这说明无论是东部经济发达区域的小城镇，还是西部欠发达区域的小城镇，其体育场地设施建设发展情况均较为落后。我国小城镇场地设施的匮乏是限制小城镇体育活动开展的主要障碍。室内、室外体育场地设施是开展体育活动的硬件设施，能够成为拉动居民体育参与度、实现体育活动经济效益和社会效益的重要条件。应通过政府资助、政策引导社会资本进入，增加小城镇体育场地设施的供给，并逐步提高投资收益，带动小城镇居民参与体育活动，拉动体育消费。

从体育产业整体规模与不同行业发展均衡程度来看，东部区域体育产业总体优于其他三大区域，体育用品及相关产品制造业处于绝对领先地位；东北区域体育产业发展程度总体优于中部地区和西部地区，其中体育用品及相关产品制造业和体育销售业相较于中、西部区域发展较好；中部区域体育产业整体低于东部区域与东北区域，略好于西部区域，不同行业总体处于均衡发展状态。西部区域体育产业总体处于各行业较为均衡的缓慢发展状态。

中部区域和西部区域体育用品制造业和体育销售业的发展则较为均衡，这说明供给侧改革及产业转型升级战略在中西部区域体育产业领域存在一定的迟滞性，政策促进有待进一步落实。随着我国新型城镇化的持续推进，中西部区域的城镇化水平将稳步提升，经济发展水平也将快速提升，同时东部区域由于劳动力、土地等成本的较快上涨，逐步将一些劳动密集型产业开始向内地转移，为中西部区域体育产业的发展带来了新的机遇。但由于各区域差异较大，加之经济社会发展的历史，在未来较长一段时间内，中西部区域体育产业发展相比东部区域仍将较为落后，这种非均衡性将长期存在。

东部区域和东北区域小城镇体育产业发展较好的是体育用品业，其次是体育服务业，体育场馆设施建设发展滞后。东部区域经济发展较快，小城镇居民人均可支配收入较其他区域高。为满足人们日益增长的体育需求，体育服务业在东部区域得到更快更好的发展，这也是我国产业转型升级及大力发展小城镇经济等措施的显现，特别是近年来国家大力推出特色小镇建设，使体育产业作为一个综合性产业在东部小城镇得到较快起步与发展。

从同一区域的不同体育行业来看，东部区域体育用品及相关产品制造业发展最好，其次为体育服务业，这说明国家在大力发展工农业之后，开始实施经济转型升级及供给侧改革战略。服务业作为第三产业开始在国民经济中占有更大的比重，这与工业发展升级有很大的相关性。中部区域和西部区域体育用品及相关产品制造业和体育用品及相关产品销售等行业的发展较为均衡，这说明体育产业不同行业在中西部区域发展较为均衡，国家推出的供给侧改革及产业转型升级策略还没有在体育产业领域得到显现。关于西部大开发、中部崛起及振兴东北老工业基地指导政策的出台，使中西部区域和东北区域的城镇化水平快速提升，经济发展水平也得到快速提高。同时，东部区域由于劳动力、土地等成本的较快上涨，逐步将一些劳动密集型产业向其他区域转移。体育用品及相关产品制造业的生产整体上属于劳动密集型产业，这些产业向中西部区域的转移为当地体育产业的发展带来了新的机遇。

研究结果表明，体育产业各行业在我国不同区域小城镇发展的现实状况与小城镇规模、所在县域经济发展水平及非农产业占比显著相关。县域第二产业占比提高带来的拉动效应略高于第三产业，小城镇产业更多用于为县域第二产业发展提供配套支撑。地级城市（地区、自治州、盟）规模的扩大对辖区内小城镇产业结构升级产生的扩散效应强于虹吸效应①。

我国小城镇非农产业占比呈“中间高、两边低、左右对称”的正态分布特征，而非农产业占比与我国第三产业的发展呈较为明显的正相关关系。东部区域经济发展水平较高，特别是城市区域中心高度发展，随着国家对企业转型升级的要求，

---

① 李国平，席强敏，吴爱芝，等. 中国小城镇产业结构特征及影响因素研究[J]. 地理科学，2018，38（11）：1769-1776.

高端服务业逐渐取代制造业成为中心城市经济发展的支撑和动力。原有的制造业逐渐下移到城市周边城乡接合部或者小城镇区域，这些从中心城市转移出的制造业带动了周边小城镇的产业升级。东部区域49%的小城镇的非农产业占比已超过60%，18%的小城镇的产业结构已至少进入了工业化中级阶段。因为东北区域有原有工矿企业的遗存产业，所以作为第三产业组成部分的小城镇体育产业受到当地镇域产业结构的影响，有待进一步挖掘潜力。中西部区域大部分小城镇的服务业发展较为滞后，这是体育产业各行业在中西部区域发展较为迟滞的原因。

五、小城镇体育产业发展的区域与行业综合分析

体育产业不同行业的发展特征各异，且对区域资源、生产要素等的要求不同，因此同一区域不同类型的体育行业发展并不是齐头并进的，而是呈现差序发展格局。总体来看，从东部区域小城镇不同类型体育行业的发展格局中可以看出，体育用品及相关产品制造业发展情况总体好于体育服务业（图3-13）；而在东北区域小城镇不同类型体育行业的发展程度均落后于东部区域，但在发展格局上与东部区域呈现相同的发展态势；在西部区域小城镇，不同类型的体育行业发展均较为落后，但存在与东部区域小城镇不同的发展次序与格局，其体育服务业发展相对较好，其次是体育用品及相关产品制造业，而体育建筑业和体育服务业发展缓慢。鉴于以上发展格局，近年来西部区域政府部门重视体育的发展，出台诸多促进体育事业、体育产业发展的政策。例如，贵州省近年来非常重视体育产业对当地区域经济社会发展的带动作用，尤其是《省人民政府办公厅关于加快推动特色小镇和小城镇高质量发展的实施意见》（黔府办发〔2019〕20号）中提出着力发展特色产业，坚持宜游则游，结合发展全域旅游、山地旅游，依托重点旅游景区景点，丰富山地旅游业态，打造一批休闲度假、健康养生的旅游小镇。此外，贵州省借助特色小镇的建设热潮，大力挖掘小城镇的特色旅游资源和民族传统体育文化，打造具有民族风情的体育旅游产品，大力培育体育服务产品，发挥比较优势，带动其他体育相关行业的发展。

鉴于体育服务业涵盖多种类型行业，为更加明确展示不同类型体育服务业的区域发展表现，对体育服务业进行细分研究（图3-15）。从全国小城镇体育服务业整体发展水平来看，体育健身休闲活动在我国小城镇的整体开展情况相对较好。由统计结果可以看出，体育服务业各行业在不同区域的总体表现各异，同一区域不同行业的发展也存在差异。具体如下。

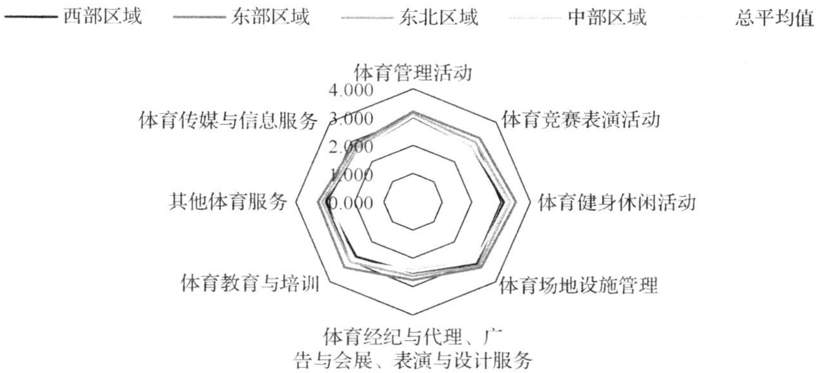

图 3-15　体育服务业不同行业类型的区域发展表现（*N*=4092）

（资料来源：根据附录 1 中的统计数据整理而成。）

（1）体育健身休闲活动发展情况在各区域均好于其他体育行业类型。随着全民健身战略的开展、小城镇居民健身意识的增强，不同县域小城镇健身休闲活动、体育文化活动（如群众体育文化活动、民族民间体育活动）及其他健身休闲活动得到逐步开展，取得较好的社会效益与经济效益。东部区域小城镇居民的健身休闲意识较强，同时具有一定的消费能力，因此体育健身休闲活动成为东部区域小城镇体育服务业中发展较好的行业类型。

（2）体育教育与培训行业发展呈上升趋势。近年来，城市体育培训产业的火热开展，带动了周边小城镇及农村体育培训市场的发展。随着互联网的覆盖，城乡间对信息的接收不再存在空间差异。2016 年 9 月 20 日，教育部印发《教育部关于进一步推进高中阶段学校考试招生制度改革的指导意见》，首次在全国范围内提出“体育成为中考必考科目”的要求；2019 年 7 月 8 日印发的《中共中央 国务院关于深化教育教学改革全面提高义务教育质量的意见》中提出将体育科目纳入高中阶段学校考试招生录取计分科目。这些政策的出台使家长与学生意识到运动锻炼的重要性。高考制度的改革更刺激了家长对体育教育与培训服务的需求，这也成为撬动小城镇体育培育与教育市场的重要因素。小城镇居民对青少年的教育费用预算与支出逐步扩展至艺术与体育领域。在调研中发现，小城镇 70 后、80 后家长对子女的教育非常重视，尤其对培养子女的综合素质有较高的认识，也有进行教育投资的能力。东部区域小城镇的体育培训产业发展更好，有很多小城镇的培训机构是周边城市体育培训俱乐部的连锁机构，其培训产品的规范性、专业性及系统性符合大城市的要求与标准。这说明小城镇居民对青少年参加体育培训有较高的认同度，小城镇体育教育与培训行业市场需求较为充足。

（3）体育管理活动在各区域逐步受到重视。在乡村振兴战略、城乡一体化的战略指引下，城乡公共服务均等化受到广泛重视，而体育管理活动是小城镇政府部门公共服务的有机组成部分。近年来，很多体育管理活动在小城镇开展得较好。例如，贵州省政府有关部门结合当地民风民俗开展体育活动，加强对体育活动的组织引导，取得一定的成效。又如，湖北省荆门市京山市政府部门引导当地网球运动的开展，从网球场的建设运营、网球赛事规模的扩大到赛事级别的提升，政府部门的体育管理活动成效显著。这说明小城镇政府对体育活动的引导是促进小城镇体育产业发展的重要力量。

（4）体育竞赛表演活动在小城镇发展缓慢。这是因为体育竞赛表演活动的举办需要完善的产业链做支撑，如专业人才资源的储备、大量的人口集聚、高标准的体育场馆设施、优越的区位条件等，这些条件对于小城镇而言难以齐备，甚至有些西部区域小城镇不具备开展竞赛表演活动的资源条件。

（5）体育经纪与代理、广告与会展、表演与设计服务，体育传媒与信息服务等行业在小城镇发展滞后。总体来看，我国体育经纪与代理、广告与会展、表演与设计服务和体育传媒与信息服务市场不够活跃，即使在体育产业发展较好的大中城市，这些类型的行业发展也较为缓慢，这是因为这些行业的发展主要依托体育主体产业的发展与市场需求，如竞赛表演产业对体育中介、体育传媒的带动性很强。小城镇体育竞赛表演活动发展具有滞后性，对此类行业的需求较少，这是小城镇体育经纪与代理、广告与会展、表演与设计服务，体育传媒与信息服务发展落后的主要原因，这些行业在小城镇需要相当长的时间才能逐步发展起来。

综上所述，在大量实地调研与问卷调查的基础上，作者研究发现我国小城镇体育产业发展现状呈现如下特点：①相对于大中城市而言，小城镇体育产业发展整体较为落后，这与我国城乡二元结构的历史与产业发展路径依赖密不可分；②不同区域小城镇体育产业呈差序发展格局，东强西弱的经济发展水平是重要致因；③同一类型体育行业发展表现存在区域差异，这种差异与各区域经济发展水平及产业发展环境的差异呈现一致性；④同一区域不同类型体育行业发展程度各异，这与体育产业各行业的特点与对生产要素的发展要求不同有关；⑤体育服务业内部不同体育行业发展存在差异，不同类型体育行业所需发展条件各异。

第三节　小城镇体育产业发展的影响因素分析

由我国小城镇体育产业发展现状分析结果可以看出，小城镇体育产业不同于城市和农村。在其发展过程中体现出区域差序格局与行业差异格局，因此有必要进一步分析影响小城镇体育产业发展的因素。这些因素与我国体育产业发展有关，同时与小城镇空间场域特征有关。还需要考量新型城镇化进程中经济社会与产业发展规律的影响。小城镇体育产业是各种要素综合作用的结果，与当地经济社会发展程度、城镇化水平、产业发展等有千丝万缕的联系。因此，应将小城镇体育产业发展的影响因素置于大环境中进行考量，深入分析城镇化与产业发展的相互关系，明确影响城镇化与产业发展的因素，结合体育产业不同行业的特征与发展条件，分析小城镇体育产业发展的特定影响因素。

一、小城镇体育产业影响因素指标的选取

（一）分析影响城镇化发展的基本因素

城镇化是我国走向现代化强国的必由之路，是增强产业支撑能力的内在要求。当前，我国城镇化进程已进入全面提升质量的发展时期，有其自身的特殊性、复杂性和艰巨性。因此，要准确把握城镇化与产业发展之间的良性互动关系，实现两者的相互促进与互动发展。影响城镇化发展的基本因素包括经济因素、地理因素、社会和制度因素及科学技术因素[①]（表 3-12）。

表 3-12　影响城镇化的基本因素

领域	基本因素	具体方面
经济因素	经济发展与产业结构	经济发展是城镇化发展最根本的驱动因素
		产业结构演变实现经济发展
	投资	大型项目投资建设、外商投资推动城镇化进程

① 傅志寰，朱高峰，柳百成，等. 中国特色新型城镇化发展战略研究（第二卷）[M]. 北京：中国建筑工业出版社，2013.

续表

领域	基本因素	具体方面
地理因素	资源环境	土地资源、矿产资源、水资源、能源等传统资源与环境生态环境助推城镇化进程
	区位	地理与交通区位优势、周边城市的辐射扩散作用
	基础设施	交通基础设施，通信设施、电力、水力、热力等能源设施和医疗卫生服务、公共文化设施等社会基础设施
社会和制度因素	社会历史和文化教育、文化观念	人口素质、文化观念、思想、传统习惯等
	制度	人口迁移与户籍政策、城镇化发展战略与规划、财政金融政策、产业政策、住房政策等
科学技术因素	科技创新、科技变革与创新政策	孕育新兴产业、增强产业竞争力、提升产业结构、改变人民生活方式等

（1）经济发展是城镇化发展最根本的驱动因素。首先，随着工业化的推进，先进的生产资料、生产技术与生产方式渗透到小城镇与农村，带动农业生产效率和生活品质的提高，促进小城镇第三产业发展，吸纳更多劳动力，推动城镇化向前发展。同时，产业结构的升级与经济发展相互推动，随着经济发展与生产效率的提高，越来越多的农业劳动力转向非农产业，带动第二、第三产业的发展，从而推动城镇化向前发展。实践表明，工业化是城镇化的根本动力，并主要通过产业结构的演进来推动城镇化。其次，投资因素是影响和提升城镇化发展水平的重要力量。一些城市的兴起源于大型项目的投资和建设，国内外直接投资有利于提高一个区域的城镇化水平，加速工业化进程。

（2）地理因素。首先，资源环境是城镇化的基础条件，对城镇化进程具有强有力的约束作用，而城镇化进程的深入与产业的发展都需要资源环境为其提供保障。资源环境包括土地资源、矿产资源、水资源、能源等传统资源，还包括日益受到广泛关注的环境生态资源。这些资源都是小城镇在发展规划中必须考虑的因素。其次，区位也是影响城镇化的基本因素。诸多城市的兴起得益于良好的区位优势，如交通枢纽的便捷性使得当地成为中心区域，吸引生产要素与产业的集聚，这种突出的区位优势使得中心区域城镇化水平不断提高。例如，我国东部区域城镇化水平较高，得益于地处沿海、交通便捷的区位优势；而西部区域位置较为偏远、交通不便，在一定程度上制约了城镇化水平的提高。随着我国交通基础设施的建设，西部区域的区位优势日益增强，有利于经济发展与产业的集聚，有利于城镇化发展。最后，基础设施的建设与布局影响区域的承载能力，进而影响城镇化水平与产业发展，如交通基础设施，通信设施，电力、水力、热力等能源设施是城市发展不可或缺的基础。此外，医疗卫生服务、公共文化设施等社会基础设施作为城市必要的配套设施也在一定程度上影响城镇化水平的提升与产业的选择。

（3）社会和制度因素。首先，社会历史和文化教育、文化观念对城镇化与产业发展具有深刻影响，城镇发展离不开历史与文化的传承。教育是提高人口素质的重要途径，居民文化素质的提高与思想观念的更新都需要通过提高受教育程度才能提升。城市文明的传播、农民整体素质的提高也需要通过提高居民整体受教育水平来实现。其次，制度是影响城镇化进程的关键因素。制度主要包括各种体制，如人口迁移与户籍政策、城镇化发展战略与规划、财政金融政策、产业政策、住房政策等。

（4）科学技术因素。科技创新、科学变革与创新政策可孕育新兴产业，增强产业竞争力，提升产业结构，改变人民生活方式，为城镇化发展增添新的动能。例如，通信技术和网络技术的应用，极大地改变了传统的生产与生活方式，缩小了城市与乡村的差距，在一定程度上拉近了农村与城市居民的距离，助推城镇化发展。

（二）分析影响产业发展的基本因素

城镇化与产业发展联系紧密，许多影响城镇化的因素也是影响产业发展的因素，两者的基本影响因素既有一定的区别，也有一定的重叠。对产业发展具有重要影响的因素包括：结构因素、需求因素、供给因素及其他因素[①]（表 3-13）。

表 3-13　影响产业发展的基本因素

领域	基本因素	具体方面
结构因素	产业发展阶段	三次产业的更迭与演进、主导产业的转换
需求因素	市场需求	消费需求、投资需求、出口需求
供给因素	要素禀赋	自然资源，劳动力、资本、区位、环境、基础设施
	科技创新	产品与工艺创新、生产组织方式与管理方式的创新
	人力资本	劳动力技能水平、技能培训、促进消费结构升级、推进产业升级

① 傅志寰，朱高峰，柳百成，等．中国特色新型城镇化发展战略研究（第二卷）[M]．北京：中国建筑工业出版社，2013．

续表

领域	基本因素	具体方面
其他因素	经济全球化	产业转移、技术引进、国际分工与贸易
	先进的管理经验与制度安排	宏观层面、产业层面、微观层面

具体而言，影响产业发展的因素如下。

（1）结构因素。产业结构的演进促进工业化向前推进，三次产业产值在国民经济中的比重在工业化不同阶段有所变化。第一产业比重逐步降低，而第三产业比重不断上升，助推工业化进程及产业整体发展。

（2）需求因素。需求主要是指市场需求，包括消费需求、投资需求与出口需求。其中，消费需求受经济社会发展水平、人均收入水平、人口数量、技术状况等多种因素的综合影响。随着经济发展、人均收入水平的不断提升，消费结构将发生变化，生活型消费比重将不断上升。投资需求也将在经济增长中发挥重要作用，推动产业发展。此外，出口需求对产业结构也有较大影响。

（3）供给因素。首先，要素禀赋决定着产业发展的方向，一个区域的比较优势受其自身要素禀赋的影响非常大。自然资源富足的区域适合发展资源密集型产业，劳动力富裕的区域适合发展劳动密集型产业，资本充足的区域适合发展资本密集型产业。同时，区位、环境和基础设施也是促进或制约某一区域产业发展的重要因素。其次，科技创新在产业发展中日益发挥举足轻重的作用，技术进步助推产业升级与产业结构的优化，从而影响产业的整体发展。科技创新不仅包括产品与工艺的创新，还包括生产组织方式与管理方式的创新。科技创新可提高生产效率与产业竞争力。最后，人力资本是科技创新的源泉和实践主体。劳动力的技能水平在产业结构升级与产业发展中具有关键作用，技能培训在提升劳动力技能中具有不可替代的作用。同时，随着劳动力技能的提高，其收入水平也将相应上升，从而促进消费结构升级，推动产业升级。

（4）其他因素。一方面，经济全球化为产业发展提供了更加广阔的市场空间，使后发区域可以从先发区域引进技术，从而得到快速发展，通过国际分工与贸易推动产业发展。另一方面，先进的管理经验与制度安排对产业发展具有明显的推动作用。从宏观层面来看，社会制度、经济制度和法律制度对产业发展具有全方位影响；从产业层面来看，产业政策如产业组织、产业布局等政策，对产业发展方向具有重要影响；从微观层面来看，政府对垄断、外部性等市场问题的解决程度关系到产业发展方向。

总之，结构因素、需求因素、供给因素、其他因素是影响城镇化和产业发展的重要因素。对小城镇体育产业发展影响因素的分析，离不开对这些因素的综合考量，忽视其中某个因素，都可能无法全面深入地认识问题。

（三）分析体育产业发展的因素

对体育产业发展、体育事业发展影响因素的综合分析，对制定影响小城镇体育产业发展的决策具有重要的借鉴与参考价值。研究表明，体育产业发展的影响因素主要有：人口规模状况、区城经济发展水平、区位条件、外资赞助、居民的社会经济地位、传统体育文化、当地居民的体育参与热情、居民的体育消费意识、消费能力等。

二、影响因素调查问卷的拟定步骤

（一）拟定影响因素指标集的指导思想

为探究小城镇体育产业发展的影响因素，本书研究组制定了小城镇体育产业发展的影响因素及重要程度的专家问卷。首先对影响因素集进行拟定，从理论层面来看，因为小城镇是一个特定的区域，其体育产业既有通用性又有独特性，并且探究影响因素是为了进一步分析小城镇体育产业的发展条件与发展策略，所以应采用比较优势理论及竞争优势理论。同时，遵循影响因素指标确定的独立性、独特性、科学性及完备性原则，列出不同维度的具体方面。基于以上考虑，本书研究组依据区域经济发展理论、产业经济学有关理论、竞争优势理论等思想初步制定影响因素的维度。从实践层面来看，小城镇体育产业发展受综合因素的影响，因此应在更大视域范围内思考影响其发展的因素，而不能仅仅局限在体育产业领域。在设定具体方面时，应综合考虑区域发展、城镇化水平、产业发展、体育产业的独特性等。

影响产业与区域发展的因素具有重叠性与交叉性，这表明区域发展与产业发展既具有共性，又是两个不同层面的问题。区域发展分析是以区域为研究对象，从宏观层面对影响区域的内外部因素进行全方位分析；产业发展是区域发展的一个层面，产业发展分析是以产业为研究对象，从中观或微观层面结合产业特征对产业发展过程中的具体因素进行解析。本书涉及的研究既是对区域产业的交叉分析，又是对体育产业不同行业的分析，这就需要在初始影响因素指标的设定中考虑区域因素、产业因素、体育产业特征及体育产业不同行业的差异性。

更重要的是，区域体育产业的发展本身是一个复杂的系统。任何体育产业的发展都是众多因素共同作用的结果，并且这些因素在某种程度上是有相关性的。但是，影响因素指标的设定应尽量避免指标间的交叉与重复，从不同侧面反映体育产业发展的条件，保持各指标间的独立性，即在具体影响因素的选择上，应始终考虑各因素在产业发展实践中的具体作用，在区域经济理论、产业经济学、竞争优势理论等相关理论的指导下，初步拟定影响因素的维度。

（二）拟定影响因素指标集的操作步骤

对体育产业不同行业的主要影响因素的遴选和评价是一项较为复杂的系统工程，只有依靠不同研究领域专家的智慧、管理人员的经验和不同行业从业者的实践及学者的详尽分析，才能得到较为全面的结论。在评价指标体系的建立或指标选择的过程中，德尔菲法应用广泛。本书研究组对影响因素指标集的确定采用这种方式，在对文献综述中涉及的影响因素进行全面整理汇总、归类分析的基础上，通过多轮次调查专家对影响因素所设题项的看法，采用访谈与问卷调查相结合的方法，对专家意见进行归纳与修改，最终遴选出体育产业发展的预设影响因素，制定影响因素表。具体操作步骤如下。

（1）初拟问卷。按照本书所需要的知识范围，确定专家组成员。依据构建体育产业影响因素指标体系的目的，分别从体育产业理论研究、产业管理领域及运作层邀请了 15 位专家对调查问卷中影响因素的设置进行匿名评价。在访谈过程中向所有专家说明所要预测的问题及相关要求，在调查问卷设置中详细说明研究目的、研究内容等，请各位专家根据经验提出自己的意见。专家组由管理人员、实践操作人员和专家共同组成。采访了 15 位专家，其中 11 人具有多年理论研究经历，4 人具有从事体育产业管理经历，6 人具有体育产业运作经验。专家组来自学界、政界与体育界，有很强的权威性，对小城镇体育产业发展的影响因素非常熟悉，对影响因素调查问卷中维度设置的具体因素的确定有很强的指导意义。

（2）设定影响因素。小城镇体育产业发展受到多重因素的综合影响，如小城镇的城镇化水平、产业发展程度等。因此，影响城镇化水平与产业发展的部分因素将直接或间接影响该区域体育产业的发展。在拟定影响因素调查问卷时，应结合体育产业自身的特殊性综合考量，制定影响因素集。影响城镇化发展的基本因素包括多个方面，主要涉及经济因素、地理因素、社会和制度因素及科学技术因素；影响产业发展的因素主要有：结构因素、需求因素、供给因素及其他因素。对影响体育产业发展的因素，学者大多从经济因素、制度因素、市场因素等方面进行分析。综合上述因素，作者从自然人文因素、经济因素、政府因素及特定因素等方面初拟影响因素集的维度，并结合小城镇体育产业发展的理论研究与实践思考，分别对不同维度各因素进行细化。

在自然人文因素方面，拟将小城镇的地理位置、小城镇的自然资源与自然条件、小城镇传统文化、小城镇居民的体育消费意识纳入其中。对于地理位置与自然资源等方面主要从区位条件考虑。需要指出的是，对于小城镇居民的体育消费意识这一因素，暂定将其纳入人文因素方面，因为有些小城镇虽然居民的经济收入水平有较大提高，但体育消费意识并不强烈，所以将该因素置于人文因素方面，请专家对其进行修正完善。

在经济因素方面，拟将小城镇的城镇化水平、产业结构、小城镇体育人口的数量、小城镇居民收入水平、小城镇居民娱乐文化消费水平、小城镇内体育市场需求、小城镇外体育市场需求纳入其中。需要注意的是，小城镇的城镇化水平、产业结构等是综合影响城镇化水平与产业发展的影响因素，是结合小城镇发展实际而设定的；小城镇体育人口的数量、小城镇居民收入水平与娱乐文化消费水平是针对体育产业不同类型行业发展而设定的；小城镇内外的体育市场需求是综合考量体育产业不同类型行业发展条件而设定的。

在制度因素方面，拟将小城镇体育产业发展规划、政府对体育活动的重视程度、小城镇体育管理体制、小城镇体育产业扶持政策纳入其中。小城镇体育产业发展规划主要是针对当地政府部门在制定小城镇发展规划中是否考虑到体育及体育产业的发展规划而设定的；政府对体育活动的重视程度，主要是为了在财政预算、领导重视程度等方面反映小城镇政府部门是否意识到体育活动的重要性及体育产业的社会经济效应而设定的；小城镇体育管理体制主要是为了考察体育管理方式对当地体育活动开展的影响，以及管理体制对体育产业发展的影响而设定的。

在特定因素方面，拟将小城镇基础设施条件、小城镇体育场馆资源、小城镇体育场馆资源、小城镇体育人才资源、小城镇竞技体育的综合实力、小城镇旅游业的实力、小城镇传媒产业发展情况、小城镇相关体育产业发展情况纳入其中。小城镇基础设施条件、小城镇体育场馆资源主要考察当地发展体育产业是否具备基本硬件设施，如交通、通信等基础设施；小城镇体育场馆资源是开展体育活动的必要条件，也是发展体育产业的必备要求；小城镇体育人才资源主要考察当地体育产业管理人员、经营人才等资源储备对当地体育产业发展的影响而设定的；小城镇竞技体育的综合实力主要考察小城镇是否具有开展竞赛表演、体育培训、体育经纪等的资源；小城镇旅游业的实力主要考察小城镇在传统旅游产业方面是否具备开展体育旅游产业的条件；小城镇传媒产业发展情况主要考察小城镇在开展新兴体育传媒产业方面的发展条件；小城镇相关体育产业发展情况主要考察相关产业对体育产业发展的影响。以上因素的设置是为了从总体上考察小城镇在开展体育产业方面的特定条件或综合因素，以及这些因素对体育产业发展的影响程度。

（三）影响因素调查问卷的修订与完善

在首轮与专家访谈的过程中，听取专家对影响因素维度设计及各维度的具体因素设定的意见。综合各位专家的意见，将小城镇的自然资源与自然条件修改为小城镇的自然资源，因为同一因素只能涉及一个方面；将传统文化修正为小城镇的传统体育文化，使该因素所指更具体；删除了小城镇居民的体育消费意识这一因素，因为多位专家指出该因素在经济维度的小城镇居民娱乐文化消费水平中能够得到体现，所以不需要重复设置；将小城镇体育管理体制删除，因为在小城镇体育产业发展规划、政府对体育活动的重视程度等因素中对相关内容有交叉涵盖。

在首轮专家咨询中，对初拟调查问卷中各因素表述的清晰性、全面性、独立性进行了调研，因素设定总体上得到了专家的认可，在将专家意见汇总后完善影响因素设定，确定调查问卷的具体内容。从自然人文因素、经济社会因素、制度因素及特定因素 4 个维度进行设计，保持各维度的重要程度是相同的，从不同方面对因素进行初步归类。调查问卷中具体的影响因素共 20 个（附录 2），同时设置其他重要因素为开放性问卷填写，以便在后续调研中补充完善影响因素指标集。专家调查问卷的信度与效度均较高，调查问卷的信效度检验已于研究方法中详细阐述，不再赘述。

三、影响因素的统计分析

将回收的 56 份有效调查问卷进行描述性统计分析[ValidN（listwise）]，得到各因素重要程度的得分（表 3-14）。统计结果表明，20 个影响因素的均值均在 3（一般重要）以上，其中有 13 个因素的均值在 4（比较重要）到 5（非常重要）之间，说明调查问卷中所罗列的影响因素都是对小城镇体育产业发展具有重要影响的指标，其中有65%的因素是对小城镇体育产业发展有比较重要影响的因素。用标准偏差（Std. Deviation）来度量数据分布的分散程度。从统计结果来看，在对这些因素重要程度的判断中，该数据值偏离算术平均值的程度均小于1，这说明专家对这些因素重要程度的判断意见较为集中，专家意见的一致性较高。从均值的初步统计结果来看，小城镇的地理位置、自然资源，小城镇居民娱乐文化消费水平，小城镇内体育市场需求，小城镇体育产业发展规划，政府对体育活动的重视程度，小城镇体育场馆资源，小城镇基础设施条件等因素均值较高，说明这些因素对小城镇体育产业发展具有重要影响。

表3-14　影响因素的描述性统计分析（*N*=56）

影响因素	*N*	Minimum（最小值）	Maximum（最大值）	Mean（均值）	Std. Deviation
小城镇地理位置	56	1.00	5.00	4.3750	0.77606
小城镇的自然资源	56	1.00	5.00	4.1071	0.92792
小城镇传统体育文化	56	1.00	5.00	3.8929	0.80178
小城镇的城镇化水平	56	2.00	5.00	4.0357	0.83043
小城镇的产业结构	56	2.00	5.00	3.9464	0.86170
小城镇体育人口的数量	56	2.00	5.00	3.9821	0.90435
小城镇居民收入水平	56	2.00	5.00	4.0357	0.87312
小城镇居民娱乐文化消费水平	56	1.00	5.00	4.0536	0.86170
小城镇内体育市场需求	56	2.00	5.00	4.1607	0.78107
小城镇外体育市场需求	56	1.00	5.00	3.9286	0.93141
小城镇体育产业发展规划	56	1.00	5.00	4.3750	0.84342
政府对体育活动的重视程度	56	1.00	5.00	4.1607	0.84803
小城镇体育产业扶持政策	56	1.00	5.00	4.0000	0.91453
小城镇基础设施条件	56	3.00	5.00	4.1786	0.74118
小城镇体育场馆资源	56	3.00	5.00	4.3214	0.71623
小城镇体育人才资源	56	3.00	5.00	4.1429	0.74903
小城镇竞技体育的综合实力	56	1.00	5.00	3.4464	0.98939
小城镇旅游业的实力	56	2.00	5.00	3.9643	0.85204
小城镇传媒产业发展情况	56	2.00	5.00	3.8036	0.84034
小城镇相关体育产业发展情况	56	2.00	5.00	4.0179	0.79752
Valid N （listwise）	56				

资源来源：根据附录2统计分析而成。

在此基础上，作者采用层次分析法进一步对影响小城镇体育产业发展的因素进行深入分析。权重系数是用来衡量指标重要性程度的系数，各指标权重系数的大小会影响评价结果。作者采用层次分析法来确定各指标所占的权重系数，并进行一致性检验。计算指标权重系数的步骤如下。

（1）通过专家打分构造判断矩阵，具体如下。

$$A=(a_{ij})_{n\times n}$$

（2）对矩阵进行一致性检验，若检验不合格，则进行重新构造判断矩阵。

通过判断矩阵求最大特征值$\lambda_{\max}$，代入一致性检验公式$\mathrm{CR}=\dfrac{\mathrm{CI}}{\mathrm{RI}}$，$\mathrm{CI}=\dfrac{\lambda_{\max}-n}{n-1}$。

式中，CR 为随机性一致性比值；CI 为一致性值；RI 为随机性值。RI 取值表如表 3-15 所示。

表 3-15　RI 取值表

阶数	RI	阶数	RI	阶数	RI	阶数	RI
1	0.00	6	1.24	11	1.52	16	1.5943
2	0.00	7	1.32	12	1.54	17	1.6064
3	0.58	8	1.41	13	1.56	18	1.6133
4	0.90	9	1.45	14	1.58	19	1.6207
5	1.12	10	1.49	15	1.59	20	1.6292

若$CR<0.1$，则认为该矩阵具有完全一致性，说明求得的一级指标权重系数能反映各指标的相对重要性。对于阶数小于 3 的判断矩阵，一般认为其具有完全一致性。

（3）计算指标权重系数，具体如下。

① 计算判断矩阵中每一行的乘积：

$$\omega_i'=\prod_{j=1}^{n}a_{ij},\quad i=1,\cdots,n$$

② 计算ω_i'的算术平方根：

$$\omega_i^1=\sqrt{\omega_i'},\quad i=1,\cdots,n$$

③ 对向量$\bar{\boldsymbol{\omega}}=(\omega_1^1,\omega_2^1,\cdots,\omega_n^1)$进行归一化处理，得到特征向量：$\boldsymbol{\omega}_i=\dfrac{\omega_i^1}{\sum\limits_{j=1}^{n}\omega_j^1}$

$i=1,2,\cdots n$

此时的特征向量就是指标的权重系数。

（4）指标说明。依据 56 名专家对我国小城镇体育产业影响因素体系中各指标的权重系数的打分情况（附录 9），在小城镇体育产业影响因素体系中最终设定 20 个指标，将表中的指标从上到下依次设为 $B_1,B_2,\cdots,B_{20}$，对应的权重系数为 $b_1,b_2,\cdots,b_{20}$。

（5）权重系数的计算实例。根据 56 名专家对小城镇体育产业发展的影响因素体系中各指标的相对重要程度打分的总分数据，对指标间的总分数据进行比较，从而得出两两指标间相对重要程度的判断矩阵。

首先，根据专家对影响因素指标集的打分，得到如下判断矩阵。

$$A=\begin{bmatrix}
1,249/234,249/222,249/228,249/223,249/223,249/226,249/227,249/232,249/221,249/248,249/236,249/226,249/234,249/241,249/231,249/193,249/222,249/226,249/214 \\
234/249,1,234/222,234/228,234/223,234/223,234/226,234/227,234/232,234/221,234/248,234/236,234/226,234/234,234/241,234/231,234/193,234/222,234/226,234/214 \\
222/249,222/234,1,222/228,222/223,222/223,222/226,222/227,222/232,222/221,222/248,222/236,222/226,222/234,222/241,222/231,222/193,222/222,222/226,222/214 \\
228/249,228/234,228/222,1,228/223,228/223,228/226,228/227,228/232,228/221,228/248,228/236,228/226,228/234,228/241,228/231,228/193,228/222,228/226,228/214 \\
223/249,223/234,223/222,223/228,1,223/223,223/226,223/227,223/232,223/221,223/248,223/236,223/226,223/234,223/241,223/231,223/193,223/222,223/226,223/214 \\
223/249,223/234,223/222,223/228,223/223,1,223/226,223/227,223/232,223/221,223/248,223/236,223/226,223/234,223/241,223/231,223/193,223/222,223/226,223/214 \\
226/249,226/234,226/222,226/228,226/223,226/223,1,226/227,226/232,226/221,226/248,226/236,226/226,226/234,226/241,226/231,226/193,226/222,226/226,226/214 \\
227/249,227/234,227/222,227/228,227/223,227/223,227/226,1,227/232,227/221,227/248,227/236,227/226,227/234,227/241,227/231,227/193,227/222,227/226,227/214 \\
232/249,232/234,232/222,232/228,232/223,232/223,232/226,232/227,1,232/221,232/248,232/236,232/226,232/234,232/241,232/231,232/193,232/222,232/226,232/214 \\
221/249,221/234,221/222,221/228,221/223,221/223,221/226,221/227,221/232,1,221/248,221/236,221/226,221/234,221/241,221/231,221/193,221/222,221/226,221/214 \\
248/249,248/234,248/222,248/228,248/223,248/223,248/226,248/227,248/232,248/221,1,248/236,248/226,248/234,248/241,248/231,248/193,248/222,248/226,248/214 \\
236/249,236/234,236/222,236/228,236/223,236/223,236/226,236/227,236/232,236/221,236/248,1,236/226,236/234,236/241,236/231,236/193,236/222,236/226,236/214 \\
226/249,226/234,226/222,226/228,226/223,226/223,226/226,226/227,226/232,226/221,226/248,226/236,1,226/234,226/241,226/231,226/193,226/222,226/226,226/214 \\
234/249,234/234,234/222,234/228,234/223,234/223,234/226,234/227,234/232,234/221,234/248,234/236,234/226,1,234/241,234/231,234/193,234/222,234/226,234/214 \\
241/249,241/234,241/222,241/228,241/223,241/223,241/226,241/227,241/232,241/221,241/248,241/236,241/226,241/234,1,241/231,241/193,241/222,241/226,241/214 \\
231/249,231/234,231/222,231/228,231/223,231/223,231/226,231/227,231/232,231/221,231/248,231/236,231/226,231/234,231/241,1,231/193,231/222,231/226,231/214 \\
193/249,193/234,193/222,193/228,193/223,193/223,193/226,193/227,193/232,193/221,193/248,193/236,193/226,193/234,193/241,193/231,1,193/222,193/226,193/214 \\
222/249,222/234,222/222,222/228,222/223,222/223,222/226,222/227,222/232,222/221,222/248,222/236,222/226,222/234,222/241,222/231,222/193,1,222/226,222/214 \\
226/249,226/234,226/222,226/228,226/223,226/223,226/226,226/227,226/232,226/221,226/248,226/236,226/226,226/234,226/241,226/231,226/193,226/222,1,226/214 \\
214/249,214/234,214/222,214/228,214/223,214/223,214/226,214/227,214/232,214/221,214/248,214/236,214/226,214/234,214/241,214/231,214/193,214/222,214/226,1
\end{bmatrix}$$

其次，对判断矩阵进行一致性检验。利用 matlab 计算上述判断矩阵，得到 $\lambda_{\max}=20$，将其代入一致性检验公式，得到 $\mathrm{CR}=0<0.1$。因此，认为该矩阵具有完全一致性，求得的一级指标权重系数能反映各指标的相对重要性。

最后，计算指标权重系数。

综上可得，指标权重系数计算结果如下。

$$b=\begin{pmatrix}0.1092,0.0587,0.0347,0.0453,0.0363,0.0363,0.0414,0.0433,0.0539,0.0331, \\ 0.1049,0.0639,0.0414,0.0587,0.0788,0.0516,0.0085,0.0347,0.0414,0.0240\end{pmatrix}$$

同理，运用上述方法对其他维度的各影响因素建立判断矩阵，进行一致性检验后计算出相应的权重系数，得到小城镇体育产业发展影响因素体系的权重系数（图 3-16）。同时，综合考虑 4 个维度的相对重要程度，因为各维度反映了体育产业发展的不同方面，且小城镇体育产业发展本身是一个综合的、复杂的巨系统，无论哪个方面都具有极其重要的作用，所以分维度便于从不同方面筛选与分析各影响因素。

统计结果表明，在不同维度各影响因素的权重系数具有较大差异，这说明不同维度内各影响因素的重要程度不同。以下按照权重系数对小城镇体育产业发展影响因素进行经济学阐述。

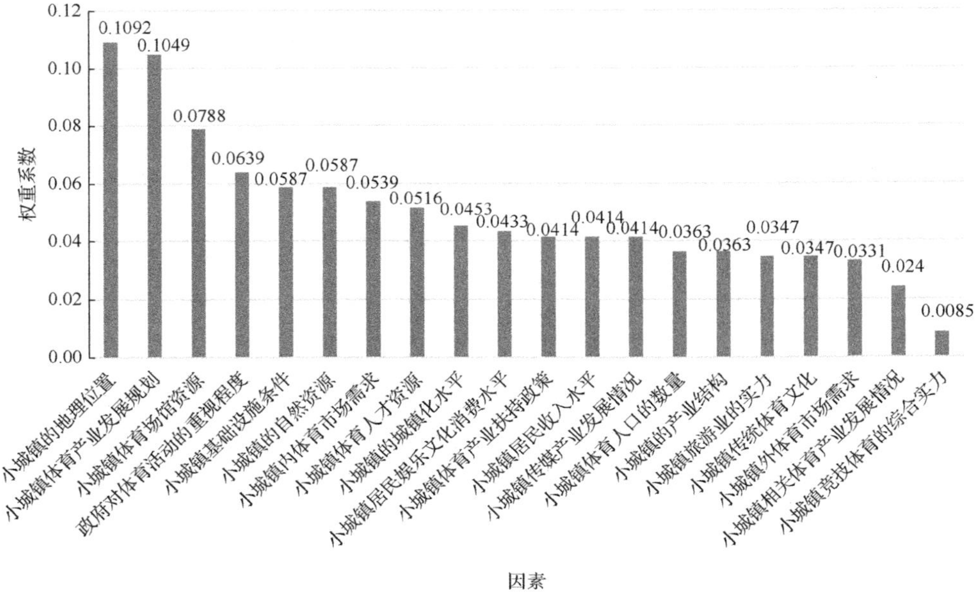

图 3-16　小城镇体育产业发展影响因素体系的权重系数（*N*=56）

（资料来源：根据附录 2 中对影响因素权重系数的打分进行统计分析所得。）

（一）区位条件与政策支持是小城镇体育产业发展的关键因素

1. 地理位置——小城镇体育产业发展的重要依托

地理位置是体育产业内外环境的重要决定因素。地理位置是客观存在、不可移动的，属于静态因素。产业的发展必须依托一定的地域空间。小城镇所处的地理位置在一定程度上决定了该镇域范围内产业活动的内外部环境支持系统，影响生产要素在该镇域范围内的发展空间及与外部生产要素的交互流动情况。产业活动总是与所处环境密切相关，对体育产业而言，地理位置在一定程度上决定了在该镇域范围内是否有可以挖掘的体育生产要素，尤其是体育旅游产业，该镇域所处的地理位置及山、河、湖、海等内在条件，是培育发展该产业的重要依托。

经济地理位置影响该镇域体育产业活动的范围与市场空间，如广东省、福建省、上海市等沿海区域体育产业的发展远远领先于内陆区域尤其是西部区域。此外，地理位置与该区域的运输方式与交通情况息息相关，交通的便捷性在一定程度上决定了体育产业的潜在市场规模。地域的通达性与交通的便利性极大地推动了大城市周边小城镇的发展。交通便捷的小城镇能够吸引镇域外人流的大量涌入，便于生产要素的流通。在实践中，随着区域交通网络的日益健全与小城镇内外交通的发展，小城镇更易于实现与大城市体育产业的互动与交流，从而促进当地体育产业的发展。

2. 发展规划——小城域体育产业发展的政策支持

产业的形成主要依赖市场对生产要素的资源配置，而科学合理的产业发展规划对小城镇不同发展阶段的驱动因素、空间布局等具有重要的战略引导与长期规划意义。通过制定相关产业政策，可引导产业的空间布局。产业规划具有前瞻性，有利于明确产业发展定位与目标，明晰小城镇的产业发展方向、发展重点，引导社会资本投入。对于体育产业发展而言，新型城镇化及乡村振兴战略的推进实施，以及在基础设施建设、公共服务供给、居民文化素质提高等方面采取的举措，将促进小城镇体育产业活动的开展。对于具体的产业发展方向与发展重点、未来体育产业内部各行业的发展重心等，需要在镇域空间内具体落实。有些小城镇旅游资源丰富，可以借助特色小镇的建设热潮，重点发展当地有特色、有优势的产业，最大限度利用空间地域资源，促进体育与相关产业协调发展。

3. 场馆资源——小城镇体育产业发展的关键载体与硬件基础

场馆资源的数量、规模、分布情况等影响体育活动的开展范围，并进一步影响该区域体育产业的发展速度与规模。场馆资源的数量越多，说明该区域提供体育产品或服务的能力越强。场馆资源的规模在一定程度上决定了场馆举办赛事的级别与类型，场馆资源的分布情况影响居民健身活动的便捷程度与参与热情。美国很多大型的体育场馆都建立在城乡接合部，这兼顾了地价和人群的相互匹配性。我国大型体育场馆绝大部分建在中心城市，在小城镇难觅大型体育场馆，这成为小城镇居民健身活动及体育消费受限的重要原因。

4. 政府重视——小城镇体育产业发展的主要推动力

政府统摄资源、市场激发活力、社会驱动变革这三者相辅相成，在推动体育产业方面缺一不可。对于小城镇而言，政府对体育活动的重视程度在一定程度上成为当地体育活动开展及体育参与氛围营造的主要推动力。体育产业需要大量的体育消费人群，而体育消费人群来自体育参与者。小城镇居民的体育活动参与程度与参与人群受当地体育活动氛围的影响非常大。有的小城镇政府有关部门重视体育活动，将体育场地设施的建设使用作为小城镇公共事务管理的重要工作，为居民参与体育活动创造物质条件，并利用节假日举办群众体育活动，调动小城镇居民的参与体育活动的积极性。广场舞的盛行就是一个典型案例。作者在调研中发现，小城镇居民对广场舞的参与热情非常高，有的小城镇广场舞队伍规模能达到300～500人，经常坚持锻炼的人数能达到200人左右。这些团队的成员自发组织购买服装鞋帽等，有些居民还去异地参加广场舞比赛，尽管费用不多，但其中包含了体育消费的意识与行为。

总之，小城镇政府对体育活动的重视程度及相关的产业规划是体育产业发展的重要推动力。例如，河南省新乡市获嘉县政府积极制定休闲体育产业发展规划，由于获嘉县是全国“多规合一”试点县，该县政府拟打造“获嘉县休闲观光园区”，建成集体育、休闲、养生、养老于一体的综合园区，将体育作为综合园区的有机嵌入内容，纳入规划的考虑范围。可见，政府对体育产业的发展具有很强的引导、支持作用。

此外，政府对体育活动的重视有利于引导社会资本对体育产业的投资，有利于扩大体育产业发展规模。我国多省市出台体育产业引导基金政策，在一定程度上推动社会资本对体育产业投资，促进体育产业发展。体育产业开展条件好的小城镇可以积极申报、争取更多的政策支持。云南省提出2018—2020年，每年评选出15个创建成效显著的特色小镇，由云南省财政给予每个特色小镇1.5亿元以奖代补资金支持；昆明市也出台政策对省评选出的小镇给予1.5亿元配套资金支持。《安宁市文体旅招商引资扶持奖励办法》中专门对体育产业设有奖励基金，鼓励社会资本投资建设符合国际体育赛事标准、具备承担国际性体育赛事软硬件条件的体育场馆或体育综合体。政府部门有力的政策支持极大地激发了当地县域及镇域体育企业的积极性，推进当地体育产业的培育开发。

（二）资源禀赋与生产要素是小城镇体育产业发展的必要条件

1. 自然资源——小城镇体育产业发展的垄断性资源

自然资源无论是对国家而言还是对一个地区而言，都具有极其重要的作用，资源禀赋的种类、可供开发利用的程度、资源的丰富程度等对体育产业部分行业的发展有相当重要的作用。小城镇的自然资源对体育产业的开展也具有重要作用。大城市虽然在经济、科技等方面优于小城镇，但后者在自然资源、生态环境方面更具竞争力。例如，在开展体育旅游等活动中，自然资源的独特性与生态优势至关重要。我国幅员辽阔，不同地域的自然资源禀赋差异巨大，因此自然资源的地域性与独特性成为开展相关体育产业的垄断性资源与优势条件。东北区域的很多冰雪小镇充分利用当地的冰雪资源与气候条件，大力开发冰雪旅游产品，吸引域外消费者前来消费，同时提升配套服务设施，增强消费者体验，提高消费黏性，充分挖掘当地自然资源，开发特色产品，提高体育产品与服务的质量，大力发展体育旅游产业。例如，长白山池北小镇，其气候条件及冰雪、温泉、生态资源丰富，成为开展冰雪类运动休闲、旅游养生的好地方，这些宝贵的自然资源成为开展体育产业的优势条件。

2. 基础设施——小城镇体育产业开展的基础保障

体育活动的开展以场馆设施为载体，与小城镇道路及交通规划、给排水系统、供电供热、通信、环卫等基础设施的规划、布局及承载力密切相关。交通基础设施的互通互联，在一定程度上加强了小城镇与外界的联动。对于体育产业的培育发展而言，道路基础设施建设增强了小城镇与周边城市的互通对接。对外交通运输的发达程度对小城镇的经济繁荣有直接影响，其反映了小城镇对外联系的范围及与相邻地区经济联系的紧密程度。交通基础设施的规模、等级与类型对小城镇各行业交通的互通性具有重要影响。交通促进了小城镇人流量的增加，同时提高了小城镇市场的可介入性。交通便捷有利于集聚人口，吸引小城镇周边城市居民及农村人口。对于体育旅游而言，交通枢纽、餐饮设施及相关基础设施是该产业能够运转营利的综合条件。

3. 市场需求——小城镇体育产业发展的内在动力

体育产业与市场需求密切相关，小城镇体育产业的发展是生产要素资源配置的结果。小城镇内部市场空间与有效需求在一定程度上是体育产业持续发展的内在动力。尤其是在扩大内需的战略指导下，研判小城镇内在的体育需求至关重要。当地政府应从小城镇居民的实际需求与消费能力出发，选择具有优势的体育行业类型，形成镇域特色产业，顺应市场发展规律，培育小城镇特色优势体育产业。在“十四五”时期，各级政府应通过政策引导、市场驱动方式，加快释放小城镇居民对体育产品与服务的市场需求，瞄准刺激消费的关键环节，激发市场经营主体的主观能动性，同时通过宣传引导，加快基础设施、场馆条件的改善。应积极发展“在地化”体育产业，制定体育旅游的近郊化发展规划，激活小城镇居民的户外休闲娱乐需求，带动体育相关产业的发展。

4. 人才资源——培育小城镇产业的重要人力资本

人才资源是产业发展不可多得的资源。徐霞等（2006）在对我国体育人才资源管理系统的有关研究中将我国体育人才分为 8 类，包括公务员及事业单位管理人员、优秀运动员、教练员、专业技术人员、裁判员、机关及直属事业单位工勤人员、企业管理人员、社会体育指导员[①]。对于大部分小城镇而言，事业单位体育管理人员在组织开展当地体育活动中具有引导力与组织力，优秀的运动员、教练员、裁判员等是开展体育活动尤其是体育赛事表演的垄断性资源；企业管理人员是推动当地体育产业发展的宝贵人力资源，在一定程度上影响体育企业的发展方向与规模效益；社会体育指导员在小城镇体育活动中发挥着不可替代的作用，是组织体育活动的民间领袖，对活跃小城镇体育活动、指导居民科学健身有非常重要的作用。可见，体育人才资源是小城镇体育产业发展的主体引导力量，可推动镇域体育产业发展。这就需要制定相应的政策吸引更多的人从事体育管理活动或社会体育指导工作，广泛组织开展体育活动，营造体育活动氛围，培育体育市场主体，推动体育产业发展。优秀的体育运动员对于营造当地体育文化氛围有极强的示范引领作用。

在现实中，体育企业的管理人才缺乏。即使有的小城镇体育培训产业有所起步，但市场需求少，总体规模非常小，对于经营者而言，也难以实现规模效益，更难以吸引体育管理人才投身当地体育产业的市场开发中。此外，社会体育指导员不足导致小城镇体育活动开展少、规模小、影响范围有限，这制约了体育产业的萌芽与发展。

（三）消费环境是小城镇体育产业发展的推动力

1. 城镇化水平——小城镇体育产业发展潜力的重要推动力

通常而言，城镇化水平越高，体育产业发展潜力越大。城镇化水平代表着一

---

① 徐霞，姚家新，蒋志学，等. 体育人才资源管理系统研究[EB/OL].（2006-11-02）[2022-12-11]. http://www.sport.gov.cn/n322/n3407/n3411/c564485/content.html.

个城镇经济发展水平，也从侧面反映一个城镇居民娱乐文化消费水平。根据马斯洛（Maslow）的需求理论，伴随着城镇化水平的提高，居民物质、文化生活需求有不同程度的增加，其中娱乐文化消费占比会逐渐提高，体育文化消费也会增加。从消费经济学角度分析，当人均GDP超过1000美元时，人们对农业、工业等初级产品的需求将降低，而对文学、艺术、体育等产品的需求增加，文化娱乐消费将进入膨胀期。近年来，随着我国经济的快速发展，城镇居民家庭收入有很大提高，其消费需求已从低层次的衣食住行向高层次消费升级。《中国统计年鉴》中的数据显示，早在2007年我国城镇居民的人均可支配收入就已经达到13786元。现状符合城镇居民消费结构向发展型和享受型升级的要求。

2. 产业扶持政策——小城镇体育产业发展的推进剂

体育产业作为第三产业的边缘产业，其发展受诸多因素影响，而政策支持是促进体育产业快速发展的推进剂。只有获得政策支持，体育产业才能被社会认可，社会诸多资金才可能流入小城镇体育产业领域。自《中华人民共和国国民经济和社会发展第十个五年规划纲要》中提出文化产业至今，国家已经印发诸多相关文件，如《文化部关于鼓励、支持和引导非公有制经济发展文化产业的意见》《国务院关于非公有资本进入文化产业的若干决定》《文化产业振兴规划》《文化部关于加快文化产业发展的指导意见》《中央宣传部、中国人民银行、财政部、文化部、广电总局新闻出版总署、银监会、证监会、保监会关于金融支持文化产业振兴和发展繁荣的指导意见》《“十四五”文化发展规划》等，这些文件从根本上改变了人们对体育文化产业的看法，从而正确引导人们的思想意识，提高了民众对体育文化产业的关注度。地方相关产业扶持政策的出台同样具有上述意义。因此，体育产业相关政策是体育产业发展不可缺少的组成部分。

小城镇传媒产业发展状况是影响城镇体育产业发展的另一个重要因素。大众传媒是在传播路线上用报纸、书籍、杂志、电影、电视、互联网等诸多形式传达信息的产业。我国互联网的普及极大地减少了小城镇的信息接收层级。便捷快速的网络为小城镇居民获取和传递信息带来与城市无差异的信息服务，也为小城镇信息的输出提供了载体，使得小城镇获得更多的关注度，从而打造小城镇体育产业发展的内外环境。随着中国经济的快速发展，传媒业作为发展新农村进程中不可缺少的生力军，为城镇之间提供通畅的信息渠道，及时准确地传达国家或地方的相关政策，营造良好的舆论氛围。互联网与体育的融合在一定程度上对转变城镇居民的健身理念起到积极作用，同时在传播各类体育信息、营造体育文化等方面具有积极的引导作用。

3. 产业结构——小城镇体育产业定位的影响因素

整体而言，如果产业结构科学合理，则区域经济会得到迅速发展；如果产业结构失调或不合理，则区域经济发展缓慢、停滞甚至倒退。现代经济增长本质上是产业结构变动的结果，经济增长与产业结构相互依赖、相互影响。合理的产业结构是经济增长的必要条件，因产业结构升级而获得的结构效应也能促进经济增长。因此，小城镇产业结构尤其是第三产业的占比情况对体育产业发展具有极其重要的影响。如果产业结构较为简单、脆弱，则小城镇产业的韧性不够，很难在产业变革和革新中获得长足发展；如果小城镇产业结构合理、整合度较高，则小城镇的其他产业也会获得均衡发展。

4. 体育人口数量——小城镇体育产业持续发展的内在支撑点

体育产业每个行业都离不开体育人口的参与，一定数量的体育人口实际上是支撑体育产业发展的潜在市场力量。经济学家戴国晨曾指出，中国体育市场最有潜力，体育人口越多，体育市场越大。因此，体育产业的发展首先要培养一批体育人口，特别是中青年体育参与者，因为他们不仅是体育的参与者，还是区域体育产业发展不可缺少的人口基础。因此，小城镇体育人口数量的多少从侧面反映该区域体育活动氛围及体育产业的市场空间。另外，体育产业的发展与体育人口相互促进。体育产业的发展过程其实就是培养体育人口的过程，而体育人口的增加也在一定程度上促进了体育产业的发展，两者可作为反映彼此的统计指标。

5. 传统体育文化——小城镇体育产业可持续发展的动力源

传统体育文化是对一个区域民众体育文化娱乐活动历史传承的反映，是一种社会和历史现象，是人类长期创造形成的产物。在人类历史进程中，传统体育文化为社会的全面发展提供了精神动力，同时也是经济发展的重要组成内容。传统体育文化的发展在一定程度上也影响和制约着该区域文化产业经济的发展。随着我国经济的不断发展，人民群众的生活水平不断提高，文化需求已经成为人们的刚需。由传统文化衍生出来的体育文化应运而生，其经济功能不断显现，已成为体育产业的重要组成部分。近年来，我国少数民族的体育盛会都是依据本民族或本区域特有的传统体育文化展开的，各区域通过传统体育盛会开展区域经济贸易活动。此外，居民在节假日消费选择上也注重选择具有民族传统文化特色的产品和区域，这为体育产业提供了潜在的市场。当今，人们的消费观念发生了重大改变，在消费过程中更注重体验式消费，而传统体育文化底蕴深厚的区域无疑是他们的首选。民族传统体育既能充分发挥每个人的个性，又具有健身、休闲和娱乐等多重作用。因此，将传统体育文化作为反映区域体育产业的指标具有一定的时效性和相关性。通常，传统体育文化底蕴浓厚的区域的体育产业发展也较好，可以说传统体育文化是区域体育产业的一种潜在资源。丰富的传统体育文化是旅游资源不可多得的吸引物，可产生巨大的经济效益和社会效益。

6. 旅游业实力——小城镇体育产业快速发展的外在因素

旅游业发展最直观的表现是人流量增加，人流量在带动资本运转的同时也加速了市场的繁荣。旅游业的发展可使财富从客源区转移到旅游区，从而实现财富的转移，拉动旅游区经济的快速发展。旅游业是服务业的重要组成部分，对于缓解区域就业压力具有举足轻重的作用。小城镇旅游业的发展会产生连带作用，促进与旅游相关产业的发展，如民航、铁路运输、城市出租、餐饮住宿等行业。鉴于体育与旅游天然的互通性与共融性，体育产业与旅游产业的融合趋势愈发明显，将体育产业嵌入旅游产业，可极大地提升旅游目的地的吸引力，增加消费黏性。同时，旅游产业发展形势好，说明人流量大，影响力广，可为体育项目的嵌入与开展提供重要的人口与环境支撑。因此，对小城镇旅游业实力的考察能够推断小城镇体育产业发展的外在因素，尤其对于开发体育旅游产业具有较强的支撑作用。

（四）小城镇外消费者的体育市场需求、小城镇相关体育产业发展情况及小城镇竞技体育的综合实力也是小城镇开展体育产业的有利条件

这 3 个因素作为评价城镇体育产业的指标，其权重系数分别为 0.0331、0.024 和 0.0085，处在最后 3 位。但这并不代表这 3 个因素在小城镇体育产业发展过程中的作用是不重要的。小城镇外消费者的体育市场需求主要是指小城镇周边来自大中城市及农村地区消费者的消费能力，这一因素反映了小城镇外部市场的消费能力。如果小城镇外部市场消费能力较高，则小城镇体育产业有较大的发展潜力，如上海市、杭州市周边的小城镇就具有这样的潜质。小城镇相关体育行业发展状况对小城镇整体体育产业的发展具有直接的影响，体育相关行业主要是指体育服装、体育器材、体育食品等。如果某小城镇体育相关行业发展较好，则体育产业发展具有较好的开展基础。例如，福建省晋江市被誉为“中国鞋都”，其体育服装

行业位居区域经济发展之首。小城镇竞技体育的综合实力对小城镇体育产业发展具有正面的促进作用，苏浙沪区域的体育综合实力排名前列，该区域小城镇的体育产业具有很好的发展潜力。

四、影响因素的通则性解释

需要指出的是，作者对影响小城镇体育产业发展的因素采用通则式解释的逻辑思路进行分析①。根据通则性解释的规范逻辑，对影响因素的分析结果的具体阐述如下。

（一）是概论统计分析，非因果分析

研究结果是对不同因素影响程度的概率统计分析，说明这些因素与小城镇体育产业发展具有相关关系，是促进小城镇体育产业发展的条件，其权重系数表明促进效果或影响程度的大小，而不是对小城镇体育产业发展的因果分析。

（二）是部分原因，非一一对应

对这些影响因素的分析结果是源于对专家意见汇总的统计学分析，所得结论是影响小城镇体育产业发展的高概率因素，而不是一一对应的因素。所得结论中的重要影响因素是具有很强影响力的因素，但不能说明只要区域具备该因素，就一定能够发展体育产业。

（三）是一般原因，并非完全原因

在对影响因素的通则性解释与逻辑指导下，作者拟寻求的是影响小城镇体育产业发展的一般性因素，所得结论是通常性的、总体性的结论，是对小城镇开展体育产业的影响因素的概括性把握和了解。各影响因素的权重系数计算是基于统计学意义上的概论分析，即只要小城镇具备某些重要因素，该小城镇就可以将体育产业作为重点培育产业，纳入当地产业发展规划中。

（四）是通则性分析，允许有例外案例出现

对小城镇体育产业发展影响因素的重要程度分析表明，采用通则性分析方法

---

① 通则研究（Nomothetic），也叫“通则式研究”“通则式解释”，是一种社会学的研究方法、解释类型。在这种解释方式中，寻求的是一般性的影响某些事情或者事件的原因，研究目标在于概括性地了解其原因，是对既定现象某个方面的解释，是一个概率模型。

得出的结论是通常意义上的重要原因，允许有例外案例出现。例如，优越的地理位置、小城镇关于体育产业发展的专项规划、小城镇丰富的场馆资源、政府对体育活动的重视程度等是影响小城镇体育产业发展的重要因素，有些小城镇可能并不具备这些要素，但仍能发展体育产业。也就是说，某些因素或自变量可以用来解释当前体育产业发展较好的小城镇的总体现象，但有例外案例也不能否认其解释力。换句话说，在部分小城镇体育产业发展中，某些行业已逐步显露出快速发展的态势，该产业发展的主要影响因素可能是本书研究结论中的部分因素，也可能是其他偶然因素，但不可否定本书研究结论。根据通则性解释的错误标准，不能因为特例存在而否定研究获取的结论，即通过通则式分析获得的结论允许有例外案例出现，即使是例外案例也不能否定其解释的合理性，所得结论对大部分小城镇开展体育产业仍有较强的指导意义与借鉴价值。

（五）非多数案例的真实性

按照通则式分析的标准，即使影响因素分析所得结论不适用于多数案例，也不能否定结论的客观真实性。需要指出的是，在作者对影响因素集的设定过程中，参照已有文献研究成果、对诸多典型案例进行深入剖析，对小城镇体育产业从业人员、政府工作人员、小城镇体育发展的理论研究学者等进行访谈后，综合多方面的意见与建议，设定影响因素集。在此基础上请专家填写调查问卷获取数据，并经过严格的统计学分析得出关于小城镇体育产业发展影响因素及其重要程度的分析结果，目的在于获取更为可靠、科学、严谨的研究结论，以期为其他小城镇体育产业发展实践提供有借鉴意义的结论和更好的实践指导。

（六）研究对象的代表性

体育产业是一个综合性产业，其不同类型行业的影响因素具有一定的差异性。例如，体育用品及相关产品制造业与体育服务业在行业类型及发展条件等方面存在较大的差异性，并且体育服务业内部不同行业各有特点，在发展过程中所需的条件或因素各有区别，对供给主体与消费需求、软硬件环境等方面的要求也各不相同。本书在探讨影响小城镇体育产业发展的因素及重要程度的过程中，主要将体育产业作为一个综合性产业进行讨论与分析，在影响因素集的设定中尽可能涵盖体育产业不同类型行业发展的因素，以期为小城镇体育产业发展决策定位提供借鉴与参考。传统文化、自然资源、旅游业实力等因素可能是影响小城镇开发体育旅游产品的重要因素；体育场馆资源、地理位置、竞技体育的综合实力等可能是影响当地竞赛表演产业的重要因素；而传媒产业的发展对体育传媒与信息服务具有重要影响。在影响因素指标的设定中，应综合考虑体育产业不同行业的特征及影响因素，以期实现影响因素分析的全面性与客观性。体育产业不同行业间的特征差异使各行业的发展条件有所不同。对体育竞赛表演活动的发展而言，区域居民消费能力、区域生产要素供给水平影响较大；对体育健身休闲活动的发展而言，居民消费水平影响最大；对体育用品及相关产品制造业而言，居民的消费水平和产业发展环境具有重要影响①。

综上所述，体育产业各行业虽然在生产过程、产品特征、消费方式、市场组织等方面存在差异性，不同行业发展的主要影响因素也各有侧重，但体育产业各行业相互影响、相互关联。从影响因素来看，不同行业的主要影响因素有所侧重，但各因素间具有关联性与渗透性。因此，对影响因素的分析应在综合考量的基础上加以区分。

第四节　小城镇体育产业发展条件分析

对小城镇体育产业发展现状的调研表明，小城镇体育产业发展呈区域差异化、城乡发展不均衡、各行业规模差序发展等特点。本书着重阐述在新型城镇化不断推进的历史背景下，小城镇体育产业开展的现实状况，分析小城镇体育产业发展的影响因素，明确这些因素在体育产业发展中的作用机理与促进方式。在此基础上，对小城镇体育产业发展条件进行调查分析，以明确小城镇体育产业发展过程中具备哪些条件，并评价这些条件的优劣，找出可以优化的环节，为小城镇体育产业发展提供理论指导与借鉴参考。

一、体育产业发展条件概述

产业是小城镇生存与发展的基础。小城镇经济社会发展环境、文化等综合条件是小城镇产业发展的重要依托与影响条件。理论研究与产业实践表明，小城镇发展模式的区域差异性使得小城镇产业发展呈现非均衡发展态势②。经济发展总量、发展水平、增长率及投资结构等在东部区域、中部区域、西部区域存在差异③，

① 王艳．我国区域优势体育产业选择与培育发展研究[M]．北京：北京体育大学出版社，2014．

② 李五四，陈康．我国小城镇发展模式差异[J]．城乡建设，2003（12）：36-37．

③ 袁中金，杨朝辉．中国小城镇经济发展的地区差异研究[J]．经济地理，2004（3）：361-363，369．

尤其是东部区域、西部区域小城镇发展水平存在明显的梯度差异[①]。从综合发展水平（发展规模、经济水平、生活质量和发展潜力）来看，东部区域小城镇在各方面都明显好于东北区域、中部区域、西部区域小城镇；中部区域小城镇在生活质量、西部区域小城镇在发展规模和经济水平、东北区域小城镇在发展潜力方面具有相对优势[②]。作者通过调研不仅发现小城镇体育产业发展进程中的区域差序格局，还进一步分析了小城镇体育产业在不同区域的总体表现与各行业的具体发展情况，分析了小城镇体育产业各行业在同一区域的开展情况，并在此基础上综合分析小城镇体育产业各行业在不同区域的发展情况。结果表明，东部区域小城镇由于具有地域区位优势，经济发展较快，小城镇产业整体发展迅速，产业特色明显，体育用品及相关产品制造业发展优于其他行业，诸多小城镇逐步形成比较完善的产业群，尤其是长三角、珠三角区域的小城镇体育产业发展规模与效益远远超过中西部区域小城镇。我国西部区域小城镇在发展过程中，由于所处地域范围广、人口稀少，经济发展基础较差，加之产业发展布局等历史原因，其小城镇体育产业整体发展缓慢，对生产要素的吸引力不强，基础设施较为落后，经济社会综合条件不高。多年来，西部区域小城镇在国家政策引导下经济社会发展取得较大进步。由于路径依赖与产业发展累积等多种因素影响，西部区域小城镇产业发展与东部区域仍有较大差距，但其体育服务业相对发展较好，且呈现向好态势。中部区域小城镇发展总体落后于东部区域小城镇，但强于西部区域小城镇。

可见，产业发展条件与环境对小城镇产业发展至关重要。研究表明，独特丰富的资源禀赋、优越的地理区位、良好的农业发展基础、工业发展中形成的产业优势等都是小城镇产业发展必不可少的因素[③④]。从小城镇产业发展的市场潜能与产业结构升级来看，小城镇人口规模的不断扩大为当地提供了更多的劳动力，有利于提高居民的收入水平；城镇化进程的加快使更多农村人口进入小城镇从事非农产业，从而提高小城镇非农产业人口的比重；城镇化质量的提升促进小城镇经济发展水平的提高，在一定程度上为小城镇服务业的发展带来市场空间，也对配套产业的发展提出新的需求，从而促进小城镇产业结构优化升级[⑤]。通常而言，小

---

① 王跃，史守正．中国东、西部小城镇比较研究——以甘肃与江苏为例[J]．干旱区地理，2003（4）：391-394.

② 郭相兴，夏显力，张小力，等．中国不同区域小城镇发展水平综合评价分析[J]．地域研究与开发，2014，33（5）：50-54.

③ 徐琪．江苏沿海地带产业发展的条件与方向[J]．商场现代化，2009（12）：240.

④ 严先锋，黄靖，张伟．海南休闲农业产业发展的条件与策略研究[J]．农机化研究，2015，37（5）：14-19.

⑤ 李国平，席强敏，吴爱芝，等．中国小城镇产业结构特征及影响因素研究[J]．地理科学，2018，38（11）：1769-1776.

城镇建设的规模、水平与当地经济发展水平或发展程度呈正比。此外，小城镇建设在一定程度上依赖大中城市功能的完善和辐射力的增强①。

体育产业作为一个综合性行业，有其特殊性，其发展受到诸多因素的限制，如政策法规的调控与引导，地区的经济、科技、人才资源、市场等，这些因素对体育产业发展具有举足轻重的作用②。小城镇体育产业有其特殊性，具体如下：多业态共存的综合产业结构、中间形态的产业技术结构、混合兼业型的人口结构、城乡交融型的文化结构、基础设施初具规模、产业布局结构交叉混杂。小城镇的产业支撑主要是乡镇企业，而大部分乡镇企业以工业性生产为主，产业布局分散、规模不大；小城镇第三产业发展滞后，市场发育水平低，对商业、旅游、交通、通信等相关产业的带动能力差，发展水平参差不齐的各种行业形态构成多业态产业结构。相关研究结果表明，我国体育产业发展的支持条件总体向好发展，不同区域体育产业支持条件发展趋向有所差异，分别表现为向好、恶化及波动发展。

二、小城镇体育产业发展因素评价方法

理论研究与产业实践表明，体育产业发展离不开小城镇经济社会发展环境的支撑。结合小城镇体育产业发展现状，对不同区域小城镇体育产业发展条件的审视与评估，有助于了解小城镇体育产业的市场潜力与发展前景。作者认为，影响小城镇体育产业发展的因素是评判体育产业发展条件的主要依据。根据对小城镇体育产业发展影响因素的权重分析结果，按照各影响因素的重要程度（即影响因素重要性权重）的排序情况，将小城镇体育产业发展影响因素分为核心条件与支持条件。核心条件包括：小城镇的地理位置（权重系数为 0.1092）、小城镇体育产业发展规划（权重系数为 0.1049）、小城镇体育场馆资源（权重系数为 0.0788）、政府对体育活动的重视程度（权重系数为 0.0639）。以上这些因素在影响小城镇体育产业发展的所有因素中的权重系数占比为 17.68%，说明这些因素是小城镇开展体育产业的重要条件。将以上 4 个因素纳入核心条件，对不同区域小城镇体育产业的发展条件进行评价分析，有利于了解小城镇体育产业发展中是否具备关键因素。支持条件包括：小城镇基础设施条件（权重系数为 0.0587）、小城镇自然资源（权重系数为 0.0587）、小城镇内体育市场需求（权重系数为 0.0539）、小城镇体育人

① 王竹林．我国小城镇建设的东西部区域差距分析[J]．理论导刊，2001（12）：26-28．

② 崔瑞华，远芳，王泽宇．中国体育产业发展支撑条件时空格局演变分析[J]．资源开发与市场，2018，34（10）：1431-1437．

才资源（权重系数为 0.0516）、小城镇的城镇化水平（权重系数为 0.0453）、小城镇居民娱乐文化消费水平（权重系数为 0.0433）、小城镇居民收入水平（权重系数为 0.0414）、小城镇体育产业扶持政策（权重系数为 0.0414）、小城镇传媒产业发展情况（权重系数为 0.0414）、小城镇的产业结构（权重系数为 0.0363）、小城镇体育人口的数量（权重系数为 0.0363）、小城镇传统体育文化（权重系数为 0.0347）、小城镇旅游业实力（权重系数为 0.0347）、小城镇外体育市场需求（权重系数为 0.0331）、小城镇相关体育产业发展情况（权重系数为 0.0240）及小城镇竞技体育的综合实力（权重系数为 0.0085）。以上 16 个因素分别从经济、文化、相关产业发展情况等方面反映小城镇开展体育产业过程中的支持条件。

三、小城镇体育产业发展条件的区域分析

本书分别对不同区域（东部区域、中部区域、西部区域、东北区域）小城镇体育产业发展的核心条件及支持条件进行综合评价分析，以期从总体上概括不同区域小城镇体育产业的发展条件。对《我国新型城镇化进程中小城镇体育产业发展现状》调查问卷中关于《小城镇体育产业发展条件评价调查表》的数据进行统计分析，结果表明，不同区域小城镇体育产业发展条件总体呈现东高西低的格局。通过对不同区域体育产业发展核心条件与支持条件的比较分析可以看出，东部区域无论是核心条件（图 3-17）还是支持条件（图 3-18），均高于其他区域，这些具有优势的条件促进东部区域小城镇体育产业较快发展。

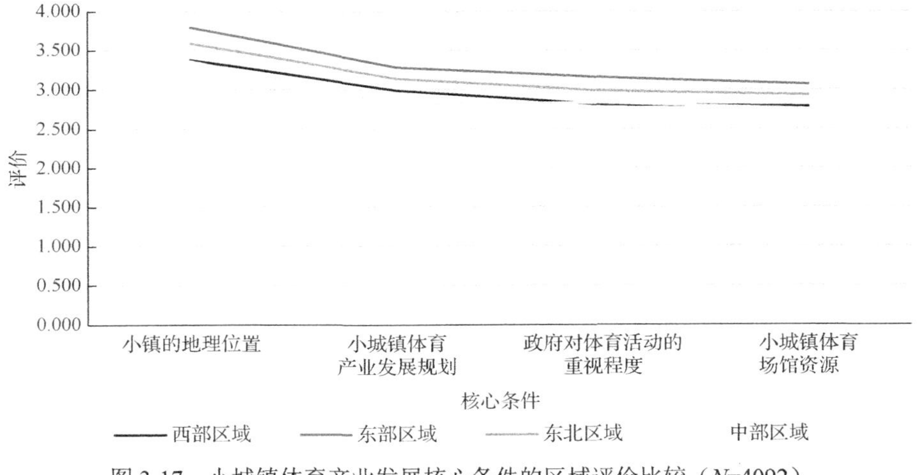

图 3-17　小城镇体育产业发展核心条件的区域评价比较（N=4092）

（资料来源：附录 1 中的《小城镇体育产业发展条件评价调查表》统计数据。）

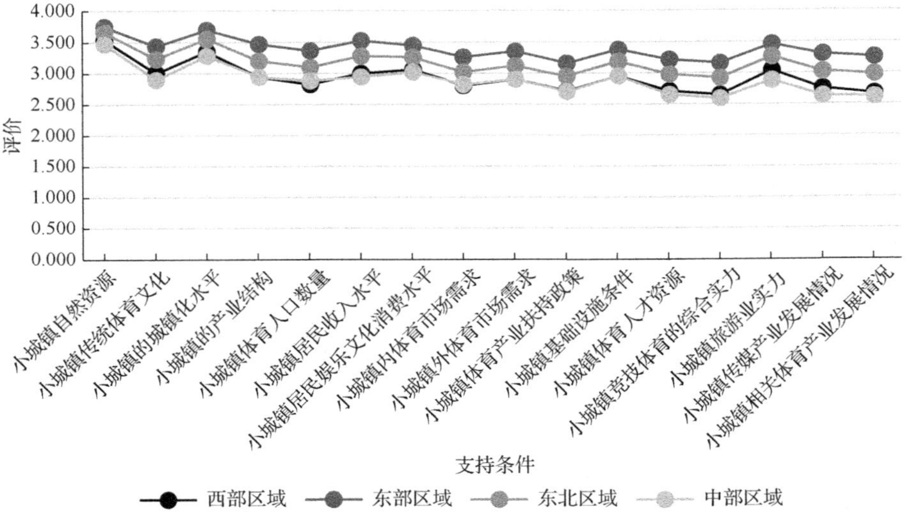

图 3-18　小城镇体育产业发展支持条件的区域评价比较（*N*=4092）①

（资料来源：附录 1 中的《小城镇体育产业发展条件评价调查表》统计数据。）

从统计结果来看，不同区域小城镇体育产业发展与政府对体育活动的高度重视等核心条件密切相关。在东部区域，政策推动与制度保障是小城镇体育产业发展的重要驱动力。例如，2015 年 6 月，浙江省出台的《浙江省人民政府关于加快发展体育产业促进体育消费的实施意见》（浙江发〔2015〕19 号）中提出培育以体育产业为主要载体的特色小镇；2020 年 12 月，出台的《浙江省人民政府关于鼓励支持社会力量办体育加快推进体育改革与发展的若干意见》（浙政发〔2020〕30 号）中明确提出鼓励支持社会资本投资建设体育综合体和运动休闲小镇，在项目准入、人才、土地、金融等方面给予其重点支持。2016 年 9 月，江苏省体育局印发《省体育局关于开展体育健康特色小镇建设工作的通知》（苏体经（2016）92 号）、《省体育局关于做好体育健康特色小镇共建推荐工作的通知》（苏体经〔2016〕93 号），启动江苏省体育健康特色小镇的建设工作，在一定程度上推动了当地小城镇体育产业的发展。东北区域在地理位置及发展规划方面具有较好的发展条件，而在政府重视程度、体育场馆资源等方面评价相对较差；西部区域在地理位置方面具有相对优势，产业规划条件较好，而在政府重视程度、场馆资源方

① 该数据是根据回收的 4092 份有效调查问卷中对所在区域小城镇体育产业的发展条件进行评价的均值进行统计分析的结果。该调查问卷采用 Likert 5 级量表来表述，其中“5”表示该条件非常好/丰富，“4”表示比较好，“3”表示一般，“2”表示不好，“1”表示非常差。

面评价相对较差；中部区域在地理位置方面具有相对优势，而在发展规划、政府重视程度、体育场馆资源等方面有待提高。上述分析为以区域为单位的总体概述，说明不同区域小城镇体育产业发展情况各异。例如，湖北省京山市政府部门对体育产业的重视程度非常高，从顶层设计层面重视体育产业发展，在制定该市发展规划时，将网球运动的开展及其相关体育产业纳入规划范围。经过30多年的发展，京山市依托网球运动在当地的基础条件，逐步打造"中国网球特色城市"的靓丽名片，充分发挥政府引导作用，制定发展规划，对全市网球运动开展、社会培训、赛事策划、场馆运营、品牌推广及体育配套产业发展进行规范、引导。政府部门在当地网球运动的开展中发挥着至关重要的作用。

从各区域支持条件评价的统计数据来看（图3-18），东部区域小城镇体育产业总体发展条件优于其他区域，其次是东北区域，而西部区域和中部区域差异不大，均较为落后。从具体发展条件来看，东部区域在自然资源丰裕度、城镇化水平、旅游业的整体实力、小城镇居民收入水平、体育场馆资源等方面具有显著优势；东北区域在这些方面仅次于东部区域；而西部区域和中部区域在城镇化水平、居民收入水平、传统体育文化、竞技体育综合实力、体育人才资源等方面较为落后。由于受经济社会发展水平的历史差异与产业发展的路径依赖等多重原因的影响，小城镇体育产业发展条件呈区域差序发展态势。

为明确不同区域体育产业发展条件对当地小城镇体育产业发展现状的支撑与影响力，对小城镇体育产业发展条件表现性与重要性进行综合分析（图3-19），以明晰不同区域小城镇体育产业发展的着力点及需要改进、提高的方面①。

为进一步明确不同区域体育产业发展条件的重要性与表现性，作者对重要性非常突出和比较突出的发展条件进行具体分析（表3-16）。结合相应的区域条件评价表现，综合分析结果可以看出各区域需要继续优化的方面，如重要性突出且表现性好的条件；重要性突出而表现性较差的条件是未来小城镇体育产业发展需要大力加强和着重注意的方面；对重要性较突出、表现性较好的条件可以逐步提高；而对重要性较突出、表现性差的条件，应给予重视，逐步提高和改进这些条件。

① 为使重要性在图示中展现更清晰，在制图中将所有条件的原始权重数据做扩大10倍处理；曲线上各点所代表的发展条件与调查问卷上的保持一致，依次为小城镇的地理位置、小城镇的自然资源、小城镇传统体育文化、小城镇的城镇化水平、小城镇的产业结构、小城镇体育人口的数量、小城镇居民收入水平、小城镇居民娱乐文化消费水平、小城镇内体育市场需求、小城镇外体育市场需求、小城镇体育产业发展规划、政府对体育活动的重视程度、小城镇体育产业扶持政策、小城镇基础设施条件、小城镇体育场馆资源、小城镇体育人才资源、小城镇竞技体育的综合实力、小城镇旅游业的实力、小城镇传媒产业发展情况、小城镇相关体育产业发展情况。

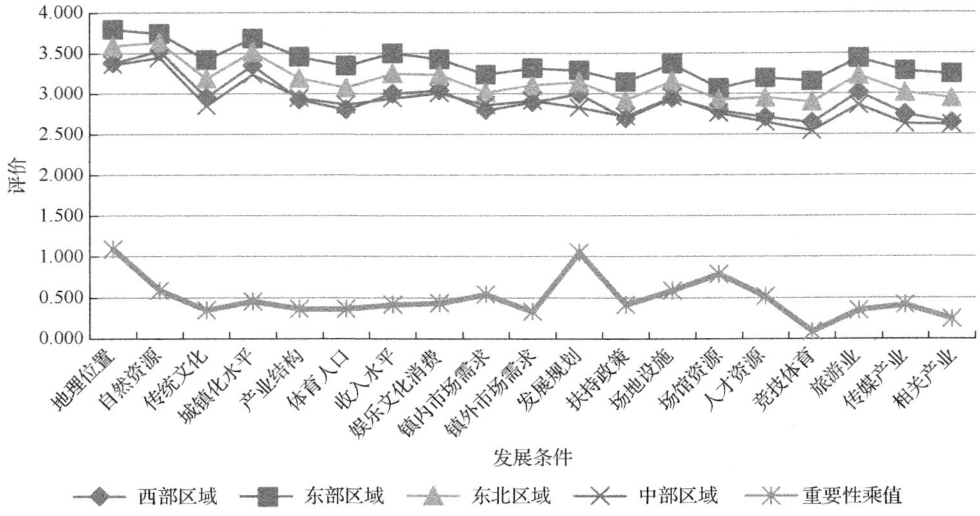

图 3-19 不同区域体育产业发展条件重要性与表现性比较（N=4092）[①]

（资料来源：根据本书《我国新型化进程中小城镇体育产业发展条件》调查问卷与影响因素权重综合分析而成。）

表 3-16 不同区域体育产业发展条件重要性与表现性综合分析

区域	重要性突出、表现性好	重要性突出、表现性较差	重要性较突出、表现性较好	重要性较突出、表现性差
东部区域	小城镇地理位置表现性好	小城镇体育产业发展规划较差、小城镇体育场馆资源相对较少、政府对体育活动的重视程度有待提高	自然资源较丰富，基础设施较完善，人才资源相对较好	小城镇内体育市场需求有待提高
东北区域	小城镇地理位置表现性较好	小城镇体育产业发展规划不足、小城镇体育场馆资源较少、政府对体育活动的重视程度不高	自然资源相对丰富	小城镇基础设施条件有待提高、体育人才资源较为匮乏
中部区域	小城镇地理位置表现性较好	小城镇体育产业发展规划不足、小城镇体育场馆资源少、政府对体育活动的重视程度有待提高	自然资源较丰富	小城镇基础设施条件较差、体育人才资源较为匮乏、小城镇体育市场疲软

① 对小城镇体育产业发展条件表现性的分析数据来源与统计方法同图 3-18。

续表

区域	重要性突出、表现性好	重要性突出、表现性较差	重要性较突出、表现性较好	重要性较突出、表现性差
西部区域	小城镇地理位置表现性相对较好	小城镇体育产业发展规划相对不足、小城镇体育场馆资源少、政府对体育活动的重视程度有待提高	自然资源较丰富，独特性强	小城镇基础设施条件差、体育人才资源匮乏、小城镇体育市场需求低

资料来源：结合本书的小城镇体育产业发展条件的现状调查与各因素的重要性综合整理而成。

四、小城镇体育产业发展条件的综合分析

各区域体育产业发展条件的评价与小城镇体育产业发展表现基本一致。对比体育产业发展的核心条件与支持条件，依然是东部区域最好，东北区域其次，中西部区域较为落后；而小城镇体育产业发展表现也基本呈现相同的态势（图 3-20）。

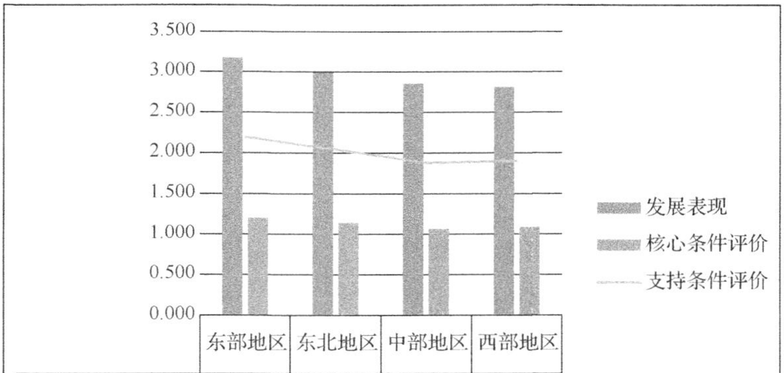

	东部地区	东北地区	中部地区	西部地区
发展表现	3.167	2.989	2.854	2.811
核心条件评价	1.202	1.142	1.062	1.082
支持条件评价	2.181	2.040	1.875	1.898

图 3-20　各区域小城镇体育产业发展表现与发展条件比较（N=4092）①

（数据来源：根据本书《小城镇体育产业发展现状调查》调查问卷的统计数据整理而成。）

① 该数据是根据回收的 4092 份有效调查问卷中，对所在区域小城镇体育产业的发展现状和产业发展条件进行均值统计的综合分析结果。发展现状对应的统计结果以发展表现体现在图表中，产业发展条件以核心条件和支持条件体现在图表中。对调查问卷采用 Likert 5 级量表进行表述，其中“5”表示该条件非常好/丰富，“4”表示比较好，“3”表示一般，“2”表示不好，“1”表示非常差。核心条件包括：小城镇的地理位置、小城镇体育产业发展规划、小城镇体育场馆资源、政府对体育活动的重视程度。支持条件包括：小城镇基础设施条件、小城镇自然资源、小城镇内体育市场需求、小城镇体育人才资源、小城镇的城镇化水平、小城镇居民娱乐文化消费水平、小城镇居民收入水平、小城镇体育产业扶持政策、小城镇传媒产业发展情况、小城镇的产业结构、小城镇体育人口的数量、小城镇传统体育文化、小城镇旅游业实力、小城镇外体育市场需求、小城镇相关体育产业发展情况、小城镇经济体育的综合实力 16 个因素。

统计结果表明，小城镇体育产业发展条件对小城镇体育产业的发展现状具有非常重要的影响，尤其是核心条件对小城镇体育产业发展具有极其重要的作用。例如，地理区位是客观存在的静态因素，决定了体育产业发展依托的地域空间，在一定程度上决定了镇域范围内体育产业活动的内外部环境支持系统，并对体育产业生产要素的交互情况具有重要影响。东部区域地理位置在促进小城镇体育产业发展中具有相对优势，尤其是沿海地区城市对小城镇的辐射与影响力是促进东部区域小城镇体育产业不同行业发展的重要力量。对于东北区域、中部区域及西部区域小城镇而言，在发展条件的评级中，地理区位相对于其他条件处于较好层次。此外，东部区域小城镇在体育产业发展规划、有关政府部门对体育事业及体育产业的重视程度、场馆资源等方面具有优势。

调研中发现，东部区域诸多小城镇所属县域建有县级体育场馆或体育活动中心，有些小城镇（特别是县政府驻地镇）不仅配备篮球场，还拥有丰富的其他场馆设施资源，且场馆的专业性较强、种类多元化。例如，江苏省金湖县场馆类别多样，场馆设施资源丰富（表 3-17）。高规格的场馆设施资源为该县举办国际、国内赛事提供坚实的硬件基础。2018 年，该县成功承办淮安金湖国际半程马拉松赛，全国青少年手球 U10、U12 比赛暨全国小学生手球锦标赛，环太湖自行车公路赛等国家级品牌赛事。该县三河滩健身路线被评为江苏省最美跑步路线。截至 2018 年年底，全县全年销售体育彩票达到 9517.47 万元；金湖县 30 万人口，全年筹集彩票公益金 860 万元。2022 年，面对政策调整、疫情等诸多不利因素，金湖县仍完成 6000 万元以上的体育彩票销售额。该县 2023 年以“建设负责任、可信赖、健康持续发展的国家公益彩票”为目标，推动全县体育彩票高质量健康发展。

表 3-17　江苏省金湖县部分体育场馆设施类别及数量（2019 年）

场馆类别	数量（个）	场馆类别	数量（个）
综合性体育馆	2	台球馆/会所	7
健身俱乐部	4	篮球馆	2
跆拳道馆	4	体育用品店	6
体育彩票销售点	11	足球场	1
溜冰场	1	游泳馆	3

数据来源：根据百度地图资料整理而成。

可见，丰富的场馆设施资源为当地体育产业发展提供必要的硬件支撑，赛事举办与场馆资源相互促进、彼此推动，实现县域体育产业发展。西部区域在地理区位方面存在劣势。诸多小城镇地处经济欠发达地区，场馆设施资源的匮乏在一定程度上限制了当地体育产业的发展。通过对小城镇体育产业影响因素及发展条件的分析，可以为小城镇体育产业发展定位、产业规划等提供切实的参考。

第四章

小城镇体育产业发展的现实困境与动力分析

我国小城镇体育产业发展整体相对滞后，且呈现区域差序化和行业差异化发展格局，体育产业的培育环境和发展条件相对较差。对我国小城镇体育发展中面临的突出问题和现实困境进行综合分析，有助于发现存在的本源问题和制约因素。同时，应审时度势，利用一切条件积极找寻出路。随着新型城镇化的推进，乡村振兴战略、健康中国行动等将为小城镇体育产业发展提供动力。

第一节　小城镇体育产业发展的现实困境

结合新型城镇化的时代背景，基于现状调查及对小城镇体育产业发展的核心条件即小城镇的地理位置、小城镇体育产业发展规划、小城镇体育场馆资源、政府对体育活动的重视程度等因素进行综合考量，发现小城镇体育产业的发展困境和突出问题主要表现在以下方面。

一、城乡二元格局制约体育产业发展

（一）城乡二元关系阻碍小城镇体育产业发展

赫希曼（Hirschman）的不平衡增长理论在中国表现为中小城镇与产业发展的整体层次偏低，以及区域发展的二元性特征。长期以来，城乡二元经济或二元关系是影响我国经济发展的重要障碍，使我国相关生产和组织表现出不对称性，这种不对称性是人类社会发展到一定阶段出现的社会关系。从我国社会历史发展过程中，可以看出这种二元关系对城市与乡村发展的影响。在不同的社会阶段与社会制度下，城乡关系呈现出不同的特征与现实情况。中华人民共和国成立以来，国家在不同阶段处理城乡关系时实施的政策，如户籍制度、社会福利等方面的法规，加剧了城乡社会的分化，造成中国城乡生产要素的相对分割和凝滞，缔造了不同的城乡关系表现形式，形成城市以工业化经济为主要特征、农村以传统农业经济为主要特征的经济体制，这种体制产生的政策累积效应使城市与乡村在经济、

社会、科技、文化等领域呈现差异化。总体而言，我国小城镇经济社会发展水平落后于大城市。这是国家提出新型城镇化、乡村振兴战略的主要原因，目的在于实现城乡资源的优化配置，以及城乡经济、社会、文化的持续协调发展，合理配置生产要素。

多年来，我国服务业主要集中在城市，地级以上城市服务业增加值占全国服务业增加值的68%①，这说明小城镇与农村服务业发展存在严重滞后性。对我国小城镇体育产业发展现状的调研分析表明，不同区域在自然资源、区位条件、经济发展水平、产业基础与产业结构等方面存在较大差异，在城镇化水平、主导产业等方面各有不同，因此表现出明显的区域差异化特征。体育产业的发展受以上因素的综合影响，呈现明显的区域非均衡性。此外，由于体育产业布局与当地资源禀赋关系密切，体育产业的发展水平与当地经济社会发展呈正相关关系。体育产业无论是规模、结构还是效益，都表现出与经济发展水平相似的差异性。

（二）体制机制障碍导致城乡生产要素流动受限

我国城市管理中的等级化管理体制，其管理权限自上而下缩减，使资源呈上移趋势，即优质资源在管理过程中逐步向大城市集中，而小城镇能利用的资源有限。结果是大城市得到更快发展，对资源的吸引力更强，而小城镇资源不足，人口流失严重。财政税收的分配制度与管理体制造成用于小城镇的建设资金远低于大城市。我国实施的城市化战略本质上是使市场经济发展中心从农村向城市转移，其根本特点表现为以城市为主导的大量投资兴建基础设施。这些公共投资在一定程度上强化了政府的资源配置偏好与行为，即政府以计划方式管理城市和配置城市资源的偏好得到充分显现，实现城市经济的繁荣。与此相反的是，诸多小城镇虽然具备成长性，但由于未被纳入以政府行政权力为中心的资源配置系统，且不属于政府投资偏好领域，难以获得发展资源和管理权限。这也是小城镇整体发展滞后于城市的根本原因。

（三）城乡二元结构导致市场竞争不充分

我国当前在金融、电信、医疗卫生、文化传媒、教育等产业存在严格的市场准入限制。这导致市场竞争不充分，优质的资源往往存在于各方面条件优越的城

---

① 朱高峰．城镇化与产业发展互动研究[M]．北京：中国建筑工业出版社，2013．

市，而小城镇与农村难以具备与城市竞争的条件，导致小城镇诸多产业发展远远落后于城市。生产要素的流动不能完全实现市场化配置，服务业的转型升级与城市发展息息相关，因为城市是产业发展的空间核心载体，也是产业结构升级的策源地。小城镇对生产要素的集聚力不够，导致产业发展缺乏资源支撑，举步维艰。

（四）人口城镇化滞后于土地城镇化限制了小城镇居民体育娱乐消费需求的增长

当前，我国大部分小城镇消费品的生产能力成倍增长，但小城镇居民的消费方式、消费水平、消费习惯并没有发生根本变化。相对于城市居民来说，小城镇居民的基本消费仍停留在较低水平。社交和文化生活的缺乏，限制了小城镇居民在娱乐、文化等方面的需求，使他们对增强身体素质的体育消费需求严重不足，这在一定程度上抑制了小城镇体育产业的萌芽与发展，尤其是作为消费性服务业的体育产业，其供给能力受到限制，市场发育缓慢。

随着全民健身战略的推进，镇域体育场地设施及活动条件逐步得到改善，小城镇居民的体育参与意识逐步提高，但大都限于使用免费公共场地，参与活动主要为散步、广场舞等消费低的项目。总体而言，小城镇居民的体育消费意识不足，在公共服务供给不足的情况下，小城镇居民对体育产品或服务的需求与消费能力较低。此外，小城镇居民的生产生活方式与消费理念较为陈旧，对于体育产品与服务的有效需求严重不足，导致市场疲软，阻碍了体育产业的培育发展。更重要的原因在于小城镇居民收入比城市居民低，难以为服务业发展提供足够的需求支撑。体育服务业对城市居民来说，逐步成为生活的一部分，很多市民购买体育用品、购票观看体育赛事、去健身俱乐部消费，而对于经济收入水平较低的小城镇居民而言，这些消费需求较少。

二、专项规划缺乏束缚体育产业培育

自 2014 年国务院发布《国务院关于加快发展体育产业促进体育消费的若干意见》以来，我国各省份均已制定体育产业发展规划。2017 年 5 月，国家体育总局发布《体育总局办公厅关于推动运动休闲特色小镇建设工作的通知》，给小城镇体育产业注入了新的政策驱动要素。但是，作者在调研中发现，我国大部分小城镇体育产业发展严重滞后，政府部门对体育产业的性质认知不足，缺乏体育产业发展思路与规划，这在中西部区域小城镇表现尤为明显。

（一）体育产业在当前大部分小城镇难以被纳入产业发展规划中

对于当前大多数小城镇而言，社会经济结构与发展状态仍未达到将体育产业置于规划范畴中的标准。体育产业的经济社会效应尚未被识别，在各省市小城镇发展规划的制定中，鲜有将体育产业纳入产业发展规划中的，针对小城镇体育产业发展的专项规划更少。这主要与小城镇当前的产业结构、社会经济发展状态、居民经济活动（生产、消费）等有关。小城镇发展体育产业的受限性强，经济社会发展条件不成熟。限于小城镇经济发展水平较为落后，部分乡镇对体育带来的经济效益的认知度较低。

（二）体育产业专项规划不足

小城镇发展体育产业的基础薄弱，开展环境不成熟，经济效益与社会效益难显，较少制定体育产业发展规划。有些区域虽然以省级体育行政部门或经济发展部门制定的体育产业发展规划为指导，但未能重视上级部门的产业规划及政策引导，对体育产业的发展缺乏认知与思考。作者在调研中发现，在多数小城镇发展规划中，几乎看不到与体育产业相关的基础设施、场地设施、健身活动等内容。

（三）体育产业规划模糊，难以实施

作者在调研中发现，有些小城镇虽然有体育产业发展的相关规划，但其内容大都比较笼统，缺少切实可行的方法和行动方针，没有具体的时间节点。2017 年公布的运动休闲产业小镇大都有自身的体育产业规划，但很多规划商业气息太浓，难以与当地的实际情况相结合。例如，山西圣仙湖总体规划，其内容为依托自然地理优势发展山地户外、足球、冰雪、水上、穿越、骑射、翼装飞行、户外探险等项目，并以研学培训、康养等为发展定位，与旅游、文化、康养、体医结合、教育、健康、农业、林业、农耕、休闲等业态融合发展，打造休闲运动、旅游、研学、康养度假的胜地[①]。从规划中可以看出其内容较为空洞，且与实际情况有一定差距。虽然规划是一个未来的愿景，但在制定过程中一定要从实际出发，制定切实可行的体育产业规划，避免出现假大空、难落地现象。

① 资料来源：山西省体育局网站.

三、属性认知不足延缓体育市场开发

认知程度是体育产业形成的意识形态基础。认知包含政府、行业和公众对体育产业属性的接受程度和行为表现，认知不到位或不准确都可能导致政策规划的缺失、行业开发的缺位和公众认知的不足。政府部门对体育产业属性的认知程度越深，越重视体育产业的培育与发展；行业对体育产品或服务的认识越全面，越易于提供丰富的体育产品。小城镇居民对体育消费的认知往往滞后于政府和行业，需要一个了解和接受的过程。

（一）政府部门对体育产业的经济属性认知不深

小城镇政府部门对体育产业的属性和经济效益认知不深，仍将体育产品置于公共服务的工作范畴，不注重其经济效益的开发。当前以 GDP 为导向的现行绩效考核体系使地方政府制定各种政策或采取措施时，注重短期能带来高利税的产业，而不熟悉体育产业有哪些经济效益、哪些行业类型，鲜有小城镇制定专门的体育产业发展规划。在调研中发现，部分小城镇政府有关部门及负责人对体育产业性质与经济效益认知度低，这成为小城镇体育产业发展困难的重要原因。镇域行政部门的有关工作人员表示，小城镇的中心工作是配合和执行上级部门的行政事务，对农村事务进行管理协调。同时，小城镇有关部门对财政经费的使用权有限，难以主动引导居民参与体育活动，更无法思考如何通过体育活动获得经济效益。政府主导对小城镇各项事业的推进具有重要引导作用，而相关人员缺乏对体育产业的认知也成为小城镇体育产业发展的制约因素。

（二）行业对体育产业的市场需求定位不准

在行业层面，诸多经营管理人员对体育产业的未来前景及市场需求定位不准，难以找准体育产业的发展方向。文化产业、体育产业的市场化程度很低，小城镇企业经营管理人员对体育产业产生的经济效益认知较为模糊。

（三）公众对体育产业的消费需求层次单一

在公众层面，小城镇居民对体育产业的消费需求较为单一，仍处于简单的身体锻炼和较低消费层面。部分小城镇居民认为体育产品应由政府提供，没有必要花钱进行体育消费。在国家全民战略的实施过程中，部分小城镇在场馆设施建设、群众体育活动的组织与开展等方面取得较好的成果，小城镇居民的健身意识与体育参与意识逐步提高，但小城镇体育公共产品已不能满足社会需求。通过火热的广场舞现象可以看出，小城镇居民已有一定的体育参与热情与体育消费意识，但消费水平较低。因此，引导小城镇居民的体育消费是未来小城镇体育市场培育的重点。

四、发展条件不足制约体育产业萌发

小城镇体育产业发展的核心条件与支持条件不足，制约着小城镇体育产业发展。从现状分析可以看出，小城镇在区位条件、地理位置、政策规划等方面处于相对劣势。对不同区域体育产业发展条件重要性与表现性因素的综合分析可以看出，东部区域小城镇体育产业发展总体优于其他区域小城镇，但相对于东部区域城市体育产业丰富的发展条件而言，小城镇体育产业规划相对不足，体育场馆资源城乡布局的不均衡使小城镇体育场地设施相对较少，政府对体育活动的重视程度有待提高；东北区域自然资源相对较好，但小城镇基础设施条件有待提高，体育人才资源较为匮乏；中部区域和西部区域小城镇体育产业发展规划相对不足，小城镇基础设施较差，政府对体育活动的重视程度不高，人才资源匮乏，小城镇体育市场需求较低。可以看出，小城镇体育产业发展的核心条件与支持条件均较处于相对落后的状态，严重制约着体育产业发展。

（一）场馆设施资源匮乏限制居民参与体育活动与体育消费

近年来，随着全民健身战略的持续推进，我国公共体育服务水平有了很大的提高，尤其是城市体育公共服务体系与服务质量日益提高，但小城镇体育公共服务的覆盖面仍非常有限。相对于人民日益增长的体育需求，小城镇体育场馆设施严重不足。场馆设施数量的不足看似是一个简单的数字问题，但从根本上制约着我国乡镇体育产业的发展，成为制约小城镇居民参与体育相关活动的一个重要因素。近年来开展的“农民体育健身工程”使我国乡镇体育场馆设施数量有了较大的增长，但我国乡镇数量多，加以平均还是杯水车薪，因此体育场馆设施不足是制约小城镇居民参与体育活动的重要原因。作者在调研中还发现，我国小城镇在室内场地设施建设，室外田径场、篮球场、足球场、网球场及全民健身设施等工程施工方面发展较差，原因是在场地设施的建设中政府投资有限、社会资金投入较少、场地设施建设的经济效益相对较低。

（二）我国小城镇体育产业发展条件整体处于相对滞后的状态

小城镇社会体育指导员的数量、体育赛事的举办情况、体育娱乐企业的数量和资产总量等都与城市存在较大差距。例如，优质的体育赛事资源大都集中在大中城市，小城镇因其承载力非常有限而难以承办大型综合性赛事，这导致小城镇体育竞赛表演业发展相对落后甚至凝滞，最终造成体育产业在城乡发展的不平衡。这主要是由于小城镇难以吸引生产要素尤其是具有较高经济效益的赛事资源、场馆设施、体育经营管理人才、社会投资等。这是阻碍小城镇体育产业发展的突出问题。

（三）小城镇居民体育参与意识低导致体育产业发展滞后

作者在调研中了解到，大部分小城镇居民体育参与意识不强、体育消费能力低。小城镇居民对体育的参与不足与长期以来形成的生产生活习惯有关。小城镇居民的生活方式更接近农村地区的生活方式，缺乏科学的健身意识，加之小城镇对居民参与体育活动的社会指导不足、健身场所匮乏等一系列问题，导致小城镇居民体育参与度低。同时，体育消费意愿不强、消费水平低也是阻碍小城镇体育产业发展的重要因素。小城镇居民的健身意识存在明显的“政府依赖性”，多数人认为政府应组织开展体育活动，带动居民参与体育健身，他们缺乏参与体育锻炼的主动性与自觉性。对于长时间甚至几代人习惯于以农耕为主要生活方式的人群来说，提高健身意识不是一朝一夕的事。小城镇体育场地设施匮乏，居民的体育活动参与形式、积极性、参与频率、参与效果等与城市相比较为落后，小城镇娱乐文化企业数量较少也是造成小城镇体育产业发展缓慢的原因。

五、市场需求不足限制体育产业规模

（一）人口集聚不足限制市场规模

虽然交通运输、餐饮娱乐等传统服务行业在小城镇逐步发展起来，但是健身娱乐、体育中介、赛事表演业等生活性服务业在小城镇需要较长的时间来培育、引导，这样才能释放小城镇居民的需求，进而实现产业发展。对于体育用品及相关产品制造业而言，同样要求在产业、人才等方面实现聚集才能得以发展，没有足够的集聚效应就不可能有足够的消费群体。

（二）人口购买力不强制约体育市场需求空间

人口规模是影响服务业增加值最重要的因素，购买力对市场规模与产业发展空间具有重要影响。无论是城市服务业还是小城镇体育产业，人口的购买力与消费水平都是影响其发展的重要因素。统计数据表明，我国城乡居民收入、消费水平的差距显著。根据《中华人民共和国 2021 年国民经济和社会发展统计公报》统计，全年全国居民可支配收入为 35128 元，当年全国居民人均消费支出为 24100 元，城镇居民人均消费支出为 30307 元，农村居民人均消费支出为 15916 元①。可见，农村居民人均消费支出仅相当于城镇居民的 52.5%，城乡居民在收入水平与消费支出方面差异显著。此外，2021 年全国居民恩格尔（Engel）系数为 29.8%，其中城镇为 28.6%，农村为 32.7%。恩格尔系数说明，农村居民用于食品消费的比例高于城镇居民。经济因素客观上影响小城镇居民的娱乐文化消费水平，这是小城镇体育产业发展落后于城市的重要因素。乡镇在医疗保险、教育状况、基础设施等方面与城市也存在显著的差距。

对于体育服务业而言，如果没有大量的人口集聚，就难以得到发展，仅有人口聚集而购买力不高也难以形成有效市场需求。对于体育产业的发展而言，人口要素和购买力是市场发育的前提和基本条件，如果没有大量有消费能力的人口聚集，则难以发展体育产业。

（三）体育消费理念不强影响体育产业发展

社会的消费结构是影响社会结构和经济结构的决定性因素②。从长期来看，社会消费结构决定区域资源和环境状态，而消费结构受人的价值取向的直接影响，同时受地理环境和社会文化的影响。对于小城镇居民而言，他们一方面期待和向往城市居民的生活方式，另一方面又受到乡村生活惯性的影响。因此，对于体育产品与服务，他们的消费习惯与消费理念尚未达到较高水平，这也是小城镇体育市场需求严重不足的主要原因。

综上所述，受城乡二元格局的影响，城乡生产要素处于相对分割的状态，小城镇体育产业发展中存在规划缺乏、产业发展条件不充分、产业属性认知不足、

---

① 国家统计局．中华人民共和国 2021 年国民经济和社会发展统计公报[EB/OL]．（2022-02-28）[2022-12-11]．http://www.gov.cn/xinwen/2022-02/28/content_5676015.htm．

② 陆大道．区域发展及其空间结构[M]．北京：科学出版社，1995．

市场需求不旺等问题，有些问题难以在短时间内得到解决。但是，这并不意味着小城镇无法发展体育产业。小城镇应主动挖掘产业资源，扶持体育产业发展，在政策的强力引领下，使体育产业成为当地经济发展的新动能。

第二节　小城镇体育产业发展的动力

尽管小城镇体育产业发展存在诸多制约因素，但随着新型城镇化进程的推进，乡村振兴战略、健康中国行动等政策的推动，小城镇经济社会发展水平持续向好，居民收入水平不断提高，健康意识逐步增强，小城镇产业发展环境得到优化。

一、城镇化质量提升是体育产业发展的根本动力

随着城镇化率的快速提高，我国已步入以提高城镇化质量为核心的新型城镇化时代。城镇化质量主要取决于城镇化各要素的发展质量、各要素协调程度及推进效率。具体包括：人口的城镇化，空间、土地的城镇化，经济、产业的城镇化，生活质量的城镇化。研究表明，我国城镇化质量指数的区域特征主要表现为东高西低（表 4-1），与区域经济发展水平基本相符①。经济发展水平高的区域，其城镇化质量也处于较高水平。从现状调研来看，小城镇体育产业发展水平与城镇化质量呈相同的发展态势，城镇化质量高的小城镇，其体育产业发展水平较高。小城镇体育产业东高西低的发展态势与四大区域城镇化质量指数完全相同。

表 4-1　各区域城镇化质量指数特征

区域	城镇化质量指数
东部区域	0.5419
东北区域	0.4860
中部区域	0.4632
西部区域	0.4643

资料来源：根据中国 286 个地级以上城市城镇化质量排名数据整理而成。

此外，小城镇的体育活动开展情况与当地经济发展的综合实力密切相关。对 2015 年全国科学发展百强镇所属省份分布及数量进行统计，同时对 2018 年全国

① 李凤桃，赵明月，张伟．中国 286 个地级以上城市城镇化质量大排名[J]．中国经济周刊，2013（9）：23-28．

综合实力千强镇所属省份分布及数量进行统计（表 4-2），可以明显看出，江苏省、广东省、浙江省、山东省、福建省、上海市等经济发达的省市入围百强镇、千强镇的小城镇占有极大比重。从 2015 年与 2018 年的统计数据可以看出其发展趋势，发展基础好的省市的小城镇综合实力持续向好。

表 4-2 2015 年全国百强镇、2018 年全国千强镇所属省份集中分布情况

所属省份	2015 年中国建制镇综合实力百强镇数量（个）	2018 年中国建制镇综合实力千强镇数量（个）
江苏省	27	204
广东省	30	120
浙江省	21	161
福建省	9	51
山东省	2	112
上海市	4	0
辽宁省	3	15
河南省	1	43
贵州省	1	8
河北省	1	57
安徽省	1	30

资料来源：根据《中国中小城市发展指数研究报告》的统计数据整理而成。

在小城镇体育产业发展情况的调查中可以看出，经济发展水平较高的东部区域小城镇体育活动开展频繁，群众体育参与程度高、体育消费意识较强，体育市场需求较旺盛，体育产业培育发展的现实条件较好。例如，广东省佛山市小城镇群众体育活动开展次数多，规模较大，参与人数众多，体育文化氛围较浓厚，这些是开展体育产业的有利条件。佛山市陈村镇举办的 2018 顺德巨浪古祠定向巡回赛，吸引了 200 多名来自大专院校、俱乐部、企事业单位的定向爱好者参加。当地古祠堂众多，便于开展特色定向体验活动。此外，该镇还有龙舟、舞狮、咏春等民族特色传统体育活动，将体育运动与当地特色文化相融合。镇内各级各类赛事活动多，运动氛围浓厚，小城镇居民文体活动参与度高。这与该地的经济发展水平高度相关，陈村镇在 2018 年中国建制镇综合实力千强镇中排名 107 位。此外，这也与政府对体育活动的重视程度、基础设施的配置、公共财政投资等高度相关。这些要素的综合作用，极大地促进了当地健身娱乐业、竞赛表演业、体育旅游业等行业的发展。又如，江苏省昆山市玉山镇在 2017 年中国建制镇综合实力千强镇中排名榜首，经济实力强，区位条件优越，文化底蕴深厚，群众体育活动开展频繁，有篮球队12个、象棋队26个、乒乓队14个，全镇4万多镇属人口有42%以上参加各类体育活动。近年来，各地积极推进体育健康特色小镇建设，以古镇文化为根基，在体育产业发展中将休闲体验与赛事参与、旅游与康复相融合，结合商场、景区等资源，打造商业服务与运动休闲高度融合的综合消费场所。在机制保障方面，政府部门在体育金融、体育消费、体育税收政策、健全协调机制、夯实发展基础、强化人才支撑方面给予小城镇政策引领与制度保障，促进小城镇体育产业快速发展。由此可以看出，在新型城镇化进程中，小城镇综合实力与城镇化质量是助推小城镇体育产业发展的动力源。

二、城乡生产要素流动助推小城镇体育产业萌发

当前，我国体育产业发展城乡不均衡，城市体育产业的发展规模与产业体系等遥遥领先于小城镇与农村地区，这与生产要素的流动与资源的市场配置密切相关。要素流动与资源的市场配置均遵循利润最大化原则。在大中城市，公共基础设施与公共服务设施建设条件优越、布局合理、覆盖面广，生产要素投资回报率高，能够为产业发展提供基础条件。虽然城市在土地价格、场馆租金、水电费用等方面远远高于小城镇及农村地区，但巨大的消费群体与较高的消费能力带来的市场回报促使生产要素集中于大中城市，这也是城市体育产业发展规模大、行业类型广、市场价值高的原因。

随着新型城镇化的深入推进，小城镇经济社会发展环境得到优化，小城镇经济和社会发展的城乡二元结构受到政府广泛关注，并通过制度改革逐步得到缓解。随着生产力的高度发展，城乡差别将逐步减弱，城乡关系将逐步融洽，生产要素在城乡间的配置将更加合理。小城镇规模的扩大和功能的升级推动小城镇体育产业生产要素的优化配置，促使小城镇体育产业萌发。城市的规模结构将更加完善，对小城镇的辐射带动作用将更加突出，城市作为增长极的辐射效应日益凸显，其产业转移为小城镇产业发展带来机遇。在乡村振兴、城乡一体化发展等有关政策引导下，体制制度藩篱逐步被打破，助推生产要素在城乡间的合理流动，如交通基础设施的发展改变了小城镇的地理位置劣势，实现生产要素流动，有利于小城镇承接、构建城市现代化的服务体系。

对于体育产业发展而言，多数小城镇拥有优质的自然资源和独特的人文环境，在地理位置方面也有其优越性。地处城市周边、接壤农村地区的小城镇可以成为

大城市居民周末或节假日进行休闲活动的目的地，或成为大城市居民健身旅游、消遣放松的地方。城市居民有较强的体育参与意识与体育消费能力，小城镇通过打造体育休闲特色产品与服务可吸引城市居民来小城镇进行休闲消费，而大量的人员聚集将为小城镇体育产业发展提供巨大的市场。这些独特的优势与条件能够为小城镇发展体育产业提供契机，而如何利用这些已有条件，整合资源要素并吸引社会资本进入，挖掘城市居民短期健身、休闲或旅游的需求，培育相关体育产业，拉动小城镇就业，促进当地经济社会发展，应成为未来镇域政府着力思考的问题。

三、各级各类政策为产业发展提供制度保障

小城镇因其特殊的地理位置与经济社会角色而成为党和国家重点关注的领域。2000 年，中共中央、国务院印发了《中共中央 国务院关于促进小城镇健康发展的若干意见》；2012 年，党的十八大报告中明确提出新型城镇化发展道路；2013 年，党的十八届三中全会上提出推动大中小城市和小城镇协调发展；2017 年，政府工作报告中指出“优化区域发展格局，支持中小城市和特色小镇发展”；2019 年，国家发改委印发《2019 年新型城镇化建设重点任务》等政策文件，为小城镇各项经济社会发展提供强有力的政策支持与制度保障（附录 10）。

体育产业因其具有较强的社会效益与经济效益而备受重视。“十三五”时期是我国全面建成和谐小康社会的关键时期，也是体育产业得到高度重视并快速发展的历史时期。2019 年，国家体育总局、国家发改委发布的《进一步促进体育消费的行动计划（2019—2020 年）》中指出，推动试点运动休闲特色小镇项目发展，打造“三生融合”的体育综合体，大力实施《百万公里健身步道工程实施方案》，把美丽乡村串联成集文化、旅游、休闲、观光于一体的体育综合体。中共中央、国务院印发的《“健康中国 2030”规划纲要》及《健康中国行动（2019—2030 年）》等相关文件中明确提出实施全民健身行动，积极发展健身休闲运动产业。诸多政策的颁布使体育产业在国民经济发展中的地位得到进一步确认，为小城镇体育产业发展提供了政策支撑。相关文件如《文化部、财政部关于推动特色文化产业发展的指导意见》《国务院办公厅关于加快发展生活性服务业促进消费结构升级的指导意见》《国务院办公厅关于进一步促进旅游投资和消费的若干意见》《国务院关于加快发展旅游业的意见》等的出台，为小城镇经济社会发展保驾护航。

国家发改委发布的《关于加快特色小（城）镇建设的指导意见》，住房城乡建设部、国家发改委、财政部联合发布的《关于开展特色小镇培育工作的通知》等一系列政策的密集性出台，为体育产业融入特色小镇建设提供制度保障，进而促进体育产业在小城镇萌芽、发展，助推小城镇各项体育事业与体育产业发展。

四、居民消费需求增长促进体育市场发育

市场的组成包括人口、购买力水平和购买意愿。人口的聚集是培育小城镇体育市场必不可少的因素，决定了体育消费者市场规模。人口越多，说明现实和潜在的消费需求越大。购买力水平决定市场容量的大小，小城镇内外居民的消费能力决定体育市场的规模、层次与范围。购买动机是将购买力转化为购买行为的催化剂。随着全民健身战略的落实与推广，个性化的体育消费需求将逐步被激活，小城镇居民的体育消费动机也将日益增强。可以预测，随着小城镇居民收入水平的不断提高，对生活型消费资料的需求也将随之增加，其购买动机将不断被激发，体育产品与服务将逐步进入小城镇居民的消费范畴。小城镇体育市场的潜力巨大，但需要一个培育发展的过程。

小城镇居民体育消费习惯逐步形成。体育消费是培育体育市场的必要条件，社会的消费结构是影响社会结构和经济结构的决定性因素①。从长期来看，社会消费结构决定区域资源和环境状态，而消费结构受人的价值取向、地理环境和社会文化的影响。随着信息技术的快速发展与交通、通信技术的快捷扩散，小城镇居民对新生事物的接受能力不断提高。城市居民的体育参与方式与体育消费习惯对小城镇居民的影响将逐步地、有层次地扩展开来。这种辐射在一定程度上引导小城镇居民参与体育活动，提高体育消费意识与消费水平，从而形成小城镇体育产业的潜在消费市场。

小城镇产业结构优化升级为体育产业发展提供环境支撑。产业作为推动小城镇发展的重要因素和影响因子，在一定程度上决定了小城镇的发展方向与经济结构。小城镇经济社会的发展、产业结构的优化为小城镇体育产业发展提供经济支撑。小城镇的产业结构、消费结构与小城镇经济增长方式密切相关，经济增长方式的转变需要一个较长的过程。可以预测，在新型城镇化进程中，小城镇当前以第一、第二产业为主的产业结构将逐步优化升级为以第二、第三产业为主的产业

① 陆大道．区域发展及其空间结构[M]．北京：科学出版社，1995.

结构。产业结构优化和消费结构升级的动态转变将逐步推动小城镇服务业的发展，为小城镇体育产业发展创造有利的环境支撑。

非农产业与非农人口比重的提升拓展了体育产业潜在市场。受益于现代交通和通信技术的迅猛发展，传统的分工由产业间分工拓展到产品间分工，再发展为产业链分工，变为一种较为细化和深度专业化的分工。产业链分工可以整合区域内城市的整体竞争优势，实现优势互补、合理分工，形成良性互动和错位竞争的产业发展格局。产业在发展过程中出现的分工细化与延伸在制造业及其他服务业中较为显著，这种产业发展趋势将是未来体育产业在城市、小城镇、农村延伸拓展的方向。随着交通基础设施的快速推进，从城市到达周边郊区、小城镇及农村的便捷性与经济性日益增强。虽然城市与乡村在经济、社会及空间管理方面有明显的区别，但城市与乡村又处于动态变化的体系中，因为乡村在不断地向城市靠拢与转换。小城镇就是这一转换过程中的过渡体，是以非农产业活动和非农人口为主体的组织。这个组织的不断扩大，将为体育产业发展拓展更大空间。

五、供给侧结构性改革驱动体育产业发展

供给侧结构性改革将促进小城镇产业在制度创新、要素供给、产品与服务方式等方面的变革。应从供给端发力，推动小城镇基础设施建设，加快小城镇体育场地设施的新建与完善，加快农村人口向小城镇、城市的转移。小城镇居民对公共服务的诉求不同于城市居民，因此应通过供给侧提供高质量的、合适的体育产品，满足该群体的有效需求。供给侧结构改革要求政府部门大力发展绿色产业，为绿色低碳产业提供动力支持。体育产业属于绿色产业，对小城镇经济社会发展和结构转型升级具有重要价值。随着小城镇经济社会发展、居民收入水平提高，小城镇居民的体育参与意识与行为习惯不断养成，体育消费水平不断提高，为体育产业带来较大的市场潜力与发展空间，成为我国体育产业供给侧结构改革的重要阵地。

在供给侧结构改革的推动下，各级政府部门不断加强公共体育服务产品供给。随着小城镇经济社会的发展，居民的生产生活方式逐步改变，收入水平不断提高。政府部门应组织开展群众体育活动，营造体育运动氛围，从供给侧引导居民体育需求，促进体育产业发展。同时，政府部门应引导社会资本积极投入体育产业，引导企业开发特色体育产品和服务，满足小城镇居民的多元体育消费需求，

同时满足城市居民对休闲旅游的追求，从供给端发力为小城镇体育产业创造契机与条件。

综上所述，相对于大城市，小城镇体育产业在规模、结构、效益等方面都相对滞后，在发展中面临生产要素流动性不足、发展规划缺位、消费市场尚不成熟等问题，并且小城镇体育产业发展的核心条件与支持条件难以在短时间全部具备，这使得小城镇体育产业发展需要较长的过程。但随着新型城镇化进程的不断推进，城乡二元结构逐步得到改善，生产要素流动渐趋合理，各级各类政策的引导与保障作用逐渐增强，小城镇居民体育消费意识不断增强。可以预见，体育产业在小城镇具有巨大的潜在市场，前景可期。

事实上，体育产业在小城镇与城市的发展差别仅在于小城镇的“小”，表现为产业规模小、基础设施差、场馆资源缺、人口集聚少、经济效益差等，但小城镇体育事业与体育产业的作用并不小，扩大体育产业市场空间的作用也不小。体育产业发展条件相对不足，不应成为不发展或暂缓发展小城镇体育产业的理由。随着城镇化的不断推进、乡村振兴战略的实施、城乡一体化发展的政策引领，小城镇的城镇化质量不断提升，小城镇功能逐步升级，促使小城镇产业结构的升级和产业发展环境的优化。小城镇体育市场将成为中国体育产业的增长点与增量空间。正因如此，本书着力对小城镇体育产业发展方略进行分析，以期为小城镇培育体育产业提供一定的借鉴与参考。

第五章

小城镇体育产业发展案例分析与经验借鉴

在小城镇体育产业发展过程中，虽然因资源禀赋、产业基础、区位条件等千差万别，难以找到统一的发展模式，但从成功的案例中可以总结发展经验。小城镇可以对照自身实际，审视体育产业发展条件，有针对性地培育适宜的体育产业。

第一节　国外体育特色小镇发展案例分析与经验借鉴

西方发达国家体育特色小镇建设起步较早，经过百余年的发展，积累了丰富的建设经验，对我国小城镇体育产业的培育与发展具有一定的启发与借鉴价值，如美国得克萨斯州斯托克顿堡小镇、法国沙慕尼小镇、意大利蒙特贝卢纳小镇等。这些小镇的发展对于我国当前经济发展模式下的小城镇体育产业发展有重要启示。

明晰国外小城镇体育产业发展定位、发展构想与发展特点（表 5-1），有利于借鉴其发展思路与经验。

表 5-1　部分国外体育特色小城镇发展分析

小镇名称	发展定位	发展构想	发展特点
法国沙慕尼小镇	高山户外运动旅游目的地	专业的教育培训机构、多元化的体育项目及国际赛事、完善的休闲配套服务	①核心运动引爆，多元体验扩展；②国际赛事推动，专业服务保障；③休闲旅游配套，带动全面发展。
意大利蒙特贝卢纳小镇	运动鞋生产集群+城市服务功能	核心体育用品产业集群推动上下游企业的完善，促进服务业集聚，推动小镇特色化发展	①建立运动鞋生产集群，聚集相关服务产业；②镇区内有多个产业集聚，镇区内服务业集聚

续表

小镇名称	发展定位	发展构想	发展特点
美国得克萨斯州斯托克顿堡小镇	体育赛事+文化事件投资组合	将当地举办的大型体育赛事与社区各类文化活动相结合，形成事件的组合，达到共生关系	①借助已有的深厚文化底蕴，结合当地景点，提升服务质量和基础设施；②通过大型赛事的吸引力和影响力，提升当地知名度

资料来源：根据相关文献整理而成。

通过分析以上体育小镇的发展定位、发展构想与发展特点，可将国外特色小镇发展体育产业的经验归纳为以下几点。

一、加强产业关联，重视延伸产业链条

在发展小城镇体育产业过程中，应重视完善产业价值链，推动产业融合，实现产城融合。例如，体育与旅游产业具有极强的嵌入性与融入度，在体育与旅游等产业互动融合基础上，突出体育产业的核心作用，将体育产品元素植入小城镇旅游文化产品与服务中，构建体育旅游融合发展的产业体系。以体育产业的区位特征为前提，充分挖掘当地旅游资源，将体育元素纳入旅游产业链条，共同形成体育旅游产业价值链，实现产业链条的延伸与产业附加价值的增值，遵循“建链—补链—强链—延链”的原则，补充体育旅游产业链缺失的产品与服务，延伸产业链到交通、餐饮、购物、娱乐、文化等领域，从而延长游客的停留时间，增加游客再次消费的机会，提高游客消费黏性，实现旅游产业链条宽度和长度的延伸[①]。

例如，法国沙慕尼小镇，建链——以冰雪体育产业为依托，利用自身交通便利、环境优美等区位优势，不断完善基础设施，从一个不太知名的小风景区发展为大型综合性体育产业集合体；补链——迎合大众及商业集团的需要，在冰雪淡季开展各种会议，扩大对外宣传；强链——该小镇并不是短时间形成的，从18世纪至今，小镇从未停止建设，最初开发的重点是冰雪产业，如雪道的建设、基础设施的建设等，在冰雪产业形成一定的规模之后，小镇又围绕体育运动这一主题进行市场开发，如户外探险、野营、丛林探险等体育项目，充分挖掘小镇的自然资源；延链——依据自身优美的风光吸引周边国家游客，开发一系列生态旅游产品，如康养、休闲旅游等。随着欧洲国家老龄化趋势的加剧，康养休闲旅游已成

① 王志文，沈克印．产业融合视角下运动休闲特色小镇建设研究[J]．体育文化导刊，2018（1）：77-81.

为该小镇的招牌旅游品牌。该小镇的旅游核心理念也由原来的运动探险逐渐转向以绿色、环保、低碳、健身、生态观光等为主。

二、完善配套设施，着力培育产业集群

打造产业集群是提升体育产业竞争力的有效途径。欧美体育小镇为了能够更好地留住消费者，不断完善自身的服务设施，在产业布局上实现从吃、住、行到吃得更好、住得更舒服、行得更便捷的转变，从原来的分散经营到现在的整体性经营，尽可能提供一站式服务，使消费者消费更便利、更开心。

例如，意大利蒙特贝卢纳小镇以运动鞋生产为核心，不断吸引和聚合上下游企业，完善配套服务设施，以运动鞋生产集群为主，在镇区内形成多个产业集聚，使大量相关服务产业聚集于此，推动小镇特色化发展。

又如，美国的夏洛特赛车小镇大约聚集了国际赛车联盟90%以上的车队，吸引大量的赛车赞助商及相关研究机构在小镇集聚，同时聚合汽车研发、零配件测试、市场营销、体育传媒等相关产业。该小镇以打造核心产品为主，配套完整产业链，形成完善的产业配套体系。服务配套设施的建立健全是形成产业集群必不可少的硬件条件。夏洛特赛车小镇重视建立配套服务设施，不断完善服务体系。完善服务系统、提高服务水平是提升小城镇体育产业吸引力的重要手段，也是增强体育产业竞争力的有效方式。爱尔兰香侬小镇起初以航空为主，后又引进诸多体育项目，不断丰富产品系列，实现产品服务供给多元化，逐步打造产业集群。法国沙慕尼小镇基本上涵盖了所有与滑雪有关的企业类型，如滑雪板制造企业、滑雪运动服装制造企业，以及相关上游和下游企业。由此可以看出，打造产业集群是提高小城镇体育产业竞争力的有效途径。

三、挖掘特色资源，持续打造体育 IP

从发展较好的国外体育特色小镇来看，多数小城镇是在原有体育及相关产业基础上经过长期发展与积淀，来打造体育 IP（Intellectual Property，知识产权）的，继而聚合越来越多热爱体育运动的人，或通过赛事为体育小镇“吸粉”。体育项目本身是运动小镇形成的核心要素。通过体育产业链条的拓展延伸，带动相关产业联动发展，并与周边环境、人文、资源、生态不断融合发展，衍生出体育特色小镇，并且在发展过程中依托自身资源发展体育产业。

爱尔兰香侬小镇以航空港口而闻名，从一个海边小镇发展为旅游胜地，在开发过程中引进了诸多户外项目，如骑马、徒步、丛林探险等。除了常见的一些运动项目，该小镇还设有政府补贴的培训课程，从儿童到老年人都可选择自己喜欢的体育运动课程。以科研训练和场馆运营为主的芬兰洛瓦涅米体育小镇坐落于北极圈内，其主要特色是依托拉普兰体育学院的体育场馆设施进行各种形式的科研活动和培训活动，同时增加以休闲娱乐为主的配套设施，如雪地摩托道、雪地滑雪道、便利雪橇等。以单项运动徒步闻名世界的徒步岛，位于意大利力古里亚大区拉斯佩齐亚省的沿海地区，总长 12 千米，徒步走完全程为 3～4 小时，是人们休闲的完美去处。法国沙慕尼小镇是法国海拔最高的小城镇之一，位于法国的中东部，是世界知名的户外运动天堂，更是滑雪爱好者的理想地。可见，重视打造体育 IP，能够不断提高体育产品与服务的知名度与美誉度，提升产业竞争优势，增强体育产业竞争力。

四、依托文化底蕴，促进产业融合共生

体育赛事和节庆的事件组合也是小城镇发展体育产业的有效路径。例如，美国得克萨斯州斯托克顿堡小镇将当地举办的大型体育赛事与社区文化活动结合形成事件的组合，达到共生关系。该小镇通过规避当地先天劣势的自然条件和经济困难的现状，借助深厚的文化底蕴，结合当地景点，不断提升服务质量和基础设施，通过大型赛事的吸引力和影响力，提升当地的知名度，同时利用社区举办的各种文化活动吸引游客前来度假消费，并为当地居民提供经济实惠的娱乐项目，提高他们的生活质量，促进了当地经济、体育和旅游业的发展①。该小镇已经建立乡村体育旅游目的地，将体育活动和旅游产品相结合，成为吸引游客的旅游目的地。

可见，体育赛事与节庆的事件组合是实现当地旅游和经济发展的有效手段。应利用合理的宣传手段将当地各景区串联起来，综合提高当地的形象，吸引外来游客。在整个事件组合中，最为重要的是全面的规划和投资组合框架的构建，这是斯托克顿堡小镇成功的关键。

需要指出的是，国外体育特色小镇的发展对培育我国小城镇体育产业具有重要的启发作用，但不能照搬照用。主要原因在于，我国的城乡二元结构及其造成

---

① ZIAKAS V, COSTA C A. The use of an event portfolio in regional community and tourism development: creating synergy between sport and cultural events[J], Journal of sport & tourism, 2011, 16(2): 149-175.

的影响使得城市与乡村具有明显的差异，小城镇的人口集聚力较低。国外很多小城镇与城市的经济社会发展水平差异不大且集聚了大量的人口，这为小城镇体育产业发展提供了必备的人口要素与经济条件。随着城镇化水平的不断提高、城镇化质量的提升与小城镇功能的升级，小城镇将逐步具备发展体育产业的土壤。例如，在我国城镇化水平较高的东部区域，小城镇与城市的差距不断缩小，小城镇居民的体育参与意识与消费能力较高。当地政府借势发展特色体育产业，取得了较好的社会效益与经济效益。

第二节　国内小城镇体育产业发展案例分析与经验借鉴

从欧美发达国家小城镇的产业布局和发展导向来看，大力发展第二、第三产业是促进小城镇经济发展的重要抓手。在新型城镇化进程中，依托特色产业带动中小城镇发展，是中国城镇化产业发展的主旋律。在这一背景下，体育产业有可能成为小城镇经济发展的风口。伴随我国居民收入的增长，体育消费需求不断增长，小城镇体育产业将在不同区域得到发展。虽然体育产业仅仅是新型城镇化进程中小城镇经济发展的一部分，但其带来的经济效益不容忽视。城市体育产业是基于市场经济不断成熟和完善的发展契机而快速成长起来的，如何引领小城镇体育产业萌芽、发展，需要什么样的条件，有哪些可以参照的发展策略等问题，都需要更加深入和详尽的分析。

随着我国新型城镇化的持续推进，小城镇经济快速发展，体育的经济功能开始凸显。在供给侧结构改革和乡村振兴战略驱动下，应进一步释放体育的经济功能。体育与旅游、健康、文化、农业、养生、养老等产业相融合，其功能更加多元化，体育产业渗透或嵌入其他相关产业可更好地带动区域消费和经济发展。

结合小城镇培育体育产业的经济社会实际与地域环境的独特性，对我国当前在建的运动休闲特色小镇进行经验总结，按照产品与目标受众的不同，着重对小城镇体育产业进行分类，具体如下：①以提供体育赛事服务为主的体育产业，因城市土地资源紧张且价格昂贵而在其周边空地建造相应场地，更利于城市和周边经济的发展，因此以赛事为抓手是小城镇培育和发展体育产业的有效策略。例如，广东省东升镇对棒球文化的培养及棒球赛事服务业的培育。②以提供休闲娱乐为主要产品的运动休闲产业，开发具有资源优势和特色的体育休闲服务产品，促进产业融合，这类产业能更好地适应和满足人们工作间隙短暂休憩的需求。例如，浙江省德清县莫干山小镇、河北崇礼小镇等以产业融合方式发展运动休闲产业。③以体育用品生产为主的体育产业，如体育器械、体育服装、体育辅助器材的生产制造等，这类小城镇通常以体育用品及相关产品制造业为主要依托。例如，福建晋江诸多小城镇以打造产业集群的方式发展体育用品及相关产品制造业。④以提供医疗康养为主的体育产业，此类体育产业的主要目标人群是中老年人，依托小城镇优质的生态环境提供康体服务产品。例如，江西省上饶市婺源县珍珠山乡、九江市庐山西海、赣州市大余县丫山等以康养为主题打造运动休闲特色小镇。⑤依托农业基础，发展现代休闲农业。我国是农业大国，小城镇与农村有着天然的联系，如何通过体育产业带动乡村振兴、融入现代农业产业链条共同发展是值得思考的问题。例如，湖北省荆州马山镇举办稻田迷宫大赛，将体育元素与现代农业有机融合，创造良好的社会效益与经济效益。

需要指出的是，上述分类以小城镇自身的特点与国内外小城镇体育产业发展实践经验为依据，以新形势下小城镇培育和发展体育产业实践为出发点，对体育产业类型进行划分，以便更加契合小城镇体育产业发展实际，与通用的体育产业划分并不矛盾。在实践中，处于不同地域的小城镇体育产业发展的经济社会环境、资源条件等有其地域性特征，发展条件、培育历程、经验策略等各具特色。作者在总结国内不同类型体育产业培育发展经验的基础上，重点选择有典型代表和示范价值的小城镇作为个案进行深入剖析，旨在反映体育产业不同行业的培育发展策略，以期为小城镇体育产业发展提供借鉴与参考。

一、整合要素资源，培育体育赛事服务业

广东省将发展壮大体育产业作为加快建设体育强省的重要内容。《2021 年广东省体育产业发展报告》中指出，2021 年广东省体育产业总规模（总产出）为 6258 亿元，增加值为 2081 亿元，占同期广东省地区生产总值的 1.67%，体育产业规模和增加值均位居全国前列。东升镇隶属广东省中山市，位于中山市西北部，镇域面积为 75.82 平方千米，下辖 8 个社区、6 个村。截至 2020 年 11 月，东升镇常住人口为 26.68 万人。

东升镇在棒球赛事培育方面具有较强的示范价值。2020 年以来，东升镇 20 所中小学全部开展棒球运动，建有 12 座简易球场、2 座具备承办国际青少年赛事

的棒球场。有 10 所小学被评为中国软式棒垒球实验基地。2006 年，东升镇高级中学诞生中山市第一支棒球队；2008 年，原中山市体育局与东升镇联合组建中山棒球队，该球队在省内和全国比赛中获得优异成绩，同时还向美国职业棒球大联盟中国棒球发展中心、中国国家少年棒球队、广东省棒球集训队、广州体育学院等培育输送人才；2011 年，东升镇成立中山市熊猫棒垒球俱乐部。经过十多年努力，东升镇棒球队伍已形成小学、初中、高中的发展梯队，全镇少年棒球队员已超过 500 人，有 5 位球员入选美国职业棒球大联盟中国棒球发展中心，有 14 位球员入选广东省棒球集训队，该小镇棒球运动发展步入快车道。东升镇计划通过 3～5 年时间，建设成为国内顶级、世界知名的棒球小镇。2020 年，东升镇（于 2021 年 7 月起撤并至新小榄镇）成为中国少年棒球队（U12）训练基地。可以看出，东升镇以棒球为代表的赛事服务业发展条件如下。

（1）浓厚的体育文化。熊猫棒球队于 1941 年在上海市正式注册成立，取名“熊猫队”以体现抗日爱国情怀。该队曾打败所有在沪外国球队，当时的教练员是旅日华侨梁扶初，他的祖籍为广东中山东升镇，被誉为“中国棒球之父”。梁友文是梁扶初之子，曾任“熊猫”“上海”棒球队的主力及教练员。早在 1948 年 5 月，上海《新民报》晚刊就报道过他荣获“中国最优秀棒球队员”称号的新闻。他在各地义务推广棒垒球运动，多次赴广东中山东升镇组建并义务执教“熊猫队”。正是因为梁扶初父子的家乡情怀与体育精神，孕育了当地棒球文化，带动了一代又一代人从事棒球运动，这种体育精神成为当地体育文化传承的原动力。

（2）粤港澳大湾区的地缘优势。2019 年 2 月 18 日，中共中央、国务院印发《粤港澳大湾区发展规划纲要》。粤港澳大湾区是由香港、澳门两个特别行政区和广东省的广州市、深圳市、珠海市、佛山市、中山市、东莞市、惠州市、江门市、肇庆市 9 市组成的城市群，是国家建设世界级城市群和参与全球竞争的重要空间载体。中山市处于粤港澳大湾区腹地，特殊的地缘优势使得中山的棒球运动拥有广阔的市场，其市场范围不仅包括中山市，还延伸至整个珠三角及粤港澳地区。东升镇立足于粤港澳大湾区，努力打造以棒球为基础的、独具特色的运动休闲特色产业，加之中山市有良好的棒球运动基础、浓厚的棒球文化氛围，为打造赛事服务业提供了天然的区位优势与资源条件。

（3）相关产业的协同与支撑。东升镇集棒球比赛、训练，旅游，文化，影视，传媒，培训，健身，教育，商贸于一体，还将建成棒球系列运动用品线上线下的集聚基地和采购中心。东升镇培育特色产业，挖掘棒球文化。该镇以“熊猫”为品牌核心，生产制造棒球及相关用品，如棒球的服装、帽子、器材等，建设中国棒球博物馆、名人堂、体验馆、影视基地，开发、生产及销售棒球相关主题文化产品。

（4）政府支持与球员培养体系的构建。东升镇的建设总投资达 50 亿元，首期规划建设面积为 300 亩（1 亩≈666.67 平方米），规划建设一座可容纳 15000 人的国际标准棒球主球场及国际棒球学院，还将建设全国各中小学棒垒球教练员、裁判员培训基地，与广东省职业队对接形成完整的人才培养体系。中国大学生体育协会计划将下属的全国中学生棒垒球分会（联盟）总部归入东升镇的中山国际棒球小镇，并挂靠在棒球国际学院，为中国乃至世界培养高水平棒球运动员。

可见，东升镇棒球及相关赛事服务业的市场培育具有较强的示范与引领作用。尤其是对具有一定文化底蕴和群众体育基础、拟培育赛事服务业的同类小城镇有较强的启示与借鉴价值。

河南省获嘉县史庄镇在经济发展水平方面，落后于广东省中山市东升镇，但其在培育赛事服务业方面走在中部区域小城镇体育产业发展的前列。对其发展经验的借鉴有助于为同类小城镇体育产业发展提供借鉴与参考。

获嘉县隶属于河南省新乡市，是中原经济区新（乡）、焦（作）、济（南）产业带上的节点城市，三大产业的比重相对均衡。获嘉县体育文化底蕴深厚，1979 年和 1983 年曾两次被国家体委表彰为全国体育先进单位。近年来，获嘉县努力建设体育名县，其体育基础设施相对完善，有体育活动场馆 532 个。史庄镇位于获嘉县城西南 3.5 千米处，是获嘉县最有代表性的体育乡镇，拥有亚洲最大的掷球训练竞赛场地。目前，获嘉县史庄镇正在全力建设体育运动休闲小镇。2012 年，获嘉县史庄镇规划建设了 1000 亩体育产业园，逐渐形成体育产品生产、研发、销售产业链，带动全县体育产业发展，努力把获嘉县史庄镇打造成豫北五市最大的体育产业园区。

获嘉县史庄镇体育产业发展模式是典型的政府主导与市场配置相结合的资源整合发展模式。政府负责出资修建基础体育设施、体育园区和筹办体育赛事，在逐步培育广大群众的体育意识和消费观念的过程中，有计划地引入社会团体、企业等市场主体，从而推动体育产业的健康可持续发展。获嘉县史庄镇发展体育产业具备的条件如下。

（1）独特的自然资源与文化根基。史庄镇体育产业的发展得益于独特的自然资源。史庄镇是著名的花木之乡，地理位置具有独特优势，它位于河南省北部，处于中原城市群紧密层1小时经济圈和新乡市30分钟经济圈，交通区位优势明显。当地居民的收入水平也是推动体育产业发展的重要因素。2017年，该镇居民人均可支配收入达到16769.8元，可支配收入的增加有利于居民提升生活质量、提高消费意识。此外，获嘉县获得了“体育工作先进县”、中国“乒乓球之乡”等荣誉称号。史庄镇作为获嘉县体育产业的代表，在体育基础设施、居民体育观念、体育消费能力和体育行为习惯等方面都有较为坚实的基础。

（2）管理部门高度重视，科学合理制定规划。获嘉县史庄镇政府积极制定休闲体育产业发展规划，建成集体育、休闲、养生、养老于一体的综合园区。此外，获嘉县政府历来重视体育工作，不断完善城乡体育健身运动场地和各种活动设施，基本完成15分钟健身圈建设，为群众体育活动的开展提供基础设施与组织引导。2022年12月26日至2023年2月10日，获嘉县积极组织广大群众开展2023年“体彩杯”迎新年全民健身系列活动①。史庄镇坚决执行获嘉县委县政府的体育产业决策，不断加大对体育产业的投入，普及群众体育，提高竞技体育水平，扩大体育产业规模，完善体育设施、体育事业，力争在各种比赛中取得优异成绩。

（3）体育组织较多，文化氛围浓厚。获嘉县史庄镇拥有乒协、篮协、羽协等10余个体育组织。这些体育组织在协调开展体育活动、举办体育赛事方面具有极强的组织引导作用，对当地体育活动的开展与体育氛围的营造具有不可替代的作用。史庄镇被称为“乒乓之乡”，有着浓厚的体育文化氛围，非物质文化遗产众多，旅游资源丰富。该镇合理定位产业发展方向，科学选择赛事项目，于2017年举办全国掷球（草地滚球）锦标赛暨获嘉第二届“花神杯”草地滚球嘉年华活动，于2018年举办Aero亚洲草地掷球锦标赛等，赛事规模与影响力逐年扩大；积极参加和举办乒乓球、篮球、太极拳、自行车、羽毛球等全民健身活动，每年组织或参加“丰收杯”篮球运动会、农民篮球邀请赛、“中新杯”青少年乒乓球等大型比赛。

（4）体育公共服务相对健全，体育产业渐成规模。获嘉县史庄镇围绕“运动、健康、快乐”的目标，加强体育公共设施建设。2016年，史庄镇建成有8块国际标准场地、占地50余亩的亚洲最大草地掷球训练中心，为举办赛事提供高质量物质载体；构建完善的全民健身公共服务体系，现已成立11个乡镇全民健身辅导站、全民健身活动点230余个，社会体育指导员协会、青少年体育俱乐部等体育社团15个，有社会体育指导员1000余名，实现县、乡、村3级体育健身网络全覆盖①。

① 佚名．获嘉县开展2023年“体彩杯”迎新年全民健身系列活动[EB/OL].（2023-02-08）[2023-03-08]. http://www.huojia.gov.cn/contents/1481/33833.html.

2022年，获嘉县教体局投资500余万元，建设老年健身园、9块五人制足球场和1块多功能运动场，为30个城区公共场所、农村文体广场、社区等配备健身设施，对县政府广场器材进行“提质升级”[①]。目前，获嘉县史庄镇体育产业渐成规模，体育健身培训与咨询、体育用品、体育服装、体育彩票、体育建筑等行业实现较快发展。

通过对国内外小城镇发展体育产业的发展条件与发展策略进行总结，可以看出小城镇培育和发展体育产业的主要经验如下。

（1）体育赛事的选择必须符合小城镇资源特色。小城镇体育赛事的选择必须考虑当地要素禀赋。选择的体育赛事应体现小城镇的资源特色，特色是体育赛事产品推广的基本条件。体育赛事资源主要包括自然资源、人力资源和社会资源，不同区域的小城镇体育赛事资源存在一定的区别。应充分挖掘小城镇特有的自然资源，如地理环境资源、气候条件资源等，注重民族民间体育赛事资源的开发；积极利用小城镇体育名人效应，积极宣传体育赛事，争取优势媒体的关注，逐步提高参赛队伍的水平，提高体育赛事服务质量，塑造具有特色的小城镇体育赛事文化品牌。

（2）挖掘当地体育文化，培育体育赛事。将体育赛事与小城镇传统文化有机融合是培育体育赛事氛围、提高赛事关注度的有效路径。小城镇居民的赛事观赏与参与意识较为淡薄，其对赛事项目本身的了解程度、参与程度及偏好等都在一定程度上影响他们对赛事本身的关注程度。例如，山西省定襄县城关镇具有浓郁的传统摔跤文化氛围，被称为“跤乡”，近年来当地体育部门努力打造以摔跤为核心的赛事。在20世纪末，摔跤比赛（当地人称为“挠羊”赛）是当地小城镇居民及农村人的盛事，居民的关注度非常高，很多居民可以徒步5千米前往赛场彻夜观战，场内座无虚席，场外人头攒动。体育文化底蕴是发展竞赛表演产业的重要条件，这就要求当地相关部门对赛事相关生产要素进行整合，将各类生产资源融入赛事产品中，如场地设施、名人效应、当地特色文化及节庆活动等。此外，应积极主动地寻求当地企业及镇域外企业对体育赛事的赞助。通过举办居民喜爱的体育赛事或参与门槛较低的体育赛事，培育体育人口，培养居民体育消费意识，挖掘体育消费潜力，并将体育赛事转换为体育资源的整合点，依托赛事培育相关体育产业链条，实现经济效益。

① 佚名．获嘉体育事业为美好生活增添新色彩[EB/OL]．(2022-11-29) [2023-03-08]．http://www.huojia.gov.cn/contents/1481/30886.html．

（3）政府支持是小城镇举办体育赛事的重要保障。在调研中可以看出，小城镇举办的体育赛事直接产生的经济效益大多有限。因此，在赛事规划初期，应积极与政府合作，争取当地政府的支持，在比赛设施的建设用地、资金投入、公共交通、媒体、安保等方面得到政府的支持和引导。应通过举办体育赛事实现政府需求与体育赛事经营目标的有机结合，使政府更加关注体育赛事给当地带来的社会效益，以及体育赛事对城市发展的促进作用，如促进就业、城市建设、城市文化、城市品牌等方面的发展，力求使体育赛事运营机构与政府部门的需求统一协调。例如，四川省大邑县政府部门高度重视兴建体育场馆设施，为当地承办体育赛事提供了物质基础，目前大邑县已建成“一场一池一馆两中心”，先后承办全国竞技空手道锦标赛、全国武术套路冠军赛、中国轮滑全国巡回赛等特色体育赛事，使场馆设施的硬件支撑与赛事举办的文化氛围相互促进。此外，当地政府每年积极开展各级各类群众基础好、参与度高、覆盖面广的群众体育赛事活动，为小城镇举办赛事提供重要的保障。

（4）体育赛事与相关产业融合发展。体育产业的培育需要一个长期的过程，小城镇体育赛事资源相对匮乏，市场范围较小。在体育赛事运营过程中，应重视体育赛事与相关产业的协调与融合发展，兼顾市场和政府的利益诉求。可将体育赛事与旅游业相融合，依托小城镇旅游业的发展，通过节庆活动与体育赛事的融合逐步延长体育赛事相关产业链，不仅可以为当地旅游业集聚人气，带来范围经济效应，还可以带动小城镇体育赛事及相关产业快速持续健康发展。例如，四川省大邑县安仁古镇深度挖掘古镇历史文化，实现体育与旅游休闲产业的融合共赢。安仁古镇被称为“中国博物馆小镇”，自然资源丰富，人文底蕴深厚，旅游景观独特。安仁古镇按照“文化+旅游+新型城镇化”的模式，着力实现“文博、文创、文旅”的融合发展，将博物馆产业与文创、艺术、会展、音乐、影视、教育等内容紧密结合，延伸产业生态链，打造中国新型城镇化典范和世界旅游目的地。安仁古镇通过举办诸多大型体育赛事集聚人气，实现体育与旅游休闲产业的高度融合发展。此外，通过举办体育赛事还可能开辟扶农的创新路径。例如，河北省涞源县积极探索体育扶农的新模式，依托体育赛事，启动当地体育市场，开创扶农的新路径。

易剑东指出，体育竞赛表演产业运营的六大要素包括：持续的品牌价值、稳定的收益渠道、强大的合作伙伴、成熟的法规体系、均衡的团队构建、完善的文化体系。这些条件对于小城镇而言难以齐备，但可以不断挖掘本土资源，整合资源优势，打造体育赛事品牌，逐步形成体育竞赛表演产业体系。体育产业发展必须以市场需求为导向，以体育赛事为核心依托点，带动相关产业协调发展。应按照“体育赛事+培训+文化”运营模式，建立市场化运营、政府宏观管理的模式，逐步将小城镇体育产业与相关产业有机整合，将体育运动与休闲旅游、文化体验、教育培训、健康管理、智慧生活等多元化新型产业融合，打造以体育赛事为主体、相关产业协调发展的特色小镇。近年来东部区域经济发达的小城镇体育竞赛表演产业逐步发展起来，很多县政府驻地镇通过将体育赛事嵌入当地旅游业、休闲农业及节庆活动等，拉动当地经济发展。

二、促进产业融合，培育特色休闲服务业

（一）德清县莫干山镇体育产业发展的主要条件

2018 年 3 月，在国家体育总局公布的首批运动休闲小镇培育名单中，浙江省德清县莫干山运动休闲小镇榜上有名。莫干山运动休闲小镇在小城镇体育产业发展方面走在了我国体育产业创新改革的前列，在培育小城镇体育服务业方面具有示范意义。

湖州市德清县辖镇位于长江三角洲杭嘉湖平原，是国家级风景名胜区（莫干山在其境内），区域面积为 185.77 平方千米，下辖 18 个行政村，户籍人口为 3.1 万人。德清县域经济、文化发展水平居于全国县级市前列，先后 11 次入选全国经济百强县（市）。2014 年，全县工业总产值超过 1000 亿元。从统计资料来看，2015 年，莫干山镇全镇实现国民经济生产总值 10.65 亿元；服务业增加值为 6 亿元；实现财政总收入 32254 万元；全年旅游业总收入为 6.01 亿元，占当地 GDP 的 56%，而民宿业接待游客 130.3 万人次，占当地游客总人次的 93.8%，实现直接营业收入 5.14 亿元，占当地旅游总收入的 85%[①]。德清县有体育企业 72 家，当地体育行业类型主要以健身休闲、场馆服务及体育用品销售和制造为主，其中泰普森、五洲体育、乐居户外、久胜车业等企业规模与影响力较大，已初步形成产业集群发展态势。

近年来，德清县以创建国家体育产业示范基地为抓手，积极承办大型体育赛事，强化公共体育服务，全力打造莫干山运动休闲核心区、长三角户外高端体育旅

① 佚名．莫干山为何要打造体育小镇？[EB/OL]．（2017-11-19）[2022-11-11]．https://www.sohu.com/a/205390211_681176.

游“圣地”，先后被评为浙江省体育强县、浙江省群众体育先进单位、浙江省运动休闲基地。2016 年度该地区体育产业增加值为 23.9 亿元，占 GDP 比重的 5.2%[①]。2018 年，国家体育产业基地评选结果公示，浙江泰普森实业集团有限公司（以下简称科泰普森）被评为国家体育产业示范单位。泰普森已是全国颇具规模的户外运动用品生产企业，2018 年企业的销售收入近 50 亿元，地方实缴税金超过 3 亿元[②]，为体育企业转型起到示范引领作用。《德清县体育发展“十四五”规划》中指出，未来将优先发展运动休闲产业，推进体育与旅游、新农村建设融合发展，大力推进运动休闲乡镇、基地建设[③]。此外，德清县充分利用资源优势，积极培育精品体育赛事拉动人气、提升名气，精心“烹制”体育“大餐”，全县有 TNF100、侠客国度、凯乐石跑山赛 3 项赛事入选浙江省重点培育体育赛事品牌名录库，在助力乡村共同富裕道路上起到体育先行的示范作用。总体而言，德清县莫干山镇体育产业发展的主要条件如下。

（1）优越的自然资源和区位优势。莫干山镇地处长江三角洲杭嘉湖平原西部，是国家 4A 级旅游风景区、国家级风景名胜区、国家森林公园。该景区面积达 43 平方千米，享有“江南第一山”之美誉，区位优势明显，四周交通便利。莫干山地处上海、宁波和杭州三角地带中心，距离杭州市中心 45 千米，距离湖州市 55 千米，距离上海市 190 千米，距离南京 250 千米，有省道、国道及动车高铁穿过，拥有中国人口最稠密地区——长三角地区的客源市场。此外，德清县经济、文化发展水平居于全国县级市前列，其小城镇的经济社会发展水平较高，居民收入水平较高，有较强的体育消费能力。在乡村旅游的推动下，德清县莫干山镇获得良好的发展机遇，莫干山民宿经济发展迅速，成为国内民宿产业的代表镇域。

（2）杭州亚运会助推体育产业发展，体育氛围浓厚。德清县规划建设国际化山水田园城市，作为浙江省工业与文化强县，其经济发展水平与群众文化水平为当地体育产业发展提供支撑，同时各级政府部门非常重视公共体育文化服务工作。德清县自 2010 年创建浙江省体育强县以来，结合区域优势资源，不断加大政策扶持和资金投入力度，加强公共体育设施建设，完善公共体育服务体系，广泛开展

① 王钰涵．省政协领导来我县调研体育产业发展[EB/OL]．（2017-10-23）[2023-02-15]．http://www.deqing.gov.cn/art/2017/10/23/art_1229212604_55816284.html.

② 佚名．泰普森获评国家体育产业示范单位[EB/OL]．（2019-04-15）[2023-02-15]．http://www.deqing.gov.cn/art/2019/4/15/art_1229212604_55197132.html.

③ 德清县文化和广电旅游体育局．德清县体育发展“十四五”规划[EB/OL]．（2021-08-13）[2023-02-15]．http://www.deqing.gov.cn/hzgov/front/s203/zfxxgk/ghjh/sswgh/20220114/i3110426.html#_Toc30317.

群众性体育活动，积极储备体育后备人才，实现全民健身和竞技体育协调发展。当地雄厚的经济文化基础和良好的体育氛围，为体育产业的新发展打下坚实基础。加之浙江省政府提出体育强省计划，杭州市获得2022年第十九届亚运会主办权，正着力全面打造“环杭体育运动圈”，德清县提出体育强县计划，德清县域及所辖小城镇体育产业借势进入快速发展期。

（3）政策强力引领，科学定位发展方向。作为一种新兴的绿色产业，体育产业是服务业和制造业的重要组成部分，其中包括了体育竞赛表演、休闲健身、体育用品制造、运动培训、场馆服务等多个类型。德清县政府积极响应国务院与上级政府的指导意见，先后出台一系列规划文件①，提出融入杭州都市经济圈、建设生态文明县、加快城乡一体化、打造新型工业强县等重点发展战略。德清县依托丰富的运动休闲自然资源，以及多类型的体育用品制造相关企业，利用区位优势和资源优势，搭上亚运体育经济发展快车，通过顶层设计优化产业布局，适时提出体育小镇规划，将体育产业开发和城镇建设相结合，通过打造体育小镇构建体育产业体系。

在政府决策层，德清县政府对莫干山旅游业的发展给予科学正确的定位。特别是在国家大力倡导供给侧改革的大背景下，发展莫干山旅游经济首先要与第三产业融合发展。体育产业兼容性好，与旅游业有天然的融合互通性，并且体育项目能够提高旅游目的地的吸引力、延长消费者停留时间、提升消费体验，是增加消费黏性的有效手段，也是扩大本地区就业、稳定经济发展的重要部分。旅游业成为莫干山的支柱产业之一，其中最为突出的是民宿旅游，但民宿旅游具有较强的季节性，淡季时入住率太低，旺季时游客又爆满，这使得莫干山经济周期波动加剧，不利于本地区经济的长期稳定发展。基于此，当地政府将体育产业作为吸引大众来此旅游的重要手段，对莫干山体育旅游进行明确定位。莫干山镇依托优越的自然资源，打造户外运动产品，与民宿产业完美融合，实现“民宿+体育+旅游”模式，打造长三角区域户外休闲运动知名品牌，着重开发国际自行车越野赛，

---

① 国务院和上级政府的相关指导意见及规划主要有：《国务院关于加快发展体育产业促进体育消费的若干意见》《文化部、财政部关于推动特色文化产业发展的指导意见》《国务院办公厅关于加快发展生活性服务业促进消费结构升级的指导意见》《国务院办公厅关于进一步促进旅游投资和消费的若干意见》《国务院关于加快发展旅游业的意见》《浙江省政府关于加快发展体育产业促进体育消费的实施意见》《浙江省体育产业发展规划（2011—2015年）》《湖州市全民健身实施计划（2012—2015年）》等；德清县出台的一系列规划文件有：《德清县国民经济和社会发展第十二个五年规划》《德清县文化产业发展规划纲要（2010—2020年）》《德清县全民健身实施计划（2013—2015年）》《德清县融入杭州都市经济圈发展规划》《德清县国民经济和社会发展第十三个五年规划》等。

以赛事带动体育休闲项目发展，如小轮车比赛、高山自行车速降、丛林探险等。莫干山镇积极吸收国外体育产业运营理念，打造本土品牌，如胡润山浩、Discovery探索极限基地等项目。

（二）河北省崇礼区发展特色运动休闲服务产业的借鉴意义

发展特色运动休闲服务产业具有借鉴意义的还有河北省崇礼区。河北省崇礼区的滑雪旅游业起步于20世纪末。2001年，当时的崇礼县被河北省政府列为省级重点开发项目；2004年，张家口市政府提出建设“崇礼国家级滑雪基地”的口号，并将其定为全市3个特大项目之一；2006年，设立“崇礼国际滑雪节”，并从国内和国外引进配套资源，修建塞北滑雪场、翠云山度假村、万龙滑雪场、长城岭滑雪场和中意塞北滑雪度假区等。如今“崇礼滑雪”已成为河北全省乃至全国的知名品牌。分析其成功的原因主要包括以下几点。

（1）优质的自然资源和区位优势。崇礼区具有得天独厚的区域资源，在气候、区位、环境等方面的优势是崇礼滑雪产业快速发展的重要条件。崇礼区历年平均气温为3.7℃，冬季雪期较长，夏季凉爽宜人，是冬夏休闲旅游的极佳场所。独特的、有一定垄断性的自然资源和气候条件，为当地冰雪产业的发展提供不可多得的资源条件。崇礼区交通便利，地处中国经济发展圈中北部，南接首都北京市，相距仅249千米，有京张高速、张承高速相通，驾车不到3小时便可到达北京市，东临承德市，西接张家口市。

（2）政府部门高度重视，基础配套设施完善。近年来，国务院对小城镇建设工作十分重视，把积极引导和加强小城镇建设作为进一步推动农村经济全面发展的重要工作。河北省紧密围绕党中央要求，大力发展绿色环保经济。崇礼区在发展滑雪产业的同时延伸产业链，发展餐饮、娱乐、住宿等休闲旅游配套业，并先后投资30亿元打造密苑生态旅游度假区，提高饭店的星级标准，在塑造优美自然景观的同时，努力打造别具风格的人文景观，不仅从硬件上提升档次，还从软件上提高旅游从业者的自身素质。借助冬奥会举办契机，崇礼区基础设施不断完善。截至2022年，全区建成四星级以上酒店20多家，其中五星级酒店有9家，旅游接待能力大幅提升。2022—2023年雪季，崇礼区共接待游客222.68万人次，旅游综合收入26.22亿元人民币，实现北京冬奥会后首个雪季“开门红”。2023年春节假期，崇礼区各雪场共接待游客38.3万人次。由此可见，有力的政府引导是实现体育产业快速发展的重要保障。

（三）培育小城镇特色体育产业的经验

莫干山运动休闲特色小镇及崇礼滑雪体育产业的发展对培育小城镇特色体育产业具有极强的示范引领作用。对于同类小城镇而言，应审视自身在资源条件、区位优势、产品特色等方面是否具备相应的培育条件。可供借鉴的经验主要有以下几点。

（1）依托资源，打造特色产品。良好的生态环境是小城镇开展运动休闲产业的前提。小城镇的自然资源具有独特的优势，具有不可移动性与垄断性。通常而言，小城镇开发运动休闲产品要充分挖掘资源，实现产品或服务在空间地域、参与体验上的独特性，一般依托独特的自然风貌、景区、名胜古迹来发展，与旅游业紧密联系，形成以旅游、休闲娱乐为核心的多个体验型或参与型体育项目，同时要考虑不同阶层和年龄阶段人群的需求特点，打造特色产品，形成旅游休闲吸引物，给消费者独特的参与体验，增加消费黏性。例如，浙江省金湖县依托当地得天独厚的生态禀赋和环境优势，举办国际半程马拉松赛、全国小学生手球赛、环太湖国际公路自行车赛、瑜伽大赛等一系列重大赛事，借助当地特色节庆活动——第 19 届中国金湖荷花节的举办，开展瑜伽活动，吸引千名瑜伽爱好者来参加，当天游客突破 2 万人[①]，带动了当地小城镇体育产业发展。这与当地政府的发展规划分不开，同时该县充分挖掘文化内涵，通过举办体育赛事打造当地体育文化旅游新名片，为其他小城镇培育和开发体育赛事提供宝贵的经验借鉴。

此外，小城镇应审视自身资源条件，开发多样化的具有参与性与体验性的休闲体育运动项目作为体育产业的核心产品，如冰雪项目、水上项目、山地丛林运动项目，以及特种运动滑翔伞、滑草等项目。在项目的设定上，应与较为完整的谱系项目结合，不能简单地将几个关联度不大的项目放在一起，应通过独特的产品设计，吸引周边城市及外来消费者，重视产品特色，增加消费黏性。

（2）科学选址，打造丰富的体育场景。打造一个好的体育场景，地址选择很重要。丰富的体育场景会激发体育人群的锻炼热情和付费意愿，便利的场地设施和交通能够吸引更多体育人群参与，为体育消费打下用户基础。因此，体育产业的培育首先要考虑参与人群即受众的数量和消费能力及频率，其次要考虑参与人群的闲暇时间分布和交通情况。通常而言，城市圈周边的大型旅游目的地是较好

① 佚名. 杉青水秀 为荷而来 荷美在金湖——第 19 届中国 • 金湖荷花节[EB/OL].（2019-07-06）[2022-12-11]. http://js.people.com.cn/GB/360446/362758/392742/index.html.

的选择，这样可以保证有充足的客流量，同时便利交通可有效避免参与人群在节假日过度拥挤的情况。

（3）研判消费特征，激发市场需求。市场主体的数量和活跃程度是衡量小城镇体育产业能否持续发展的核心指标。体育产业的发展需要大量的人口聚集，并形成较大的消费群体与市场需求。小城镇由于自身人口规模的限制，难以产生规模经济，更不容易形成产业内生的分工效应和创业效应。对于体育产业而言，必须立足于服务规模更大的外部消费群体，也就是拉动区域外消费需求。因此，小城镇在选择优先发展的行业类型时，应充分考虑消费群体的主要来源、消费特征、消费需求等，由此设计产品与服务，进行科学的发展定位与规划设计。产品设计应符合主要消费群体的消费需求。城市居民在工作之余寻找闲适的生活环境、娱乐消遣、健身娱乐活动的倾向越来越强烈，这些消费者有较强的体育消费意识与消费能力，更加注重产品质量与体验的独特性，因此在规划中应依据小城镇自然资源、人力资源等要素，科学设计产品，满足消费群体的需求。处于大城市辐射半径内的小城镇可以充分考虑大城市居民对休闲健身或休闲旅游、亲子活动等产品或服务的需求，依托当地自然资源、区位优势等条件，开发相应的体育产品。

（4）通过产业融合，促进体育产业和旅游业交融发展。据文化和旅游部统计，发达国家体育旅游业细分市场在旅游市场中的占比达到25%，而我国的体育旅游业细分市场仅占旅游市场的5%。根据世界体育旅游组织公布的信息，全球体育旅游市场规模每年以15%的速度增长，这说明体育旅游业未来极具潜力①。体育旅游业是体育与旅游的结合体，是一种更加重视深度参与和全新体验的消费模式。莫干山镇利用自身优势进行多产业的市场拉动，借势民宿产业的竞争力开展体育旅游业。对于体育产品的开发，莫干山镇主要是吸纳高端体育企业，积极开发体育项目，如骑行、攀岩、马拉松等，将民宿文化、体育、旅游三元素有机结合，使其成为人们爱来爱玩的理想休憩之所。综上所述，小城镇培育发展休闲体育服务业应以规划为引领，以体育休闲旅游综合体为载体，以新业态项目为核心，以特色产品为吸引物，以基础设施为保障，实现产业共融，助推消费升级。

① 前瞻产业研究院．体育旅游行业发展前景分析 市场发展空间巨大[EB/OL]．（2018-07-19）[2023-02-15]．https://bg.qianzhan.com/report/detail/459/180719-d7fcdb87.html．

三、依托生态资源，培育体育康养服务业

《国务院关于促进健康服务业发展的若干意见》中明确提出，今后一个时期将大力发展健康服务业，其中包括加快发展健康养老服务，支持发展全民体育健身、健康文化和旅游等多样化健康服务，培育健康服务业相关支撑产业等[①]。康体类体育产业的理念就是打造一种全新的健康生活方式，吸引更多的养生人群、中老年人群、亚健康人群参与，针对不同需求制定相应的养生规划、实施康复训练手段，最终形成一个以健康养生为主题、以良好自然资源为主要依托的吃、住、行完美融合的体育产业综合体。在《国务院关于促进健康服务业发展的若干意见》的政策指导下，全国各地纷纷对健康服务业进行探索，如黄山市徽州区推出“休闲养生在徽州”，浙江省武义县提出构建“东方养生胜地”，广西壮族自治区巴马是打造“国际养生度假基地”，贵州省印江县打造养生健康城及旅游休闲地等。产业发展实践表明，小城镇在培育发展健康服务业方面具有比大城市更优质的自然资源与生态环境优势，这也成为小城镇体育康养服务业培育发展的切入点。培育体育康养服务业的主要经验如下。

（一）深挖生态优势，紧抓养生主题

体育康养服务业是以温泉、森林负氧离子等独特的康养自然资源为依托，以瑜伽、养生、太极拳等传统康养人文资源为基础的产业形态。与休闲类体育产业相比，体育康养服务业具有运动量更低，运动频率更低，更加强调运动的低风险性，更加注重养生、养颜、养体（身体塑型）等特征。小城镇应充分利用当地资源特点，整合区域优质资源，开展特色养生、绿色旅游等业态，开发以体育医疗康复为核心产品的康养服务产业，以良好的环境资源为主要依托，结合旅游、休闲、度假等形成小城镇独特的体育产业，实现健康养生目标。江西省的体育康养服务业发展走在了全国前列，依托优美的山水资源、森林自然资源、地热资源、医药资源等，先后建设了上饶市婺源县珍珠山乡运动休闲特色小镇、九江市庐山西海射击温泉康养运动休闲小镇、赣州市大余县丫山运动休闲特色小镇 3 个体育特色小镇，紧抓健康养生主题，推动体育康养服务业快速发展。

---

① 国务院．国务院关于促进健康服务业发展的若干意见[EB/OL]．（2013-10-17）[2022-12-11]．http://www.gov.cn/zhengce/content/2013-10/18/content_6067.htm．

（二）凸显康养特征，分类打造产品特色

简而言之，体育康养服务业是以体育产业为依托，结合医疗服务等各相关产业组成的业态综合体，依据不同的分类标准又可分为不同的类型，如基于消费群体年龄特征分类、基于人类需求目的分类、基于地理资源特色分类等。小城镇应该根据自身的资源禀赋选择合适的分类标准，确定有针对性、有特色的体育康养服务业发展目标，依托资源优势，形成健康养生特色。安徽省六安市天堂寨建设的大象传统运动养生小镇就结合自身的资源禀赋确定了有特色的体育康养服务业。天堂寨位于鄂豫皖三省交界处和华东、华中、华北三大植物区系交汇点，森林覆盖面积超过 90%。在此基础上，天堂寨把丰富的传统体育文化资源与自然资源完美融合，将运动、医药、饮食、农耕、观光、红色文化融为一体，打造以健康赛事、健康管理、康复理疗、健康食品为特色的运动养生小镇。

（三）根据人口发展特征，满足群类康养需求

在经济、政治等要素发展的基础上，人口处于不断变化中。体育康养服务业的发展离不开对人口发展特征的分析和研判，根据体育康养消费群体的年龄特征，可将其分为孕妇婴幼康体养生、青少年康体养生、中老年康体等。21 世纪以来，我国社会老龄化的趋势愈加明显，一些老年病如高血压、高血脂、糖尿病等的发病率逐渐提高，老年人对健康的需求越来越强。结合老年人口的特征，内江市永安镇尚腾新村运动休闲特色小镇秉承“体育+旅游”发展思路，结合“体验旅游”观念，打造集多种户外运动为一体的游客乐园。

（四）适应产业融合趋势，促进康养内外联动

产业融合是不同产业或同一产业不同行业相互渗透、相互交叉，逐步形成新产业的动态发展过程。当前，产业融合不仅是一种发展趋势，还是产业发展的现实选择。体育康养服务业的核心是健康和养生，但其产业链的延伸涉及诸多关联产业，如康体养生农业、康体养生制造业、体育康体恢复服务业等，对农业、工业、旅游业等基础产业业态具有天然的亲和性和共生共融关系。体育康养服务业的发展离不开其他业态的发展，并必将和这些业态亲密共融。例如，张家口市阳原县井儿沟依托山川、森林、动物、温泉等自然资源，打造温泉水上乐园，建设了旱雪体育馆、健身场所、养老中心、体育健身广场、休闲广场、游园、农家院等，并开通黄花梁旅游天台仙路，打造松树林、桦树岭等原始自然景观，开发滑

旱雪、滑草、滑沙、山地自行车赛、射击、轮滑、登山、攀岩等体育休闲项目，把旅游、休闲、酒店、野营、探险、新农业、手工等业态完美地融为一体，发挥与健康养生相关的内外业态的整群优势，促进以体育康养服务业为核心的多类业态的可持续发展。

四、打造产业集群，发展体育用品及相关产品制造业

（一）小城镇体育用品及相关产品制造业的发展条件

福建省晋江市体育用品及相关产品制造业规模大、经济效益高，其体育产业已成长为一个庞大的新兴产业，成为当地重要的经济增长点。据报道，2019 年，晋江市体育制造业规上产值首次突破 2000 亿元，达到 2152.75 亿元。近年来，晋江市立足于强大的体育用品制造业，并在体育竞赛表演方面发力，使体育服务业与制造业相互融合，截至 2022 年年底，晋江体育产业产值已超 2500 亿元。同时，体育消费已经在晋江市民生活中占有越来越重要的地位。泉州市泉港区涂岭镇体育产业发展路径主要以体育用品制造为主体，并延伸至其他相关产业。晋江市紫帽镇依托当地资源优势，通过打造体育特色小镇，集合体育、旅游、文化与健康等多种产业，带动地方经济发展。纵观它们的发展历程，可以发现小城镇体育用品及相关产品制造业的发展条件如下。

（1）雄厚的基础产业支撑。晋江市早在 20 世纪 80 年代就以模仿加工闻名全国。经过 40 多年的发展，体育产业已经成为晋江市的支柱产业。晋江市的体育产业资源非常丰富，2007 年晋江市被授予国家体育产业基地称号。国家体育总局在 2009 年将第三个训练基地选在晋江市。此外，晋江市也被外界称为“中国鞋都”“中国品牌之都”，国内知名品牌如安踏、德尔惠、贵人鸟等均来自晋江市。截至 2023 年 4 月，晋江市拥有 3000 多家制鞋企业，有相关从业人员 50 多万人，年产运动休闲鞋 18 亿双，占全球运动休闲鞋年产量的 20%，为打造特色体育产业聚集区提供了产业支撑。晋江市下辖的涂岭镇体育产品制造业发展尤为突出，以体育用品及相关产品制造和销售为核心，聚集各大品牌企业，形成规模效应。

（2）科学的产业规划引领。在产业规划方面，晋江市紫帽镇在紫帽山建设国家级登山健身步道，把体育元素融入新城发展建设规划，发展涵盖特色体育相关领域的产业。紫帽镇各村全面建设大众健身设施，为体育产业发展提供了良好土壤。此外，在政府的鼓励与政策支持下，当地体育社团组织及其草根联赛营造了

浓厚的体育文化氛围，为体育消费创造有利环境。

（3）相关产业支撑。除体育用品及相关产品制造业外，晋江市依托体育用品生产基地的良好声誉，对体育旅游业进行大力开发。晋江市的平安桥、草庵、陈埭丁氏宗祠、施琅宅祠、磁灶窑址等都被贴上体育旅游的标签。此外，深沪湾国家地质公园也被开发为户外运动的重要基地。晋江市以体育产业为平台大力发展旅游、餐饮、酒店服务等相关第三产业。在体育产业的带动下，晋江市经济多点开花，下辖各区、城镇大打体育牌，全力发展体育产业，打造中国体育产业基地。

（4）依托资源，开发体育赛事产品。紫帽镇先后开展了街镇行“骑行晋江之巅”活动、紫星乡村生态健康跑等一系列颇具特色的体育活动，打造浙江省首条10千米乡村休闲跑道，依托紫帽山等资源，以探索运动、户外休闲、骑行文化等为特色，举办登山、骑行、高尔夫等体育活动，带动小城镇生产、生活、生态融合发展，为该镇体育产业可持续发展蓄力。紫帽镇积极打造体育旅游特色产品，促进两者的融合与共赢，形成“体育+旅游”的共赢发展模式，通过开发特色体验式体育旅游产品，不仅带动当地居民的体育消费，还吸引外地游客前来消费。例如，在紫帽镇举办的“骑行晋江之巅”赛事中，主办方将赛道设置在风景秀美的紫帽山上，扩大了比赛的观赏性，增加了赛道的趣味性，使紫帽山赛道成为吸引游客前来体验的“最美赛道”，增加了紫帽山的知名度与美誉度，刺激了当地旅游业的发展。

（二）实现小城镇体育产业的可持续发展

作者认为，体育产业发展需要发挥生产要素综合效应，不同行业所需条件、发展方式有所不同。有一定制造业基础的小城镇，可以依据自身优势选择体育用品及相关产品制造业为优势行业先行培育，通过打造产业集群，增强产业发展优势，实现可持续发展。具体包括以下几个方面。

（1）创造条件，打造产业集群。小城镇体育产业形成一定规模后，地方政府应在注重自身主导产业的同时，通过政策干预促进地方产业集群尽快尽早形成。一旦地方产业形成集群效应，其工业生产的各类成本就会有所下降，同时生产率会得到明显提升。政府要及时发现正在成长中的产业集群，引导市场配置生产要素资源，并尽可能提供产业集群发展所需要的各类条件。例如，体育产业发展较好的地方可发展体育服装制造业、体育器械制造业，以及各类旅游服务业等，并做好各类企业外部环境的优化配置。

（2）注重基础设施建设和基础产业支撑。基础设施是企业和产业发展必不可少的条件，大都是公共品，如交通、水利、电力等服务设施，特别是在小城镇，基础设施的发展可更好地为企业发展服务，有利于企业长远发展。同时，随着新型城镇化进程的推进，小城镇产业结构升级为第三产业发展创造有力的外部环境。政府部门应制定有关政策和法规，依托基础产业支撑，引导社会资本投入开发各具特色的自然资源和旅游资源，并选择适宜的体育产业类型进行培育。

（3）整合内原动力与外部力量。市场资源配置效应表明，任何一个产业一旦有了收益率提高的期望，就会吸引资本和各类要素的进入，并带动本产业及相关产业的发展。当前中国城镇化已进入高速增长期，各级各类政策措施将促进社会资本进入小城镇产业发展领域。这就需要政府尊重经济规律，进行政策引导。只有这样，才有可能吸引资本进入小城镇，盘活生产要素，实现小城镇产业发展。小城镇培育体育用品及相关产品制造业时，应积极嵌入和承接城市体育产业链条，借助土地资源丰富、生产成本较低的优势，承接城市转移产业，但在承接过程中，应注意保护生态环境，同时考虑产业的未来发展空间与市场前景，将自身资源与外部力量有机结合，开发具有市场潜力的体育产业。

（4）注重科技创新引领。应注重高科技公司的引入和自身科技人才的培育。作者在调研中发现，小城镇缺乏高科技人才。在培育体育用品及相关产品制造业的过程中，引入高科技企业可以很好地提高乡镇劳动者的科学文化素质，为小城镇未来的经济发展提供动力。同时，应加强小城镇与外界的交流与合作，加强经济与科技的结合，加速高科技成果的转化，逐步完善科技服务体系，借助高科技提升体育产品的附加值与溢出效应。

（5）打造完整产业链条。以发展体育用品及相关产品制造业为主的小城镇，其依托点必须是体育产品制造，应以相应的企业为核心，配有相关的配套企业，以便纵向进行产品研发、设计，横向与科技互联网、物联网、文化需求等产业进行融合，打通上下游的产业链，形成第二、第三产业的大融合，最终形成一个能生产易销售的产品集散地。在发展体育产业前，一定要做好产业和市场定位调查，有完整产业链，能够较容易地积聚人、财、物及资本等生产要素，若具有龙头体育品牌企业的先天优势，则更有优势。除具有以上资源优势外，小城镇还应与其他产业如体育旅游、体育休闲、体育娱乐等进行对接，以期与体验化、消费化、休闲化等多元化产业进行散点对接，链接教育、文化、健康等业态，提高体育产业增加值。

五、依托农业基础，打造现代休闲农业

党的十九大报告中提出实施乡村振兴战略。《农业部 国家体育总局关于进一步加强农民体育工作的指导意见》中指出，发展农民体育事业是实施乡村振兴战略的重要组成部分，意义重大。同时，在落实《全民健身条例》《“健康中国2030”规划纲要》等的进程中，农村体育基本公共服务得到重视，全民健身持续向农民覆盖和倾斜。应从健全组织、建设场地设施、丰富健身活动、组织开展赛事活动等方面推动体育产业在农村的萌芽和发展。根据百度百科的定义，所谓休闲农业（Agritourism）是指利用农业景观资源和农业生产条件，发展观光、休闲、旅游的一种新型农业生产经营形态。在乡村振兴战略的推进中，发展体育产业可以依托当地农业发展基础，嵌入现代农业的产业链条，开发特色休闲农业产品。在体育产业发展过程中，应注重以下几个方面。

（1）将体育元素嵌入现代休闲农业产业链条。理论与实践表明，我国应以建设现代农业为主动力推动城镇化建设。作为生活性消费产业，体育产业应充分发掘与现代农业的融合要素，根据当地实际情况将体育元素嵌入现代休闲农业产业链条。随着我国进入老龄化社会，建设休闲社会尤显重要。应通过将体育产品嵌入现代农业产业链条，把小城镇或农村打造成生态保护区和环境优美区，使其成为一个休闲社区。无论是南怀瑾先生“三千年读史，不外功名利禄，九万里悟道，终归诗酒田园”的文化梦想，还是陶渊明笔下的世外桃源，都表现出中国人追求田园生活的梦想。因此，在小城镇及乡村旅游产品的开发中，应注重营造闲适的田园生活，满足人们回归自然、追求休闲的消费需求。这也是小城镇自身具备的优势。例如，河南省驻马店市确山县老乐山北泉近年来利用当地旅游生态资源，实现体育与现代农业的融合发展，打造运动休闲特色小镇。当地以老乐山—北泉寺为核心开发区域，将当地自然资源与休闲运动项目巧妙融合，开发健身步道、山地骑行、低空航行等休闲运动项目，并配建活动区、生活区、露营区等，实现体育、农业、旅游等产业的高度融合。当地重视运动休闲基础设施和公共服务设施的配套建设与支持，建设“文化生态产业园”特色小镇，取得较好的社会效益和经济效益，真正发挥体育+特色旅游+文化产业的精准扶农带动作用，推进经济社会健康、可持续发展。湖北省荆州马山镇举办稻田迷宫大赛，是体育元素与现代农业的融合典范。该镇依托当地农业优势，结合“稻乡”风情与文化，以秋收

后的稻草秸秆为基建原料，实现绿色环保应用，通过设计稻田迷宫竞赛形式，开发休闲旅游产品，使游客在观光的同时通过思考与探索体验比赛的乐趣，在乡村旅游中打造独具特色的产品，受到消费者的一致好评。

（2）将体育产品与当地乡村文化相链接。乡村是中国文化的根脉，中国的农业文化很多根基在农村。小城镇连接城市与乡村，因此在培育体育产业的过程中应重视挖掘小城镇与乡村的文化，尤其是有特色的文化，做足“土”文化，通过设计开发具有当地文化特色的体育旅游产品，拉动体育及相关产业的发展。当前很多马拉松赛事的路线设计就是依托乡村独有的自然资源或文化特色，从而打造高品质的体育赛事产品与服务。例如，湖北省五峰土家族自治县渔洋关镇于2017年举办古茶道（五峰）马拉松赛，充分利用五峰独特的喀斯特地貌、丰富的森林覆盖面、浓厚的文化底蕴，使得赛事路线有特色且富有野趣，与当地最具特色的五峰土家茶乡女儿会合作，通过马拉松赛事一方面宣传推广当地的旅游特色产品，另一方面推动古茶道的申遗工作，实现体育、旅游与当地特色文化活动的高度融合。

（3）将体育嵌入乡村全域旅游产业链条。全域旅游是当前我国旅游业发展的新阶段。随着中国休闲社会的逐步形成，中产阶级旺盛的消费需求市场被引燃，对旅游产品品质的要求日益提高。如何开发具有特色的旅游产品，吸引更多的游客、延长消费时间、增强消费黏性成为设计旅游产品的关键问题。对于小城镇而言，可以依托内外条件开发满足旅游消费需求的产品，一方面从外在的区位与市场条件出发，依托地处城市周边、交通便捷的区位优势，满足城市居民周末休闲度假的需求，开发休闲农业产品；另一方面从内在的资源禀赋与自身优势出发，通过嵌入特色体育活动或项目提升景区旅游产品的消费黏性，或开发具有当地特色的体育产品，或依托生态环境通过创意性的开发，打造多元化休闲游憩空间。例如，浙江省莫干山镇依托当地旅游业的发展，将农业生产时间与旅游产品巧妙对接，在农地之间开辟自行车道，同时通过设计高端、独特的户外运动产品，吸引大量长三角周边的消费者前来消费，助推民宿产业繁荣发展，成功实现体育、现代农业与旅游业的有机融合。

可见，在有一定旅游资源、现代农业发展较好、基础设施配套较为全面的小城镇，可以发展休闲农业产业，将当地的农业基础、生态环境、人文氛围、自然资源及民俗文化等资源与体育项目进行有机结合，打造具有民俗风情的体育特色旅游产品，突出乡村游乐与民俗风情，逐步形成融自然风光、乡村农业、体育基地为一体的乡村全域旅游目的地。应将体育项目很好地融入现代农业，全方位打造特色文化运动休闲旅游综合体，建设特色文化高地和体育生态旅游胜地，将农业资源与体育产业进行有机对接与嵌套，促进当地体育产业的萌芽、发展。

第六章

小城镇体育产业发展的指导方针与策略

本章解析我国小城镇体育产业发展障碍与困境，研判小城镇体育产业发展动力，通过对国内外成功案例的分析，为制定我国小城镇体育产业发展方略提供重要借鉴与启示；在此基础上，提出小城镇体育产业发展应遵循的指导方针，并对小城镇体育产业发展方略进行深入分析。

第一节　小城镇体育产业发展的指导方针

我国幅员辽阔，不同小城镇的经济社会发展水平、产业结构、产业发展条件与环境存在较大差异，且处于动态变化中。探讨小城镇体育产业发展的指导方针，难以找到一个统一的标准或通行的模式。作者提出小城镇体育产业发展的总体指导思想，以期为不同区域小城镇体育产业的发展提供一定的思路借鉴。

一、坚持复杂问题、有限求解

城镇化是我国社会复杂巨系统的一个演化进程，涉及人口、资源、环境、交通、住房等方面，且诸多因素相互关联、错综复杂、交互作用。党的十八大报告中明确提出，全面落实经济建设、政治建设、文化建设、社会建设、生态文明建设“五位一体”的总体布局，这是从整体出发提出明确导向，抓住城镇化发展的关键问题与方面。“五位一体”方略的提出意味着城镇化的发展不能只聚焦于某一问题，也不能将问题无限复杂化，而应走“中国特色的新型城镇化可持续发展之路”。

面对城镇化发展的复杂性，要追求“复杂问题的有限求解”，即以现实问题为导向，将错综复杂的问题化解为有限关键问题，寻找在相关系统的有限层次中求解的途径。对复杂问题进行要点提炼，寻找突破的关键点，就是抓住纲领性的问题，谨慎切实地解决实际问题[①]。整个社会系统由政治、经济、文化、社会、生态

① 徐匡迪．中国特色新型城镇化发展战略研究（综合卷）[M]．北京：中国建筑工业出版社，2013．

五大系统组成，这五大系统在不同的空间层面如全球层面、区域层面、城市层面、社区层面、建筑层面会产生不同程度的影响，而在时间层面会显示近期、中期、远期面临不同的问题。这五大系统之间相互渗透、交错复杂，在时间与空间上不是线性排列的，而是相互嵌套的（图 6-1）。

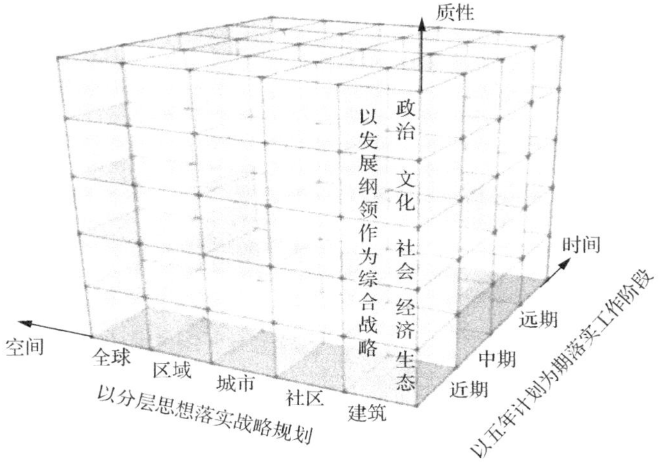

图 6-1　五大系统在不同空间层次、时间层次的交错关系

（资料来源：徐匡迪．中国特色新型城镇化发展战略（综合卷）[M]．北京：中国建筑工业出版社，2013．）

同理，应坚持以“追求复杂问题有限求解”的原则培育发展小城镇体育产业。在新型城镇化进程中，小城镇发展处于错综复杂的关系中，因此需要用复杂性科学方法来解决和思考体育产业发展的问题，在制定发展规划时应充分考虑五大系统在时间、空间上的交错嵌套关系，以分层思想落实战略规划，以“复杂问题的有限求解”为指导原则，切实分析不同小城镇体育产业发展的关键问题。不是面面俱到，在所有小城镇培育体育产业，或在某个小城镇培育全部类型的体育行业，而是以“复杂问题的有限求解”为指导原则，全面分析小城镇体育产业发展的主要问题，从中找到关键问题或问题的主要方面，从关键问题着手思考解决之道。同时，复杂问题并没有最优解或唯一解，因此要以关键问题为着力点，研究不同着力点的次序、轻重和比例。应全面分析产生问题的主要原因，追求复杂问题的有限解答，深入分析问题的关键原因，以解决关键问题为突破口，逐步培育发展体育产业。小城镇体育产业发展涉及的因素和条件错综复杂，因此需要理清问题的主要方面，找到能够实现小城镇体育产业发展的重点突破方向，着力发展某些类型体育行业，而不是全面培育、全面开花。在空间上，不同小城镇有各自的特点，因此要以问题为导向，解决关键问题，实现小城镇体育产业的可行性发展。

二、坚持城乡一体、合理分工

在恩格斯（Engles）视域下，城乡关系经历了从“混沌”到“分离对立”，再到“融合”的漫长历史过程。小城镇建设立足于实现两大目标：城乡一体化与农村人口城市化[①]。城乡一体化是指让星罗棋布的小城镇与大城市、中小城市和广大农村形成一个整体市场，使得资源在城乡之间实现大流动、大循环，使小城镇成为城乡一体化的“桥梁”。对于发展体育产业而言，应考虑当地的经济社会发展水平与资源禀赋。小城镇产业发展与乡镇企业转型升级、镇域经济发展、农业产业化、当地第三产业发展等互为条件、互相依托、互相牵引，因此应实现生产要素间的有机结合与良性互动。

小城镇建设过程中有巨大的投资需求，必将带动相关产业的发展，因此应具体分析当地适合开展哪种类型的体育行业，具有哪些资源优势，有没有潜在市场需求，当地民众的体育需求与消费意识、消费能力、生活方式及小城镇外的市场需求等。小城镇是城镇体系中的重要组成部分，且处于不断发展变化中，小城镇体育产业发展需要大中城市尤其是中等城市充分发挥辐射作用。同时，小城镇应积极融入大城市体育产业发展体系中，承接与延伸邻近区域大城市产业链条，实现城乡产业一体化发展，实现高起点规划、高质量发展，提高经济效益。

坚持合理分工，形成特色与优势。小城镇体育产业发展应以大城市产业结构体系为参照，合理布局产业体系，实现与大城市产业的分工与合作，在分工中得到发展，在发展中形成特色与优势。这就要求小城镇建立完善的城镇体育产业网络结构体系，充分利用临近的大城市体育产业的发展基础，通过承接与延伸产业链条，实现小城镇体育产业的起步、发展与壮大。对于小城镇而言，应充分借助政策优势，挖掘特色产业，找到“利基市场”，实现错位发展，依托特色资源，尤其是生态环境优质资源，开发特色优势产品，实现当地产业的起步与发展，推动县域、镇域经济社会发展。根据市场经济发展的客观需要和小城镇建设实际，结合产业特点与要素禀赋，形成良好的产业互动互补机制，建立完善的规划设计与政策体系，依靠社会投资形成多元化投资体系，适应市场需求，实现小城镇体育产业的起步与发展。

---

① 李云才．小城镇经济学概论[M]．长沙：湖南人民出版社，2000．

三、坚持因地制宜、科学定位

非均衡理论是20世纪中期逐渐兴起的经济学理论，其创始人克劳尔（Clower）从经济学视角对凯恩斯（Keynes）价格理论进行审视与完善，该理论后逐渐应用于其他领域的研究。非均衡发展是指地区、行业或人群在发展过程中不可避免存在资源分配等方面的不均衡现象，以及由资源分配导致的财富积累不均衡、经济收入不平衡、权力运用不均衡等现象或差异化发展趋势。非均衡理论是针对均衡理论提出的，两者既对立又统一，是社会协调发展的“两翼”，共生共存。社会的发展总是在均衡与非均衡的矛盾中进行的，在均衡—非均衡—再均衡—非均衡—再均衡间循环往复、不断发展。正如马克思（Marx）历史唯物主义史所表明的：“任何社会发展战略的制定和目标取向必须是社会的协调发展，这也是社会发展本质的内在要求。但是，必须看到矛盾是事物发展的根本动力，而差别是矛盾的根本体现，差别表现为社会必然是以非均衡发展的方式发展”[①]。

我国幅员辽阔，区域差异显著，小城镇体育产业发展现状也表现为区域差异性，具体如下：①由于我国地域辽阔，地理上形成的三大综合自然区和三大阶梯[②, ③]，从根本上决定了我国社会经济发展在区域间存在巨大差异。不同区域资源禀赋、经济基础与社会发展条件不尽相同，这使得小城镇体育产业发展总体呈现东强西弱的态势。②城乡差异大。长期以来形成的城乡二元社会结构与城乡生产要素分割发展格局使城市与农村在经济发展水平、居民生活方式、收入水平等方面存在较大差异，这是造成体育产业在城市较为发达，而在小城镇、农村地区发展相对落后的主要原因。③各具特色的区域文化。不同区域的地理位置、自然资源与环境、社会风俗习惯、经济发展状况等因素迥异，形成各具特色的体育文化与体育产业类型。

小城镇体育产业发展应遵循区域差异化及非均衡发展原则。城镇化是一个关于经济布局、就业岗位和人口居住空间三位一体的问题。鉴于我国不同区域的显著差异与城乡差异，处于不同区域的小城镇在自然资源、区位条件、经济社会发

① 宋璇涛．寻求中国区域经济健康发展的第三条道路——非均衡协调发展[J]．经济科学，2001（1）：72-79．

② 陆大道．1997年中国区域发展报告[M]．北京：商务印书馆，1997．

③ 三大自然区，即东部季风区、西部干旱区和青藏高寒区。地势有三大阶梯，即地势西高东低、由西至东层层下降，形成地形阶梯，西南部及西部的青藏高原是我国最高一级阶梯；由青藏高原往北、往东地势显著降低而形成第二个阶梯；大兴安岭、太行山、伏牛山一线以东则是地势最低的一级阶梯。

展水平、人力资源、场馆设施、居民消费水平等方面存在巨大差异，这必然要求在培育体育市场时坚持非均衡发展原则，根据不同区域的资源和环境承载能力及产业发展水平，具体确定小城镇体育产业的推进方式、产业定位和发展方针。

基于小城镇体育产业发展现状和发展条件的综合考察，培育和发展具有相对优势的体育行业类型是小城镇体育产业发展的基本定位。体育产业在小城镇的发展现状总体呈现东高西低的差序发展格局，不同区域体育产业的发展条件存在差异。依据比较优势与竞争优势理论，任何一个区域在产业发展中即使处于劣势，也可以找出具有相对优势的行业类型。例如西部区域，虽然小城镇体育产业总体处于较为滞后的状态，但仍可以通过发掘具有相对优势的体育产业发展条件，培育相应的体育行业。鉴于体育产业发展受诸多因素的影响，对不同区域的小城镇体育产业现状及发展条件进行综合评价，可以为镇域体育产业发展的基本定位提供依据和参考（图 6-2）。

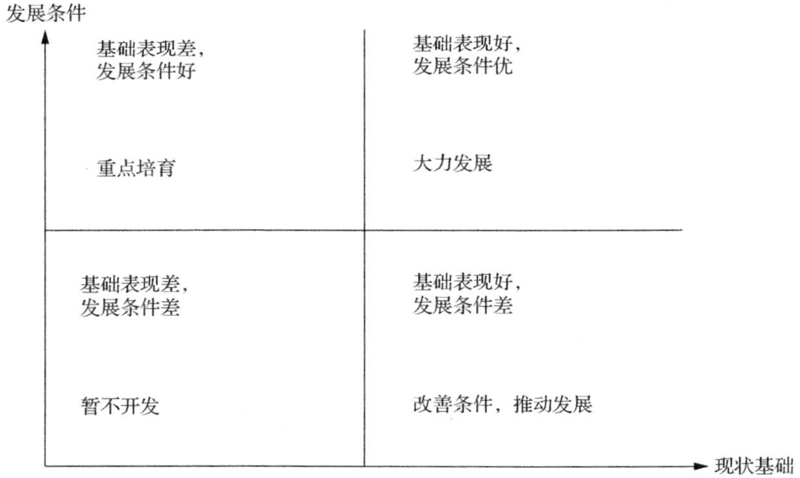

图 6-2　小城镇体育产业的基本定位方法

（资料来源：根据小城镇体育产业发展现状与发展条件提出基本定位方法。）

对于基础表现好、发展条件优的行业，应大力发展。对于基础表现差、发展条件好的行业，应找出制约因素，改进发展思路，逐步培育发展。这类行业应成为小城镇体育产业的重点培育对象。对于基础表现好、发展条件差的行业，应分析哪些因素是促进该行业发展的主要驱动力、未来的前景如何、是否有广阔的市场空间，明晰发展方向，改善条件，推动该行业发展。对于两者都差的行业，可以暂不开发，不将其纳入培育发展范畴，等待条件基本具备时再进行开发。

通常而言，小城镇体育产业的发展条件越好，体育产业的发展潜力越大。地理区位优势带来交通的通达性与资源禀赋的独特吸引力、产业发展规划对体育产业的引导与促进作用、政府部门对体育产业的重视及推动、丰富的场馆设施资源提供的硬件支撑等都是体育产业发展的重要条件。需要指出的是，因不同小城镇自身资源禀赋、政府部门的发展思路、居民生活习惯、体育文化氛围等方面不同而难以找到一个通用的或统一的发展模式，只能因地制宜、因镇施策。有些发展条件是客观存在的，如地理区位，难以被移动或改变，但可以通过外在力量得到优化或改善。随着我国新型城镇化的推进，城乡一体化的步伐不断加快，我国城市及周边高铁规划、水运、陆运等交通条件的飞跃式发展，市—县—镇—村交通网络的改善，使小城镇的对外连通性得到极大改善，在一定程度上增强了小城镇生产要素资源与周边城市的连接。有些条件需要时间的推移才能实现，如小城镇的城镇化水平、居民收入水平等。另外，培养小城镇居民的体育消费意识需要一个长期的过程。因此，对不同区域小城镇体育产业发展现状的分析，应结合镇域体育产业发展的内外环境进行科学定位，从而推动体育产业的萌芽与发展。

此外，体育产业是市场经济逐步成熟与发展的结果。促进小城镇体育产业的发展，一方面要注重发挥市场的资源配置作用，另一方面应从政府层面做好规划，遵循城镇化发展规律，根据当地经济社会发展长期规划的经济布局与市场定位，考虑周边城市的发展走向，审慎分析体育产业的行业类型与区域优势，重点在有潜力的小城镇培育和发展体育产业。

四、坚持规划先行、培育特色

城镇化的过程是人们生产方式、生活方式、价值观点、思想方式乃至社会结构综合转变的社会变迁过程[①]。可见，城镇化是一个综合的社会发展问题，无法依赖某一部门来解决，而是要从更高层的战略上来考虑，坚持规划先行，通过顶层设计[②]，综合地、全面地、高屋建瓴地确定发展框架，然后指导实践，避免出现各自为政的混乱局面[③]。我国小城镇有其自身特点，没有现成的固定的体育产业发展模式作为参照，只能“摸石头过河”，边发展边探索。我们需要另辟蹊径，找到适

① 曹宗平. 中国城镇化之路——基于聚集经济理论的一个新视角[M]. 北京：人民出版社，2009.

② 顶层设计是一个系统工程学概念，是指理念与实践之间的蓝图，总的特点是具有整体的明确性和具体的可操作性，在实践过程中能够“按图施工”，避免因各自为政而造成工程建设过程中的混乱无序。

③ 徐匡迪. 中国特色新型城镇化发展战略研究（综合卷）[M]. 北京：中国建筑工业出版社，2013.

合小城镇发展的产业发展模式。此外，要遵循体育产业发展的规律，适当、适度、适速发展小城镇体育产业，同时把握关键环节。

发展小城镇体育产业，科学定位产业发展方向是关键，应依据小城镇的辐射范围、所在地理位置、与周边城市的产业连接方式等，科学进行产业布局。我国经济社会发展表现出鲜明的地域差异性，无论是生态环境、地域文化、经济运行模式，还是产业结构、发展水平、风土人情，都表现出不同的区域特征，这要求我们尊重区域特性，以区域整体协调发展的眼光切实处理好经济发达、城镇密集地区与经济欠发达、城镇较稀疏地区之间的关系，充分重视不同区域的地域文化与地方特色，探寻有特色的产业发展模式。在培育和发展小城镇体育产业时，应深入分析小城镇所处的区域环境、地域特色、产业基础、经济发展水平、居民生活习惯等区域特征，考虑小城镇与周边区域间的交通衔接、产业布局、承载能力等，抓住特色产业，实现突破性发展。

第二节　小城镇体育产业发展的策略

针对小城镇体育产业发展现状的区域表现与行业发展态势，结合体育产业影响因素与发展条件的综合分析，针对我国新型城镇化进程中小城镇体育产业发展中存在的问题，在相关理论与实践经验的指导下，作者提出小城镇体育产业发展方略，以期为不同区域小城镇培育发展不同类型的体育行业提供一定的借鉴与参考。

一、遵循区域差异，培育主导产业

我国幅员辽阔，地域差异明显，不同区域小城镇在经济社会发展水平、产业结构等方面的层级性显著。我们应正视这一客观现实，在体育产业发展中遵循区域差异化发展规律。这要求小城镇立足自身实际，因地制宜，培育镇域体育主导产业。国内外小城镇发展经验表明，因地制宜培育具有竞争优势的主导产业是保持小城镇活力、推动小城镇发展的重要条件①。小城镇体育主导产业的选择应结合东、中、西部区域的区域特色与原有产业基础，一方面应凸显小城镇自身主导产业的优势，另一方面应依据区域特色开发相关特色产业，结合当地资源禀赋优势，

① 王兆君，张占贞．国外小城镇建设经验、教训对我国东部沿海地区村镇建设的启示[J]．经济问题探索，2011（11）：47-51．

积极培育和发展已经具有一定规模的、有特色的体育行业类型，不断增强体育产业竞争力。例如，地处东部区域的福建省晋江市依托当地雄厚的制造业基础，发展小城镇体育用品及相关产品制造业，并通过打造产业集群，不断提高体育产业竞争力。

不同区域小城镇主体体育产业的选择和培育应有所侧重。在东部区域，小城镇经济实力较强、交通便利、产业基础较雄厚、人口密集程度高、配套设施较完备、消费与服务理念较先进，因此可着重引导小城镇大力发展体育用品及相关产品制造业，积极培育体育竞赛表演、健身休闲等体育服务业，将其纳入城市体育产业体系。但应谨慎承接传移产业，避免承接产能过剩、能耗高的体育产业，在选择主导体育产业时应具有一定的前瞻性。在西部区域，小城镇体育及相关产业基础较薄弱，缺乏相应的产业支撑，产业链不够完备，而西部偏远区域小城镇要形成特色产业，可依托独特的自然资源，尤其是优质的生态环境资源，吸引外来消费群体，着重培育户外运动休闲产业、特色体育旅游业、体育康养服务业等，努力培育体育竞赛表演市场，实现当地体育产业的起步与发展。在中部区域，小城镇可依托地缘优势、镇域资源禀赋、传统文化、农林渔业产业基础较好等因素，积极开发体育旅游业、体育建筑业、现代休闲农业等。在东北区域，小城镇制造业基础较为雄厚，依托自然资源和气候条件，可积极培育体育用品及相关产品制造业，同时在国家各项政策大力推动与引导下，积极培育以冰雪为主题的休闲体育产业、冰雪体育旅游业等，通过提高配套设施的完备性与服务质量，凸显资源特色与优势，提高体育产业竞争力。

需要指出的是，鉴于不同区域间的差异性，以及小城镇自身特点，难以提出统一或固定的主导体育产业类型。上述对不同区域小城镇体育主导产业的方略建议是基于现状调研分析并结合理论指导与发展条件提出的。小城镇需要依托自身条件与产业发展基础，如自身制造业优势、有利的自然资源或区位优势等进行科学定位。体育产业是包容性极强的产业，因此小城镇在发展体育产业时应切实做好自身定位，选择适合发挥自身优势的体育产业类型。

在对国内外小城镇体育产业发展经验的分析中，作者在对典型案例分析的基础上，结合小城镇体育产业现状与发展条件的调研，将案例的个性特点与小城镇体育产业发展的共性特征相结合，对不同类型体育产业的发展策略与方法路径进行分析，以期为小城镇主导体育产业的培育发展提供有针对性的借鉴与参考。可以看出，体育产业基础雄厚、自然资源独特、地理位置优势显著、体育文化历史积淀深厚、政府高度重视、产业规划科学清晰、赛事类型及体育行业选择合理、区域空间有机整合等因素，都可以作为小城镇主导体育产业选择的重要参照，而这些因素对体育产业的推动力不同，各因素间的相互作用也处于动态的发展变化之中，在不同的发展阶段，各因素的驱动重点不同，它们共同推动小城镇体育产业向前发展。应动态思考小城镇自身的条件，进行科学定位，积极培育主导体育产业，实现小城镇体育产业的萌芽与可持续发展。

二、挖掘地域特色，提升产业竞争力

作者认为，培育特色产业是小城镇体育产业发展的突破口，也是提高体育产业竞争力、实现可持续发展的有效策略。在激烈的市场竞争中，小城镇要参与竞争就必须有特色拳头产品。依据特色产业理论的指导思想，用特色打造优势产品，特色越鲜明，产品竞争力越强。与大城市相比，小城镇在经济社会发展环境、硬件设施、科技水平等方面均处于劣势，而其优势在于空气清新、生态环境优美、生活成本低、文化底蕴深、乡土味道浓等。因此，体育产品与服务应体现空间体验的异质性、乡土文化的浓厚性、生态环境的优越性、休闲方式的生活性等。小城镇重点培育特色体育产业的方法如下。

（一）深耕资源优势，精准培育特色产业

在产业培育中，应根据小城镇独特的自然资源、地理区位、文化底蕴等，突显“小而特”的空间特征，深度挖掘小城镇的资源优势与特色，如独特的自然资源、生态环境、现代农业等，综合分析区位条件、产业基础、文化积淀、场馆资源、相关产业的发展情况、产品特色与竞争优势等，开发符合市场需求的体育产品，选择具有比较优势的行业类型进行培育，并将其纳入产业发展规划范畴，实现与大城市体育产业的错位发展。

近年来我国提出打造特色小（城）镇及运动休闲特色小镇，发展特色产业。2017 年 5 月，国家体育总局下发《体育总局办公厅关于推动运动休闲特色小镇建设工作的通知》（以下简称《通知》），这标志着体育特色小镇建设正式获得政策支持。《通知》中指出，到 2020 年，在全国扶持建设一批体育特征鲜明、文化气息浓厚、产业集聚融合、生态环境良好、惠及人民健康的运动休闲特色小镇。相关数据显示，2014 年、2015 年、2016 年、2017 年我国基于体育产业的特色小镇数量分别为 21、47、81 和 153 个，到 2018 年我国体育小镇数量为 252 个，较上年

同比增长 36.2%；2019 年我国体育小镇数量为 304 个，较上年同比增长 20.6%①。各体育特色小镇依托自身优势资源与发展定位，积极探索特色小镇发展模式，形成格局独特、功能齐全的体育集群。当前很多小城镇在建设中存在千镇一面的问题，没有考虑当地特色，一味模仿跟风，应用同一设计、同一模式，毫无特色，这样的小城镇产业难以吸引消费者，难以实现可持续发展。体育产品与服务的设计应从当地实际出发，深挖小城镇在历史文化、传统体育项目、竞赛等方面的特色，并将其融入小城镇整体规划与特色建设中，有效开发具有当地特色的体育娱乐产品或体育旅游服务；也可将体育产品与服务融入具有当地文化特色的大型节庆活动中，形成特色产品，吸引小城镇以外的消费者，扩大市场空间，延伸产业链条。只有打造小城镇自身体育产业的核心竞争力和可持续发展的业态，才能防止小城镇体育产业同质化。例如，浙江省德清县莫干山镇的“民宿+体育”模式、河北省崇礼区的冰雪产业、海南省蜈支洲的海上体育休闲旅游产业等，都是围绕本地区特有的生态资源或历史文化资源做文章，将特有的资源优势转变为产业发展优势，同时不完全束缚于或局限于自然资源，注重向产业链的上下游延伸，向高端体育产业衍生发展。法国的依云小镇背靠阿尔湖，常年的冰山融水形成了富含矿物质的依云水。依云小镇抓住这一商机大力发展康体产业，并成立专门的水疗中心，成为世界知名的融旅游、康体养生为一体的休闲目的地。

（二）突出产业特色，培育产业优势

不同区域的小城镇在经济基础、地形地貌、风俗习惯、气候状况、文化传统等方面具有显著差异，各地都有自身的实际情况与特色。充分挖掘区域特色，发展优势产业或特色产业是实现小城镇快速发展的关键。小城镇发展体育产业首先要根据自身的区位优势、地理自然资源等选择可行的行业，突出自身特点。

特色是小城镇培育体育产业的关键，在规划时应充分考虑当地资源禀赋的现实条件与发展空间。应科学、合理、独到、可持续地挖掘本地特色，结合体育产业不同行业发展的条件，挖掘和培育有特色的体育行业类型，做好体育产业发展定位。同时，应充分考虑当地体育产业发展潜力、区位优势、经济社会发展水平、产业结构及发展方向、与周边城市或农村区域的联系、基础设施的经济组织作用等，制定与小城镇市场发展条件相协调、与小城镇居民消费水平相符合的规划。

① 佚名．中经智库 2021 我国体育特色小镇发展问题及策略分析[EB/OL]．（2021-09-28）[2023-02-15]．http://www.cqcyyjy.com/index.php?c=show&id=535．

要依据自身特色和资源优势合理定位，注重因地制宜，科学规划体育产业发展的内容与行业，切忌盲目跟风、照搬照抄其他小城镇的体育产业发展模式。此外，发展过程中还要立足本镇的人力资源、相关产业资源及人文历史等因素的综合利用和科学开发，从实际出发对体育产业发展规模进行预判，对历史典故等进行深入挖掘，将资源特色转化为产业特色与竞争优势，在产品形象塑造等方面体现小城镇特色，推动小城镇体育产业与文化、旅游等产业联动发展。

（三）打造产品特色，提高消费黏性

体育产业的核心是服务业，因此要充分考虑消费者的需求。在产业定位或产品设计中，应将小城镇的特色融入产业发展中，增强产品的独特性，体现空间差异性，开发有别于城市高度现代化与农村高度传统化的产品或服务，通过镇域特色吸引城乡消费者，增加消费黏性，通过深挖人文内涵，塑造自身的体育产业品牌。体育产业本身属于文化产业，因此对小城镇体育人文资源的挖掘是必不可少的，对小城镇的历史、节庆的风俗表演等都要进行深入探究。有些历史人文古镇、自然风光优美的小城镇可重点突出自身的文化历史自然风光，并在尊重现有格局的前提下对自然历史人文进行传承和创新，把文化基因注入体育相关产业，形成小城镇体育产业及相关产业的多元融合与特色发展方式，深挖文化内涵，打造特色产品。例如，2017 年在湖北省荆州市马山镇举办的首届稻田迷宫大赛，就是依托当地农业打造特色体育旅游的典范。可见，特色是小城镇体育产业可持续发展的关键因素。

（四）特色培育与规模优势并举

选择特色体育产业后，要遵循体育产业发展规律，将特色体育产业做大做强，并将注意力集中于体育产业链的构建上，充分利用体育产业特性，挖掘产业潜力，延伸产业链条，把特色体育产业逐步做大、做强、做精，形成自身的体育产业核心优势，杜绝同质化。突出规模优势是指所选的产业要有一定的规模，任何产业只要形成规模，其抗压力就比较强，且产业联动性较好。体育产业同样具有这样的特质，因此应发挥规模优势、低成本生产优势和低成本运作优势，形成产业集群，保持竞争优势。利用规模优势要注重产业的横向和纵向联合，完成人才、资金、科技、信息等因素的融合，充分挖掘当地人文地理历史等因素，体现当地特色，推动经济生产要素与人文历史结合，构建体育产业生态圈，保证小城镇体育

产业的特质化、创新化和可持续性。此外，要注重产业内外合力的有效利用，可将体育产业新信息、新业态、新运作模式引入小城镇产业发展中，通过对内协同机制推进特色体育产业的创新与建设，不断完善与主体体育产业的合作与交流机制，促进特色体育产业的发展壮大。

需要指出的是，特色小（城）镇建设为打造体育特色小镇提供政策支持与实践创新，但体育产业要成为特色小镇的支柱产业仍需要较长时间的积淀与培育。作者在参加 2017 年全国体育小镇高级研修班时，与参会的近 30 名企业高层管理人员进行交流，了解到体育产业回报周期很长、对企业的经济实力要求较高。企业投资的目的主要是借助当前政策优势获得一定的资金支持与土地使用优惠，借助体育元素或体育设施提升主体产业的吸引力和市场竞争力，在投资中主要通过发展其他产业反哺体育产业。可见，体育特色小（城）镇建设为小城镇体育产业发展提供一定的参照经验，但不能作为我国小城镇体育产业发展的主要模式。应围绕大中城市，做好小城镇体育产业发展规划，科学布局和选择体育行业类型，因地制宜实施不同的体育产业培育方式。通过挖掘镇域特色资源，打造具有空间差异体验感的体育特色产品，完善产业配套，延伸产业链条，打通城乡市场，通过提升体育产业特色与竞争力，培育和发展具有比较优势和竞争优势的体育产业。

三、重视顶层设计，实现多规合一

小城镇建设对我国经济社会发展具有重要意义。小城镇作为城镇体系的基层单元，随着新型城镇化战略的实施与持续推进，处于发展机遇期，得到国家和地方政府的高度关注。体育产业在小城镇也逐步获得发展机会与条件。国家发改委、住建部、财政部、国家体育总局、国家文化和旅游部等部门联合发力，助推小城镇各项事业、产业的发展。对小城镇体育产业发展的规划应跳出体育领域，将其置于小城镇经济社会发展的大背景下，思考如何在新的发展时期将体育产业与其他产业融合，实现嵌入式发展，整合多项政策保障，实现多规合一。具体措施如下。

（一）规划应与小城镇经济社会发展战略及长期规划相衔接

目前，我国各省份均制定了体育产业发展规划，但对于大多数小城镇而言，体育产业的经济社会效应尚未被识别，在小城镇发展规划的制定中，很少将体育产业纳入规划范畴，对小城镇体育产业发展的专项规划也较少。这主要与小城镇经济发展水平、产业结构、居民经济活动（生产、消费）等有关。随着新型城镇化的不断推进、乡村振兴战略的深入实施，小城镇经济社会发展水平逐步提高，加之国家促进体育产业发展的一系列政策的出台，助推我国体育产业整体向前发展，同时使小城镇获得发展的机会与条件。这要求小城镇在制定体育产业发展规划时，从总体上调控体育产业在镇域经济社会空间结构中的布局，将体育产业纳入小城镇内部经济要素与外部环境的有序组织中，科学有序地引导体育产业发展，使小城镇体育产业的功能定位、发展方向、发展规模、产业结构、基础设施配置等与小城镇自身的基础条件、市场要求相适应，实现体育产业规划与城镇规划相衔接，与镇域资源禀赋、经济社会发展相符合，为体育产业发展提供制度保障。

（二）体育产业规划应纳入城—镇—乡经济发展网络体系

小城镇体育产业发展不仅需要借助自身优势，还需要将内在动能与外在动力相结合。作者在调研中发现，我国长期以来实行的城乡发展政策使部分县域缺乏自身造血功能。根据因果累积发展理论，在小城镇体育产业发展中需要引入外援动力因素，通过顶层设计引导城市生产要素进入小城镇及农村，使县、镇、乡与城市协调发展，使城市公共服务、基础设施、产业机构等向县域延伸。还应考虑临近城市的未来发展规划及农村乡镇的发展空间，既要分析如何承接城市体育产业，又要考虑体育产业如何辐射传递至农村区域。随着高速公路、大运量交通设施的兴建，体育场地建设的用地规划能否被纳入小城镇规划中，能否嵌入相邻大城市的发展圈层等对于小城镇体育产业发展至关重要。农村体育消费市场将成为小城镇潜在的体育市场空间，因此在制定规划时应将农村市场纳入考虑范畴，在规划中应力争使小城镇与大城市及相邻农村区域的发展规划保持一致，打破区域间行政区划边界，推进小城镇与大城市协同发展。

（三）整合政策优势，助推体育产业发展

在制定小城镇产业规划或定位时，应了解政策，对不同类别、不同级别有关小城镇和体育产业发展的政策与制度等进行整合分析，用足政策支持，多方申报、积极申报，获取资金支持。要分析哪些体育产业适合在本区域发展、哪些行业可以为地方服务、哪些行业可能被纳入地方政府规划。以国家政策文件、城镇发展规划为依据和指导，充分考虑小城镇未来发展空间与发展态势、建设用地的合法

性与合理性（因体育场馆设施的兴建而必须考虑用地问题）、要素禀赋优势等条件，协调现有各级各类规划，形成“多规合一”的小城镇产业发展规划体系。

四、加强政府引导，促进市场配置

小城镇发展需要动力机制的推动，其中政府的引导作用尤其重要。应积极发挥市场的资源配置作用，实现小城镇体育事业与体育产业的协同发展。在调研中发现，当前部分小城镇发展基础薄弱，发展体育产业环境不成熟，难以体现经济效益与社会效益，小城镇体育事业发展相对较为迟缓。小城镇政府部门应发挥引导作用，积极提供体育公共服务，促进小城镇体育事业发展，引导市场培育体育产业。具体措施如下。

（一）政府是促进小城镇体育事业和体育产业协同发展的主要力量

我国新型城镇化的持续推进，在一定程度上是国家与各级政府高度重视与协同推动的结果。对于体育产业发展而言，其发展支持条件涉及面广、牵涉部门多，因此更需要政府部门的重视和合作。作者在调研中发现，诸多小城镇居民表示当地政府的重视程度是开展体育活动、保障体育事业发展的主导力量，也是引导体育产业发展的重要保障。因为小城镇体育产业发展难以依靠市场机制来进行资源配置、调动各方积极性，需要通过各级行政部门将体育事业发展与体育产业发展纳入小城镇经济社会发展的考虑范畴，并给予其政策保障，从税收优惠、资金投入等方面给予其引导和支持，从而实现小城镇体育产业发展。小城镇体育事业与体育产业有着内在关联性，很多小城镇体育产业难以发展的主要原因在于当地缺乏公共性体育产业的基础性支撑，体育事业基础薄弱。这就要求政府部门发挥主导作用，大力推动当地体育事业的发展。例如，贵州省多个小城镇如雷山县西江镇、黄平县旧州镇等组织春节篮球赛，引导小城镇居民积极参与，营造体育氛围。有的小城镇借助当地产业资源，通过举办赛事带动群众体育活动开展，如安顺市镇宁自治县举办 2019 贵州·镇宁黄果树国际半程马拉松赛，在提升政府公共服务水平的同时提升了居民的体育参与意识与参与热情。河北省邢台市平乡县 2014 年举办全国百城市自行车赛[①]，依托当地自行车生产制造业的产业基础开展

① “国际奥委会主席杯”全国百城市自行车赛是 1995 年由时任国际奥委会主席萨马兰奇（Samaranch）提议、由国家体育总局批准举办的一项全国最高规格的群众性自行车赛事。

赛事活动，极大地提升了周边小城镇居民的体育参与热情，营造良好的体育氛围。湖北省京山县网球运动发展基础较好，文化底蕴深厚。当地政府高度重视体育产业发展，努力打造“中国网球之城”，对当地网球场地设施的配备、居民网球运动的开展给予大力支持，极大地促进了当地网球运动的开展。

（二）加强对体育产业经济效益的认知

体育的经济属性是由市场经济衍生的，随着经济社会发展和产业结构的升级调整，体育产业逐步成为第三产业的发展重点①，成为社会资本的投资关注领域。在政策扶持和资本推动下，体育的产业属性与经济效益在我国大中城市日益彰显。中西部区域小城镇经济社会发展水平较低，体育活动开展较少，很多小城镇难以形成体育产业雏形。在调研过程中问及体育产业时，有些政府工作人员对培育体育产业的认知度非常低。这要求加强政府部门对体育产业的认知，提高政府部门的积极性。同时，政府还应积极引导行业认知和民众认知，宣传推广体育活动的价值，助力体育产业发展。

（三）正确处理政府主导与市场配置之间的关系

小城镇体育产业发展应以地方产业发展的总体规划为出发点。政府主要负责组织开展当地体育事业，提供大众性的体育公共产品与服务，由市场供给个性化的体育需求，遵循体育产业的发展规律，统筹协调市场在产业发展中的资源配置作用。在发挥政府引导作用的同时，充分发挥市场在资源配置中的基础性作用，发挥企业的主力军作用，促使乡镇企业、镇域体育小微企业在活跃市场、创造经济效益方面发挥更大作用。应实现政府引导与市场配置相结合，使小城镇体育事业与体育产业协同发展，这不仅是新型城镇化对人的城镇化的要求，也是小城镇体育产业的发展目标与内在要求。

五、增加场馆供给，营造发展环境

大量研究证实，体育场馆对居民的体育参与和体育消费具有明显的带动效应，便利易用的体育场馆往往能够提升居民的体育参与意识和消费意愿，而制约我国小城镇体育事业和体育产业发展的一大问题就是体育场馆资源匮乏，尤其是符合小城镇居民体育参与需求的公共体育设施较为缺乏。因此，增加体育

① 从湖平．体育产业研究的一个重要逻辑起点——行业的结构关联[J]．中国体育科技，2000，36（10）：1-2.

场馆资源供给，成为破解我国小城镇体育产业发展困境的前置条件和必然之举。具体措施如下。

（一）重视场馆的实用性，连接城乡市场

根据小城镇体育产业发展的特征，在布局小城镇体育场馆时，首先，应遵循“就近就便”和“小型多样”的原则，避免建设“大而无当”的体育场馆；其次，场馆的建设和供给要与各地的自然环境、经济基础、文化传统等文化生态系统结合起来，真正做到“因人因时因地制宜”，提高场馆的实用性；再次，在场馆的运营和管理方面，要用发展的眼光来看待存在的问题，可以采用“公建民管”“公私合建”“民建民管民营”等多种形式，盘活体育场馆内外资源，提高场地利用率、实用性和活性；最后，可以采用“先带动后发展”的策略，重点供给当地居民喜闻乐见的体育项目的场馆设施，集中资源在短期内营造体育运动氛围，形成优势，打造特色，让个别项目率先发展起来，继而带动其他体育产业项目共同发展。

小城镇对农村有极强的影响与带动力，因此小城镇场馆设施的兴建不仅要考虑如何满足小城镇居民的健身休闲活动，还要考虑如何吸引城市居民周末就近休闲娱乐，搭建与农村未来体育消费市场连接的桥梁。随着乡村振兴战略的逐步推进，这些具体措施将推动体育产业在农村的萌芽。体育场馆设施的兴建可以带动小城镇居民参与体育运动。

（二）探索政府引导与社会资本投资共建体育场馆的运营之路

体育场馆的兴建需要大量资金，而对于小城镇来说，有限的政府预算难以保障和实现场馆的维修新建，增加场馆供给是小城镇政府部门需要解决的难题，这就需要探索如何将社会资本引入小城镇体育场馆设施。湖北省京山市的网球场兴建与网球运动的普及对同类小城镇具有极强的借鉴意义。该市 1986 年只有一片简易网球场，经过 30 多年的发展，已拥有 220 余块网球场、8 万名网球爱好者、3 万多名网球注册会员。建设一个硬地网球场至少需要 10 万元，该市政府采取政府社会共建的办法，将网球场建设纳入城市总体规划，要求各企业、宾馆、景区、房地产开发商按规划布局，配套建设网球场地。该市网球场 70%由社会投资建设，市民 15 分钟内就可到达网球场地。仅文峰公园就有 18 块网球场，白天免费使用，夜间低收费使用。丰裕的场地设施成为带动小城镇居民参与健身娱乐的重要力量，形成网球运动习惯与浓厚的文化底蕴，带动当地网球相关产业发展。

（三）加强基础设施建设，优化体育产业外部支撑

小城镇体育产业的发展对基础设施的依赖度很高，如果没有健全完善的道路、通信、网络、电力、水利、给排水、油气、卫生、消防等基础设施支撑，小城镇体育产业的发展就会因缺乏根基而难以起步。在新型城镇化进程中，小城镇交通道路状况已经得到根本性改善，随着我国移动通信、多媒体及融媒体的快速发展，小城镇体育产业发展的“硬”条件不断增强。在完善基础设施的基础上，应加强基础设施的综合服务能力，从而为小城镇体育产业发展提供持续、稳定、有效的“软”条件。小城镇体育产业所需的基础设施不是相互孤立的硬件，而是活态的、充满温度的综合服务体。小城镇相关管理者和经营者应该不断整合、盘活各种基础设施，以“集中资源、便利服务、持续有力”的理念不断为小城镇体育产业发展提供服务。在大力发展小城镇体育产业基础设施的过程中，应秉持发展的眼光和辩证的思维，认识到体育产业发展与小城镇基础设施是相互依赖、彼此促进的关系。一方面，基础设施的健全完善可以带动小城镇体育产业的发展；另一方面，小城镇体育产业的发展可以有效促进小城镇基础设施的改善。

六、培育援引人才，增强发展实力

“一年之计，莫如树谷；十年之计，莫如树木；终身之计，莫如树人”。国家发展靠人才，民族振兴靠人才，因此人才是兴国之本、富民之基、发展之源。小城镇在发展过程中最缺乏的是人才、技术和信息。互联网尤其是信息高速公路的建设将使人才、技术、信息实现跨界流动，使小城镇面临的劣势得到改善。培育和招徕体育产业人才是提升小城镇体育产业竞争力的重要因素。具体措施如下。

（一）明确小城镇体育产业发展所需要的专业人才类型

优秀的运动员、专业性的体育业务人才都是体育产业发展不可多得的资源。明星运动员具有较强的示范引导作用，可带动居民参与体育活动，形成明星示范效应；专业性体育业务人才也是必需的，如体育赛事经营、体育场馆运营、体育培训、社会体育指导等方面的专业人才，他们能在小城镇体育产业发展中提供专业指导与服务。小城镇应借助政府政策平台，为体育专业人才设置专门的岗位/职位，明确岗位职责，真正实现专业人办专业事，充分了解市场所需，合理安排产业布局，争取让体育专业人才发挥最大潜能，促使小城镇体育产业人才的就业

形势向好发展。

（二）培育与引援相结合，强化对体育专业人才的吸引政策

对于小城镇而言，要解决体育产业人才资源匮乏的问题，应实行“走出去”与“引进来”相结合的方式。大城市在就业机会、收入水平、接受教育和其他公共服务、消费和娱乐等方面具有优势，小城镇在生活舒适度、生活成本、较少拥挤、失业率等方面具有优势，但综合来看，大城市对人才的吸引力远远高于小城镇，这就要求小城镇在政策、规划等方面增强对人才的吸引力，留住人才。此外，应为本地体育企业的管理人员、政府部门体育工作人员争取学习机会，提升其管理水平与经营能力。

（三）注重挖掘自身优势，培育体育后备人才

京山市网球运动的开展，在一定程度上依赖于当地对网球人才的培育。京山市通过与教育部门合作，在学校开设网球课，培养学生网球运动爱好与习惯，不断提高运动技术水平，培养后备人才。这些后备人才成为当地网球运动开展不可多得的人才资源，如教练员、社会体育指导员、经营管理人员等，为当地体育产业发展提供源源不断的智力支持。

在人才引进方面，浙江省德清县的做法值得借鉴。人才发展是德清县实现体育产业发展的关键，当地政府在多个方面予以政策扶持，具体如下：①及时发布各类人才需求导向等信息，建设大型专业人才服务平台，增强人才供需衔接；②加强急需人才引进，对于企业急需的高素质人才，鼓励企业引进，并予以大力支持，积极协调人才家属落户、就业、上学等事宜，解决引进人才的后顾之忧；③鼓励企业加大人才培养力度，对企业的人才培训费用给予补贴；④推进校企合作，充分利用德清县邻近区域的高校资源，组织高校与德清县企业进行定期或不定期的对接活动，鼓励通过专业定向设置（如与大成足球俱乐部合作办学）、人才定向培训（如培训户外运动专业方面学生）、联合设立研究机构、关键技术联合攻关、学生实训基地等方式，为企业提供强有力的人才和技术支撑；⑤发动社会力量，加大相关人才引进力度，培训各类实用型人才，构筑人才池，满足人才需求，督促相关产业行会、协会定期举办各类论坛、讲座、座谈等活动，为创业创新人才提供信息交流和思想碰撞的平台；⑥鼓励浙江籍的体育产业高级人才回乡创业，通过宣传推介、乡情感召、家乡信誉小额贷款扶持等方式，促进人才从高级打工者

向企业家蜕变，整合多渠道资源，夯实管理人才队伍，整合竞技体育管理人才资源，坚持“人才强体”的战略方针，采用多种人才引进方式为体育产业发展提供源源不断的智力支持。可见，有效的人才资源引进政策，对推动小城镇体育产业发展具有极其重要的作用。

七、提高体育人口，培育消费市场

在市场经济条件下，任何产业的形成与发展都需要基本的市场需求为支撑，这是最基本的要求，也是最重要的因素。同样，体育市场的形成如果没有特定的体育消费需求，就不可能形成相对应的体育行业。理论与实践表明，大力普及和开展健身娱乐活动是增加体育消费人口的重要举措，而培育赛事观赏人口是体育产业发展的重要任务①。因为忠实的体育消费者会在体育爱好者和参与者中出现。健身意识的培养是形成体育消费需求的前提，没有体育参与体验及对体育功能的认知，就不会形成持续的体育参与行为，而体育参与意识的培养是一个漫长的过程，需要体育参与环境、设施与氛围的支撑。具体措施如下。

（一）充分利用现代传媒，增强居民体育参与意识

随着城镇化进程的不断加快，非农产业人口日益增多，生产方式的变迁带来生活方式的转变。应充分运用现代传媒工具，传播健身理念与健身方法。随着大众传媒的发展，信息时代的传媒工具如广播、电视、网络得到广泛普及，广泛便捷的信息传播缩小了乡村与城市的信息接收差距。这些现代信息的传播与交流方式在一定程度上提升了小城镇居民心理的开放程度，使他们更加便捷地了解外界信息，更加广泛地接触外界新生事物。小城镇居民在生活方式、消费娱乐观念、社交方式等方面都发生了重大变化。这种信息传播在传统的乡村院落迅速蔓延，并以人缘、地缘传播的方式得到扩散，广场舞在城镇乡间的传播就是最好的例证。因此，应借助现代媒体的广泛传播，引导居民树立体育参与意识，形成体育锻炼习惯。

（二）加强社会指导，提高居民体育参与程度

健全和加强体育社会组织是提高小城镇居民体育参与程度的有效推动力。人是体育产业发展的核心要素，因此要发展小城镇体育产业，培育当地居民的体育

① 易剑东．城市体育产业发展的根基与策略[J]．城市观察，2010（6）：47-52．

参与意识和消费习惯是必然之举，而社会指导与组织是引导小城镇居民积极参与体育活动的有效抓手。体育社会组织对于完善体育公共服务供给方式、增加体育公共服务的供给具有不可替代的作用，有助于激发社会各界活力，对巩固和扩大体育事业、激发体育市场潜力具有重要意义。社会组织对于居民而言具有较强的亲和力与凝聚力，这源于我国农村长久以来形成的社会关系纽带。在生命历程中，体育参与能够部分打破健康的阶层不平等边界[①]。小城镇居民身边的社会组织可以引导居民加入健身行列，营造体育运动氛围，组织开展群众体育赛事活动，培育居民体育消费意识，通过引入和改造多种体育产业项目，让居民真正参与体育活动和体育消费。社会体育指导员和体育项目“民间精英”人士的带动，能够让居民享受参与体育活动的乐趣。此外，通过引入专业赛事，不断提升当地居民“到专业场地参与专业体育活动”的意识，以专业体育场馆和科学体育活动的独特魅力吸引居民持续地参与体育活动，使他们成为小城镇体育市场的潜在消费群体。

（三）积极组织体育活动，培育体育消费文化

体育消费文化的培育是文化的沉淀与积累，需要一个长期的培育过程。例如，小城镇居民将广场舞作为日常生活的一部分，因此他们的健身意识及对体育活动的感知与体验不断加强，培养了健身习惯，并传播与扩散了体育文明。体育消费文化的培育是一个长期的过程，即使在北京市与上海市这两个致力于打造国际体育之都的城市，居民的体育健身习惯与体育消费行为也有待引导[②]。在处于城市边缘、收入水平较低、体育健身意识与消费习惯相对滞后的小城镇，体育文化与体育消费意识更需要长期的培育才能形成。因此，政府部门应积极举办或引进体育赛事活动，借此组织小城镇居民参与体育运动、了解体育赛事、培养体育运动习惯。湖北省京山市通过举办体育赛事活动，调动小城镇企业、社区、学校等不同部门人员的参与积极性，形成全民参与氛围，经过 30 多年的发展，该市网球运动文化氛围非常浓厚，老中青三代同场打球的场景随处可见。浓厚的网球运动氛围带动了网球运动及相关产业的发展，取得非常好的社会效益和经济效益，为同类型小城镇提供了有价值的参考。

---

① 董德朋．生命历程视角下居民体育参与打破了健康的阶层不平等吗？——基于 CHNS 追踪调查的纵向分析[J]．上海体育学院学报，2021，45（8）：73-86.

② 易剑东．城市体育产业发展的根基与策略[J]．城市观察，2010（6）：47-52.

（四）重视青少年群体，培育体育市场

重视培育青少年体育消费群体也是培育小城镇体育消费市场的重要领域。原国家体育总局青少年体育司司长刘扶民指出，消费对于经济增长具有终极带动作用，如果缺少终极消费者，体育产业就如同无源之水、无本之木，缺乏发展动力。青少年在市场中是极其重要的消费群体，该群体易于接收新鲜事物，对参与体育活动有较强的积极性，无论是观看体育比赛、购买运动服装或装备、参加体育教育培训，还是参与健身娱乐，青少年都是小城镇体育市场的潜在消费群体，是小城镇体育培训业的重要消费群体，因此必须紧紧抓住青少年这个重要群体。作者在调研中发现，青少年体育培训市场可能成为小城镇体育产业培育的突破口之一，教育始终是小城镇家庭关注的重点，也是家长有强烈投资意愿的领域。目前，在部分小城镇，青少年体育培训服务产品有较大的市场需求，如跆拳道、舞蹈、足球、篮球等培训项目受到家长和学生的欢迎。小城镇应从供给侧借鉴和引进城市优质的要素资源，加入城市体育培训业链条，改进提高小城镇体育产品的质量，培育更大的体育消费市场。

需要指出的是，小城镇体育产业发展应坚持科学发展观。不同小城镇体育产业的培育和发展具有多方案性，其发展过程有一定的或然性或可能性，表现为不同的发展路径与变化趋势，因此不同类型小城镇在体育产业发展中面临的问题、采取的策略具有动态性与灵活性。

第七章

研究结论与研究展望

第一节 研究结论

新型城镇化是我国经济社会发展的战略选择，也是小城镇持续发展的制度保障。“十四五”规划中提到，以城市群、都市圈为依托，促进大中小城市和小城镇协调联动，特色化发展城镇化，推进城乡一体化发展，逐步消除城乡分治、要素分割的体制与政策障碍，为小城镇体育产业发展奠定坚实的物质基础和经济条件。本书以问题导向为研究思路，探讨在当前社会背景下如何在小城镇培育和发展体育产业、哪些因素是影响小城镇体育产业发展的主要方面、小城镇自身具备怎样的发展条件、在体育产业培育发展中有哪些困境障碍与推动动力等一系列问题。作者沿此思路展开调研与分析，并形成以下结论。

（1）城镇化是我国不可逆转的发展趋势，小城镇必然成为这一进程的重要载体。党的二十大报告中提出深入实施新型城镇化战略。这为小城镇经济社会发展带来机遇。体育产业作为新兴产业获得发展契机，同时对新型城镇化具有战略意义。

（2）城市作为增长极将以层级波纹状扩展次序向小城镇扩散信息、技术、人力资源与城市文明，推动小城镇体育产业发展。小城镇应根据所处的发展梯度、产业链条序列，在承接产业转移和产业分工中找准定位，在产业融合中找到市场，以运动项目或赛事活动为引领，打造特色体育产业。

（3）我国体育产业规模不断扩大。体育产业总产出不断攀升，体育产业各细分行业发展势头较好。体育产业生产总值在 GDP 中的比重日益提升，产业结构日趋合理，但体育产业的主体产业贡献率不高，体育产业发展存在明显的城乡差异、区域差距、行业差序现象。从全国层面来看，小城镇体育产业总体处于相对滞后的发展状态。从区域层面来看，小城镇体育产业呈现东高西低的差序发展格局。从行业发展表现来看，体育用品及相关产品制造在不同区域小城镇的发展水平均高于其他行业，体育服务业发展水平各异，体育销售业发展缓慢，体育建筑业发展较为落后。

（4）在新型城镇化背景下，对小城镇体育产业发展具有重要影响的核心条件包括：小城镇的地理位置（产业依托）、小城镇的发展规划（政策保障）、体育场馆资源（硬件基础）、政府对体育活动的重视程度（主要推动力）等、自然资源、基础设施、体育人才资源、城镇化水平、产业扶持政策等是小城镇体育产业发展的支持条件。通过对不同区域小城镇体育产业发展条件的表现性与重要性进行综合分析，可以为小城镇体育产业定位提供基本依据。

（5）我国小城镇体育产业发展的障碍与困境主要有：城乡二元结构导致生产要素相对分割，小城镇体育产业专项规划不足，政府、企业、民众对体育产业的经济属性认知不够，小城镇体育产业发展条件不充分，市场需求不足等。在新型城镇化进程中，小城镇体育产业发展的内在动力有：城镇化质量提升、城镇化格局优化助推城乡生产要素资源合理配置，小城镇功能升级带动第三产业发展，各级各类政策为小城镇体育产业发展提供制度保障，小城镇体育市场环境初见端倪。

（6）国内外成功案例对我国小城镇体育产业发展具有重要借鉴价值与启示价值。国外小城镇体育产业发展的启示主要包括：加强产业关联，重视延伸产业链条；完善配套设施，着力培育产业集群；挖掘特色资源，持续打造体育 IP；依托文化底蕴，促进产业融合共生。国内小城镇体育产业发展案例的经验借鉴主要包括：整合要素资源，培育体育赛事服务业；促进产业融合，培育特色体育休闲服务业；依托生态资源，培育体育康养服务业；打造产业集群，发展体育用品及相关产品制造业；依托农业基础，打造现代休闲农业。

（7）小城镇体育产业发展应遵循以下指导方针：坚持复杂问题、有限求解；坚持城乡一体、合理分工；坚持因地制宜、科学定位；坚持规划先行、培育特色。小城镇体育产业的发展策略主要包括：①遵循区域差异，培育主导产业；②挖掘地域特色，提升产业竞争力；③重视顶层设计，实现多规合一；④加强政府引导，促进市场配置；⑤增加场馆供给，营造发展环境；⑥培育援引人才，增强发展实力；⑦提高体育人口，培育消费市场。

第二节　研究展望

小城镇体育产业发展前景可期。在新型城镇化背景下，通过对体育社会价值的认知，对其经济价值进行挖掘，彰显体育的产业属性与经济价值。小城镇不同于城市，不能照搬城市体育产业发展模式，不应以与城市相同的衡量标准——经济增加值来简单比较体育产业的经济贡献。城乡之间资源禀赋存在差异，小城镇体育产业与城市、乡村体育产业的价值彰显渠道也有所不同。短期内，我国大部分小城镇尚不具备体育产业发展的所有条件，难以成为我国体育产业发展的重要场域，但是极具潜力的增量空间，前景可期。

小城镇体育产业应与新型城镇化进程协同推进，体育产业的发展是综合因素影响的结果。当前小城镇体育产业发展相对滞后，受到城乡二元格局、生产要素相对不足等阻碍，但随着新型城镇化的持续推进，在国家各级各类政策的引导与推动下，小城镇体育产业发展潜力巨大。从发展趋势来看，我国小城镇体育产业在制度努力与制约因素交互作用下呈螺旋上升态势。小城镇是我国体育产业规模扩大的增量空间，是未来体育产业发展的新领域与新阵地。

我们应积极思考小城镇体育产业发展的创新之路。随着新型城镇化红利的不断释放，小城镇成为重要的受益者。作为兼具社会、文化、经济效应的体育产业，可以成为部分小城镇产业发展的重要组成部分。国家各级各类政策的引领与推动、社会资本的下沉和差异化投资为小城镇体育产业提供发展动力。小城镇应打通城乡市场要素，活化镇域文化资源，培育和发展具有特色的体育行业类型，开发小城镇体育产业的创新发展模式。

第三节 研究完善

因为知识和数据匮乏、研究量大等因素的限制，本研究还有待进一步完善，需要完善的方面主要有以下几点。

一、进一步挖掘深层数据，提高研究的量化水平

限于数据获取的难度与小城镇体育产业统计数据的匮乏，本研究难以实现对全国小城镇体育产业发展情况的定量统计分析，在今后研究中将更加注重获取数据，扩展研究范围，加大调研深度，挖掘更深层次的现实内容，扩充研究结论。

二、继续重视区域差异，细化对策研判

我国幅员辽阔，区域差异显著，即使在同一省域甚至同一县域，小城镇的现实条件也存在差异。因此，应在对小城镇进行普遍性分析的基础上，继续重视不同小城镇之间的差异性，提出更有针对性和可行性的对策建议。

三、增加实证分析，使发展策略更具有针对性

鲜活的实践始终是研究的重要对象。小城镇经济社会发展的动态性、政府决策的稳定性与及时性、信息传递的裂变性、企业家才能的敏锐性、资本布局的差异性等都使体育产业发展呈现多元性与多变性的特点。在丰富的体育产业发展实践中，需要深入分析更多具体的实例。因此，不断补充丰富案例，增加实证分析，研析成功经验与策略借鉴，将是作者不断追求的目标。

参 考 文 献

[1] 鲍明晓，邱雪，吴卅，等．关于加快推进体育强国建设的几个基本理论问题——基于党的十九大报告提出体育发展全局的战略性问题[J]．北京体育大学学报，2018，41（2）：1-6，16.

[2] 曹宗平．中国城镇化之路——基于聚集经济理论的一个新视角[M]．北京：人民出版社，2009.

[3] 仇保兴．中国城镇化——机遇与挑战[M]．北京：中国建筑工业出版社，2004.

[4] 楚明锟．冯友兰的逻辑分析法思想[J]．中国文化研究，1999（2）：88-92.

[5] 丛湖平．体育产业研究的一个重要逻辑起点——行业的结构关联[J]．中国体育科技，2000，36（10）：1-2.

[6] 崔瑞华，远芳，王泽宇．中国体育产业发展支撑条件时空格局演变分析[J]．资源开发与市场，2018，34（10）：1431-1437.

[7] 董德朋．生命历程视角下居民体育参与打破了健康的阶层不平等吗？——基于 CHNS 追踪调查的纵向分析[J]．上海体育学院学报，2021，45（8）：73-86.

[8] 董晓春．新型城镇化建设进程中的小城镇体育发展路径研究[J]．体育研究与教育，2015，30（4）：58-62.

[9] 方创琳，张小雷，史育龙，等．中国城镇产业布局分析与决策支持系统[M]．北京：科学出版社，2011.

[10] 方千华，黄汉升．我国体育人文社会学研究生学位论文研究方法的调查与分析[J]．体育学刊，2007（2）：127-130.

[11] 费孝通．中华现代学术名著丛书：乡土中国 生育制度 乡土重建[M]．北京：商务印书馆，2011.

[12] 付群，王雪莉，郑成雯，等．传统工业园区向体育综合体转型发展研究[J]．中国体育科技，2020，56（8）：65-75.

[13] 傅志寰，朱高峰，柳百成，等．中国特色新型城镇化发展战略研究（第二卷）[M]．北京：中国建筑工业出版社，2013.

[14] 耿香玲，司荣贵，东芬，等．苏南小城镇全民健身工程（点）投资社会效益探析[J]．西安体育学院学报，2006（4）：23-25，29.

[15] 龚晓菊，郭倩．第三产业发展与城镇化推进探讨[J]．商业时代，2012（11）：117-119.

[16] 郭琴．体育特色小镇建设二元模式的路径探索[J]．体育与科学，2018，39（2）：89-94.

[17] 郭雯婧．中部乡村崛起：运动休闲特色小镇区域协同发展研究[J]．农业经济，2022（2）：136-138.

[18] 郭相兴，夏显力，张小力，等．中国不同区域小城镇发展水平综合评价分析[J]．地域研究

与开发，2014，33（5）：50-54.
[19] 黄爱峰．中国小城镇体育发展之思考[J]．西安体育学院学报，2004（1）：23-24，29.
[20] 蓝庆新，陈超凡．新型城镇化推动产业结构升级了吗?——基于中国省级面板数据的空间计量研究[J]．财经研究，2013，39（12）：57-71.
[21] 李国平，席强敏，吴爱芝，等．中国小城镇产业结构特征及影响因素研究[J]．地理科学，2018，38（11）：1769-1776.
[22] 李红艳．居民收入视角下新型城镇化促进居民消费影响的实证研究[J]．商业经济研究，2020（4）：50-54.
[23] 李会增，高爱民，朱京涛，等．我国冀东地区小城镇体育活动现状及发展模式[J]．上海体育学院学报，2005（5）：28-32.
[24] 李佳川，孙洁．我国小城镇体育生态系统的发育现状与自驱动力分析[J]．广州体育学院学报，2012，32（2）：1-5，23.
[25] 李五四，陈康．我国小城镇发展模式差异[J]．城乡建设，2003（12）：36-37.
[26] 李燕领，王家宏，邱鹏，等．我国体育事业财政支出：规模、结构与空间效应[J]．中国体育科技，2018，54（6）：20-28，36.
[27] 李颖川．不忘初心，继往开来，为体育科技事业发展谱写新篇章——在中国体育科学学会成立40周年纪念会上的讲话[J]．体育科学，2021，41（1）：3-6.
[28] 李云才．小城镇经济学概论[M]．长沙：湖南人民出版社，2000.
[29] 刘灏，张宏杰．新型城镇化视域下运动休闲特色小镇建设机制及路径研究[J]．南京体育学院学报，2017，31（4）：14-17，27.
[30] 刘清早，王荣朴，孙胜男．体育事业与体育产业的相关关系辨析[J]．中国体育科技，2008（3）：16-20.
[31] 刘志民，丁燕华．小小城镇 大大问题——苏南小城镇体育场地设施的现状调查报告[J]．体育与科学，2002（1）：24-27.
[32] 刘志民，丁燕华．小城镇体育 大社会问题——来自我国小城镇大众体育的调查报告[J]．体育科研，2004（2）：14-17，23.
[33] 卢文云．西部大开发与西部地区农村体育发展模式的研究[J]．北京体育大学学报，2005（12）：1604-1606.
[34] 陆大道．区域发展及其空间结构[M]．北京：科学出版社，1995.
[35] 陆大道．1997年中国区域发展报告[M]．北京：商务印书馆，1997.
[36] 陆大道．对我国“十四五”规划若干领域发展的初步认识[J]．中国科学院院刊，2019，34（10）：1143-1146.
[37] 吕树庭，裴立新，王垒，等．以小城镇为重点的中国农村体育发展研究[J]．体育学刊，2005（3）：1-4.

[38] 吕颖．陕西省小城镇群众体育组织及其活动状况的研究[J]．西安体育学院学报，2004（6）：35-37．
[39] 马慧，袁雷．体育事业与体育产业内在关联的再思考[J]．沈阳体育学院学报，2014，33（3）：13-16．
[40] 孟佩，徐宏毅．中国新型城镇化水平与体育产业发展关系的实证研究[J]．武汉大学学报（哲学社会科学版），2017，70（5）：86-95．
[41] 莫再美．西部小城镇体育产业发展构思——以广西平果县为例[J]．体育研究与教育，2011，26（6）：8-10．
[42] 倪鹏飞．改革开放40年中国城镇化发展的经验与启示[J]．智慧中国，2018（12）：11-13．
[43] 牛兴华，童义来．我国不同社会阶层人口体育现状的调查与研究（之二）[J]．天津体育学院学报，1994（3）：22-28．
[44] 乔家君，赵德华．河南省百强镇时空演化特征及其影响环境[J]．经济地理，2008（2）：255-260，282．
[45] 邱雪．城市化进程中的中国体育现状研究[J]．北京体育大学学报，2017，40（2）：10-16．
[46] 申明锐，张京祥．新型城镇化背景下的中国乡村转型与复兴[J]．城市规划，2015，39（1）：30-34，63．
[47] 申振东，周其华．城镇化透析[M]．北京：中国经济出版社，2004．
[48] 沈克印，杨毅然．体育特色小镇：供给侧改革背景下体育产业跨界融合的实践探索[J]．武汉体育学院学报，2017，51（6）：56-62．
[49] 石忆邵．中国新型城镇化与小城镇发展[J]．经济地理，2013，33（7）：47-52．
[50] 宋璇涛．寻求中国区域经济健康发展的第三条道路——非均衡协调发展[J]．经济科学，2001（1）：72-79．
[51] 谭延敏，张铁明，梁月红．以农村为中心的小城镇体育人口的现状调查研究[J]．吉林体育学院学报，2007（2）：138-140．
[52] 万浩．小城镇体育文化建设与发展[J]．体育学刊，2001（2）：20-21，24．
[53] 王成．中外比较视域下的体育小镇认知反思与重构[J]．上海体育学院学报，2020，44（1）：78-86，94．
[54] 王芳，田明华，秦国伟．新型城镇化与产业结构升级耦合、协调和优化[J]．华东经济管理，2020，34（3）：59-68．
[55] 王凯霞．县域城镇化促进城乡公共服务融合发展的路径研究[J]．经济问题，2022（4）：124-129．
[56] 王龙飞，姚利松，王俊之．体育特色小镇建设中体育产业的集群式发展研究[J]．南京体育学院学报（社会科学版），2017，31（5）：49-53．
[57] 王素斋，祝士苓．五大发展理念下新型城镇化发展路径研究[J]．学理论，2016（12）：20-21．

[58] 王小康，饶纪乐．珠江三角洲小城镇体育发展预测研究[J]．体育科学，1991（1）：16-20，93．
[59] 王新越，秦素贞，吴宁宁．新型城镇化的内涵、测度及其区域差异研究[J]．地域研究与开发，2014，33（4）：69-75．
[60] 王艳．我国区域优势体育产业选择与培育发展研究[M]．北京：北京体育大学出版社，2014．
[61] 王艳，刘金生．体育产业融合与产业发展——以产业融合促进我国体育产业发展的新视角[J]．成都体育学院学报，2009，35（7）：7-10．
[62] 王跃，史守正．中国东、西部小城镇比较研究——以甘肃与江苏为例[J]．干旱区地理，2003（4）：391-394．
[63] 王兆君，张占贞．国外小城镇建设经验、教训对我国东部沿海地区村镇建设的启示[J]．经济问题探索，2011（11）：47-51．
[64] 王志文，沈克印．产业融合视角下运动休闲特色小镇建设研究[J]．体育文化导刊，2018（1）：77-81．
[65] 王竹林．我国小城镇建设的东西部区域差距分析[J]．理论导刊，2001（12）：26-28．
[66] 吴继宽．小城镇建设实践与探索全书[M]．北京：中国社会科学出版社，2004．
[67] 吴康，方创琳．新中国 60 年来小城镇的发展历程与新态势[J]．经济地理，2009，29（10）：1605-1611．
[68] 吴康，韦玉春．20 世纪 90 年代以来江苏区域发展均衡性的测度分析[J]．地理科学进展，2008（1）：64-74．
[69] 夏征农．辞海[M]．上海：上海辞书出版社，1999．
[70] 肖金成．中国城镇化四十年[J]．中国金融，2018（18）：33-35．
[71] 熊爽．关于培育新型城镇化城市发展新动能的对策研究[J]．中国商论，2020（5）：206-208．
[72] 徐匡迪．中国特色新型城镇化发展战略研究[M]．北京：中国建筑工业出版社，2013．
[73] 徐琪．江苏沿海地带产业发展的条件与方向[J]．商场现代化，2009（12）：240．
[74] 严先锋，黄靖，张伟．海南休闲农业产业发展的条件与策略研究[J]．农机化研究，2015，37（5）：14-19．
[75] 杨忍．中国城镇化进程中的乡村发展空间优化重组[M]．北京：科学出版社，2016．
[76] 姚士谋，陈维肖，陈振光，等．新常态下中国新型城镇化的若干问题[J]．地域研究与开发，2016，35（1）：1-4．
[77] 易剑东．城市体育产业发展的根基与策略[J]．城市观察，2010（6）：47-52．
[78] 阴腾龙．建设体育强国进程中体育场馆资源非均衡发展研究[J]．广州体育学院学报，2017，37（6）：15-18，65．
[79] 尹小波．湘西小城镇居民体育现状的调查研究[J]．山东体育学院学报，2005（6）：48-50．
[80] 虞重干，刘志民，丁海勇，等．我国小城镇及小城镇体育之研究现状[J]．上海体育学院学

报，2001（1）：11-14，22.

[81] 袁广锋，张水顺．我国小城镇社区体育发展的主要影响因素分析[J]．中国体育科技，2004（3）：48-50.

[82] 袁中金．中国小城镇发展战略[M]．南京：东南大学出版社，2007.

[83] 袁中金，杨朝辉．中国小城镇经济发展的地区差异研究[J]．经济地理，2004（3）：361-363，369.

[84] 张前成．小城镇体育文化发展的历史规律及未来趋势研究[J]．吉林广播电视大学学报，2018（5）：114-115.

[85] 张文静，邹玉玲．江苏北部小城镇体育人口现状调查[J]．体育科学，2004（4）：14-15，18.

[86] 张岩．论体育事业与体育产业的内涵及二者的关系[J]．成都体育学院学报，2002（2）：21-25.

[87] 郑旗．山西省小城镇体育发展现状及其对策研究[J]．中国体育科技，2002（9）：31-33.

[88] 钟秉枢，鹿志海，李相如，等．中国中小城镇体育休闲旅游资源的整合与优化：以北京市房山区张坊镇为例[J]．首都体育学院学报，2014，26（5）：388-393.

[89] 周良君，吕树庭，陈小英．珠江三角洲小城镇社区体育现状和发展对策的实证研究[J]．广州体育学院学报，2007（3）：19-24.

[90] 左冰．旅游流动、资本积累与不平衡地理发展——基础设施建设对旅游发展影响研究[M]．北京：经济科学出版社，2010.

[91] ADDIE J P D. On the road to the in-between city: Excavating peripheral urbanization in Chicago's "Crosstown Corridor"[J]. Environment and planning, 2016, 48(5): 825-843.

[92] ANTROP M. Landscape change and the urbanization process in Europe[J]. Landscape and urban planning, 2004, 67(1-4):9-26.

[93] BALE J. Sport, space and the city[M]. London: Routledge, 1992.

[94] DEBORAH C, RON J. Sporting dystopias: The making and meanings of urban sport cultures[J]. Urban geography, 2003, 24(8): 739-740.

[95] DICKSON G, ZHANG J J. Sports and urban development: An introduction[J]. International journal of sport marketing and sponsorship, 2021, 22(1): 1-9.

[96] HARA Y, TAKEUCHI K, OKUBO S. Urbanization linked with past agricultural land use patterns in the urban fringe of a deltaic Asian mega-city: A case study in Bangkok[J]. Landscape and urban planning, 2005, 73(1): 16-28.

[97] HOWARD E. Garden cities of tomorrow[M]. London: Swan Sonnenschein, 1902.

[98] KIM Y D, MAGNUSEN M J, WEAVER A, et al.. Rural community well-being through minor league sport[J]. Sport, business and management, 2019, 9(4): 328-343.

[99] KWOK Y W. Recent urban policy and development in China: A reversal of "anti-urbanism"[J].

The town planning review, 1987, 58(4): 383-399.

[100] LORENZ S L. Constructing a cultural history of Canadian hockey[J]. The international journal of the history of sport, 2015, 32(17): 2107-2113.

[101] MASHIACH A. Sport tourism in Israel[J].Journal of sport & Tourism, 2007, 6(3):10-13.

[102] NANCY B B. For the love of the game: Amateur sport in Small-Town Ontario, 1838—1895[M]. Montreal: McGill-Queen's University Press, 2003.

[103] NEALE W C. The peculiar economics of professional sports[J]. The quarterly journal of economics, 2012, 78(1): 1-14.

[104] RIESS S A. City games: The evolution of American urban society and the rise of sports[M]. Champaign, IL: University of Illinois, 1989.

[105] SHETH H, KATHY M B. Beyond the game:Perceptions and practices of corporate social responsibility in the professional sport industry[J]. Journal of business, 2010, 91(3): 433-450.

[106] SÖDERMANN S. Football and management: Comparisons between sport and enterprise[J]. Nursing standard, 2013(33): 31.

[107] STACY L L. 'The product of the town itself': Community representation and the Stanley Cup Hockey challenges of the Kenora Thistles, 1903—1907[J]. The international journal of the history of sport, 2015, 32(17): 2078-2106.

[108] TERRET T, HECK S. Sport and urban space in Europe: Facilities, industries, identities[J]. The international journal of the history of sport, 2012, 29(14): 1939-1941.

[109] THIERRY T, SANDRA H. Prologue: Sport and urban space in europe: facilities, industries, identities[J]. The international journal of the history of sport, 2012, 29(14): 1939-1941.

[110] VASSILIOS Z, CARLA A C. Event portfolio and multi-purpose development: Establishing the conceptual grounds[J]. Sport management review, 2011, 14(4): 409-423.

[111] WALEY P. Distinctive patterns of industrial urbanisation in modern Tokyo, c. 1880—1930[J]. Journal of historical geography, 2009, 35(3): 405-427.

[112] WENG Y C. Spatio-temporal changes of landscape pattern in response to urbanization[J]. Landscape and urban planning, 2007, 81(4): 341-353.

[113] YOUNG D K, MARSHALL J M, ANTHONY W, et al.. Rural community well-being through minor league sport[J].Sport, business and management:An International journal, 2019, 9(4): 328-343.

[114] ZIAKAS V, COSTA C A. The use of an event portfolio in regional community and tourism development: Creating synergy between sport and cultural events[J]. Journal of sport & tourism, 2011, 16(2): 149-175.

附　　录

附录一　我国新型城镇化进程中小城镇体育产业发展现状调查问卷

尊敬的老师/同学：

您好！当前，国家与各地政府正在积极制定城镇化发展规划，而小城镇体育产业担负着承载大城市产业辐射、推动小城镇经济发展、完善公共服务体系等重要任务。本调查问卷的主要目的在于调查我国不同区域小城镇体育产业的发展现状及发展条件。请您抽出宝贵时间对您所在区域的小城镇体育产业发展现状、发展条件给予评价。您的宝贵意见与建议对本研究有极其重要的意义，我们对您的辛勤付出致以最诚挚的谢意！

研究负责人：王艳

您的基本信息

姓名：__________　联系方式（E-mail）：__________

职业：__________

您家乡的小城镇是：__________省（自治区/直辖市）__________市（区/自治州）__________县（自治县）__________镇（乡）

研究内容中的相关定义

小城镇是一种比农村社区高一层次的社会实体。本研究界定的小城镇是指国家批准的建制镇，包括县政府驻地镇和其他建制镇。

体育产业是指以社会各部门开展的体育及其相关产业的生产与经营活动的集合。

请对您如上填写的小城镇的体育产业各行业的实际发展情况进行评价。“5”表示该行业在小城镇发展非常好，“4”表示该行业在小城镇发展较好，“3”表示该行业在小城镇发展一般，“2”表示该行业在小城镇发展不太好，“1”表示该行业在小城镇发展很差。请您在所选选项处标出“√”。

附表 1-1　小城镇体育产业不同行业发展现状调查表

行业类型	该行业活动内容说明	非常好	较好	一般	不太好	很差
体育管理活动	包括公共体育事务、体育社会组织及其他体育管理活动	5	4	3	2	1
体育竞赛表演活动	包括职业体育竞赛表演活动、非职业体育竞赛表演活动	5	4	3	2	1
体育健身休闲活动	包括休闲健身活动、体育文化活动（如群众体育文化活动、民族民间体育活动）及其他休闲健身活动	5	4	3	2	1
体育场地设施管理	包括体育场馆、其他体育场地的管理服务（如社区、公园、健身步道、多功能城市广场等运动场所的管理服务）	5	4	3	2	1
体育场地设施建设	包括室内、室外体育场地设施管理（如体育馆工程服务、体育及休闲健身房屋建设；室外田径场、篮球场、足球场、网球场及全民体育健身设施等工程的施工活动）	5	4	3	2	1
体育经纪与代理、广告与会展、表演与设计服务	包括体育经纪与广告活动、体育活动的策划服务及其他相关体育经纪与代理、广告与会展、表演与设计服务	5	4	3	2	1
体育教育与培训	包括体育培训（体校及体育培训机构、专项运动俱乐部及其他体育培训）、学校体育教育	5	4	3	2	1
体育传媒与信息服务	包括体育出版物出版服务、体育影视及其他传媒服务、互联网体育服务及其他体育信息服务	5	4	3	2	1
体育用品及相关产品制造	包括体育用品制造，运动车、船、航空器等设备制造，特殊体育器械及配件制造，体育服装鞋帽制造，体育游艺娱乐用品设备制造，其他体育用品及相关产品制造	5	4	3	2	1
体育用品及相关产品销售、出租与贸易代理	包括体育用品及相关产品销售、体育用品及相关产品贸易代理、体育设备出租	5	4	3	2	1

续表

行业类型	该行业活动内容说明	非常好	较好	一般	不太好	很差
其他体育服务	包括体育旅游活动、体育健康服务、体育彩票服务、体育会展服务、体育金融与资产管理服务、体育科技与知识产权服务及其他未列明的体育相关服务	5	4	3	2	1

体育产业的发展需要一定的条件。请对您填写的小城镇体育产业的发展条件进行评价。“5”表示该条件非常好/丰富，“4”表示该条件比较好，“3”表示该条件一般，“2”表示该条件不好，“1”表示该条件非常差。请您在所选选项处标出“√”。

附表 1-2　小城镇体育产业发展条件调查表

一级指标	二级指标	非常好	比较好	一般	不好	非常差
自然人文因素	小城镇的地理位置	5	4	3	2	1
	小城镇的自然资源	5	4	3	2	1
	小城镇传统体育文化	5	4	3	2	1
经济因素	小城镇的城镇化水平	5	4	3	2	1
	小城镇的产业结构	5	4	3	2	1
	小城镇体育人口的数量	5	4	3	2	1
	小城镇居民收入水平	5	4	3	2	1
	小城镇居民娱乐文化消费水平	5	4	3	2	1
	小城镇内体育市场需求	5	4	3	2	1
	小城镇外体育市场需求	5	4	3	2	1
制度因素	小城镇体育产业发展规划	5	4	3	2	1
	政府对体育活动的重视程度	5	4	3	2	1
	小城镇体育产业扶持政策	5	4	3	2	1
特定因素	小城镇基础设施条件	5	4	3	2	1
	小城镇体育场馆资源	5	4	3	2	1
	小城镇体育人才资源	5	4	3	2	1
	小城镇竞技体育的综合实力	5	4	3	2	1
	小城镇旅游业的实力	5	4	3	2	1
	小城镇传媒产业发展情况	5	4	3	2	1
	小城镇相关体育产业发展情况	5	4	3	2	1

您认为填写的小城镇体育产业发展中有特色或有影响力的体育行业类型是什么？如有，请在相应行业类型后填写名称。

（1）有影响力的体育比赛（名称）：

（2）有知名度的体育健身企业（名称）：

（3）有特色的民族传统体育项目（名称）：

（4）有规模的体育用品制造企业（名称）：

（5）有特色的体育旅游资源（名称）：

（6）有规模的体育运动场/馆（名称）：

（7）有影响力的体育培训机构（名称）：

（8）请选择填写：

您认为填写的小城镇体育产业发展较好的原因是：

您认为填写的小城镇体育产业发展不太好的原因是：

附录二　我国新型城镇化进程中小城镇体育产业发展影响因素专家调查问卷

尊敬的专家：

您好！当前，国家与各地政府正在积极制定城镇化发展规划，小城镇体育产业担负着承载大城市产业辐射、推动小城镇经济发展、完善公共服务体系等重要任务。本调查问卷的主要目的在于探讨影响我国小城镇体育产业发展的因素及其重要程度，以及小城镇体育产业的发展现状。

鉴于您渊博的学识与丰富的阅历，特请您抽出宝贵时间对影响小城镇体育产业发展的因素及您所在或所了解的小城镇体育产业发展条件、现状给予评价。您的宝贵意见与建议对本研究有极其重要的意义，我们对您的辛勤付出再次致以最诚挚的谢意！

您的基本信息

姓名：__________　职务/职称：__________

所在单位：____________________

您的联系方式（E-mail）：____________________

背景材料

1. 研究内容中的相关定义

小城镇是一种比农村社区高一层次的社会实体。本研究界定的小城镇是指国家批准的建制镇，包括县政府驻地镇和其他建制镇。

体育产业是指以社会各部门开展的体育及其相关产业的生产与经营活动的集合。

2. 调查问卷填写说明

请您对调查问卷中各因素对小城镇体育产业发展的影响程度进行评价。“5”表示该因素非常重要，“4”表示该因素比较重要，“3”表示该因素一般，“2”表示该因素不重要，“1”表示该因素非常不重要。若有未提及的重要因素，请在“其他未列明因素”中填写。

附表 2-1　我国小城镇体育产业发展的影响因素及其重要程度调查表

维度	具体指标	非常重要	比较重要	一般	不重要	非常不重要
自然人文因素	小城镇的地理位置	5	4	3	2	1
	小城镇的自然资源	5	4	3	2	1
	小城镇传统体育文化	5	4	3	2	1
经济因素	小城镇的城镇化水平	5	4	3	2	1
	小城镇的产业结构	5	4	3	2	1
	小城镇体育人口的数量	5	4	3	2	1
	小城镇居民收入水平	5	4	3	2	1
	小城镇居民娱乐文化消费水平	5	4	3	2	1
	小城镇内体育市场需求	5	4	3	2	1
	小城镇外体育市场需求	5	4	3	2	1
制度因素	小城镇体育产业发展规划	5	4	3	2	1
	政府对体育活动的重视程度	5	4	3	2	1
	小城镇体育产业扶持政策	5	4	3	2	1
特定因素	小城镇基础设施条件	5	4	3	2	1
	小城镇体育场馆资源	5	4	3	2	1
	小城镇体育人才资源	5	4	3	2	1
	小城镇竞技体育的综合实力	5	4	3	2	1
	小城镇旅游业的实力	5	4	3	2	1
	小城镇传媒产业发展情况	5	4	3	2	1
	小城镇相关体育产业发展情况	5	4	3	2	1
其他未列明因素（请补充）						
影响小城镇体育产业发展非常重要的因素						

附录三　调查问卷发放范围及样本数量统计表

调查问卷发放范围及样本数量统计表

区域	省级区划名称	小城镇数量（个）	调查问卷发放数量（份）	有效样本数量（份）	样本范围
东部区域	北京市	143	1400	1353	北京市：门头沟区王平镇、海淀区苏家坨镇、房山区张坊镇
	天津市	125			天津市：滨海新区塘沽镇、静海区杨成庄镇
	河北省	1230			河北省：崇礼区高家营镇、沧州市吴桥县宋门镇、保定市涞水县明义镇
	上海市	106			上海市：崇明区陈家镇、奉贤区海湾镇、崇明区绿华镇
	江苏省	712			江苏省：溧水区晶桥镇、阜宁县施庄镇、宿城区三棵树街道
	浙江省	618			浙江省：象山县丹城镇、常山县球川镇、乌镇
	福建省	658			福建省：尤溪县城关镇、仙游县园庄镇
	山东省	1072			山东省：滨城区杨柳雪镇、章丘区相公庄镇、即墨区蓝村镇、青州市谭坊镇
	广东省	1116			广东省：龙门县平陵镇、中山市东升镇、台山县白沙镇
	海南省	175			海南省：万宁市万城镇、澄迈县加乐镇、儋州市海关镇
中部区域	山西省	579	1100	982	山西省：清徐县集义镇、新绛县北张镇、太谷区任村镇、定襄县晋昌镇、洪洞县明姜镇
	安徽省	968			安徽省：安庆市太湖县小池镇、宜秀区五横镇
	江西省	830			江西省：瑞金市象湖镇、柴桑区沙河街道、广信区旭日镇
	河南省	1181			河南省：获嘉县中和镇、新蔡县涧头乡、安阳县水冶镇

续表

区域	省级区划名称	小城镇数量（个）	调查问卷发放数量（份）	有效样本数量（份）	样本范围
中部区域	湖北省	761	1100	982	湖北省：兴山县水月寺镇、枝江市仙女镇、洪湖市镇口镇、利川市团堡镇、钟祥市县客店镇
	湖南省	1133			湖南省：岳阳县月田镇、双峰县井字镇、资兴市东江镇
西部区域	内蒙古自治区	508	1600	1436	内蒙古自治区：鄂尔多斯市鄂托克前旗城川镇、巴彦淖尔市临河区新华镇、通辽市开鲁县大榆树镇
	广西壮族自治区	806			广西壮族自治区：贵港市平南县平南镇、来宾市象州县象州镇、玉林市沙田镇、百色市田阳区
	重庆市	621			重庆市：荣昌区吴家镇、大足区万古镇、垫江县沙坪镇
	四川省	1978			四川省：成都市郫都区唐昌镇、内江市资中县归德镇、攀枝花市仁和区金江镇
	贵州省	833			贵州省：安顺市镇宁县良田镇、遵义市正安县河溪镇、播州区乌江镇、遵义市凤冈县蜂岩镇
	云南省	678			云南省：曲靖市陆良县大莫古镇、大姚县龙街镇
	西藏自治区	142			西藏自治区：林芝市巴宜区鲁朗镇、巴宜区八一镇
	陕西省	973			陕西省：榆林市绥德县艻园镇、咸阳市乾县临平镇、安康市宁陕县城关镇
	甘肃省	892			甘肃省：榆中县贡井镇、榆中县城关镇、甘谷县八里湾镇、敦煌市月牙泉镇、临洮县洮阳镇
	青海省	144			青海省：海南藏族自治州共和县龙羊峡镇
	宁夏回族自治区	103			宁夏回族自治区：石嘴山惠农区红果子镇、银川市兴庆区大新镇
	新疆维吾尔自治区	444			新疆维吾尔自治区：伊宁县英塔木镇、巴楚县巴楚镇、沙湾县老沙湾镇

续表

区域	省级区划名称	小城镇数量（个）	调查问卷发放数量（份）	有效样本数量（份）	样本范围
东北区域	辽宁省	640	400	321	辽宁省：锦州市黑山县太和镇、昌图县太平镇、抚顺市望花区塔峪镇、铁岭市西丰县天德镇
	吉林省	426			吉林省：四平市铁西区、舒兰市白旗镇、辽源市东丰县横道河镇、东丰县东凤镇、长春市双阳区太平镇
	黑龙江省	541			黑龙江省：黑河市嫩江区建边农场、大庆市龙凤区、哈尔滨市尚志市亚布力镇、绥化市兰西县红光镇
合计		21157	4500	4092	

附录四　我国小城镇体育产业发展现状半结构式访谈参考提纲

一、访谈前准备部分

（1）自我介绍。

（2）解释访谈的目的和程序。

（3）提出录音申请。

二、正式访谈部分

（1）您认为当地小城镇体育产业发展现状如何？

拟收集信息：小城镇体育产业发展的总体情况评价，如总体的营利情况、体育市场发展情况（市场供给与市场需求）。

追问：当地有哪些体育产业类型？发展情况如何？

拟收集信息：了解当地小城镇的产业发展业态有哪些类型、发展规模如何等信息。

（2）您认为当地体育产业主要存在哪些问题？

拟收集信息：了解小城镇体育产业发展存在的问题及其所属层面。

追问：当地是否制定了或考虑制定专门的体育产业发展规划？

拟收集信息：了解当地政府部门对体育产业发展的重视程度与规划思考、是否已制定或考虑制定专门的体育产业发展规划。

（3）您认为在当地小城镇体育产业发展中应主要考虑哪些方面的因素？

拟收集信息：影响小城镇体育产业发展的因素及其所属的维度。

（4）从您的理论研究/实践操作/管理经验来看，县域/小城镇体育产业发展应考虑哪些因素和条件？

拟收集信息：通过对影响因素和发展条件的解答，综合分析两者的关系，为制定小城镇体育产业发展方略提供依据。

（5）您认为当地小城镇应主要发展哪些体育行业类型？理由是什么？

拟收集信息：了解小城镇体育产业的基本定位或主导产业选择标准。

追问：您认为当地有哪些体育特色产业可以进行市场开发？

拟收集信息：了解不同地域小城镇如何依托特色资源培育发展体育产业。

（6）关于小城镇体育产业发展，您还有哪些建议？

拟收集信息：对访谈中未问及的事项进行补充完善。

附录五　我国分省区市、分行政级别体育系统机构数

我国分省区市、分行政级别体育系统机构数　　单位：个

项目	合计	国家级	省级	地级	县级
总计	6943	44	637	1844	4418
中央小计	44	44			
地方小计	6899		637	1844	4418
北京市	131		34	97	
天津市	91		34	57	
河北省	305		28	71	206
山西省	239		29	55	155
内蒙古自治区	214		19	46	149
辽宁省	202		2	42	158
吉林省	214		21	64	129
黑龙江省	277		18	78	181
上海市	125		27	98	
江苏省	389		21	129	239
浙江省	256		13	63	180
安徽省	203		19	54	130
福建省	258		23	50	185
江西省	260		26	52	182
山东省	344		34	98	212
河南省	282		20	72	190
湖北省	287		26	54	207
湖南省	327		27	67	233
广东省	370		21	124	225
广西壮族自治区	261		19	62	180
海南省	55		6	8	41
重庆市	93		18	75	
四川省	428		18	73	337
贵州省	139		23	23	93
云南省	283		27	51	205

续表

项目	合计	国家级	省级	地级	县级
西藏自治区	98		9	15	74
陕西省	266		26	50	190
甘肃省	166		13	43	110
青海省	82		11	16	55
宁夏回族自治区	41		8	11	22
新疆维吾尔自治区	213		17	46	150

资料来源：《中国体育事业统计年鉴（2019）》。

附录六 我国分省区市、分行政级别体育场馆机构数

我国分省区市、分行政级别体育场馆机构数

单位：个

项目	合计	国家级	省级	地级	县级
总计	637	1	54	360	222
中央小计	1	1			
地方小计	636		54	360	222
北京市	22			22	
天津市	27		7	20	
河北省	24		3	18	3
山西省	10		2	7	1
内蒙古自治区	11		2	8	1
辽宁省	7			3	4
吉林省	12			10	2
黑龙江省	16		1	14	1
上海市	41		9	32	
江苏省	56		1	17	38
浙江省	32		2	7	23
安徽省	14		1	10	3
福建省	28		1	10	17
江西省	15		2	9	4
山东省	24		1	20	3
河南省	20		2	14	4
湖北省	42		3	15	24
湖南省	28		2	14	12
广东省	54		2	27	25
广西壮族自治区	19		2	14	3
海南省					
重庆市	11		3	8	
四川省	46		1	17	28
贵州省	5		1	4	
云南省	27		1	12	14

续表

项目	合计	国家级	省级	地级	县级
西藏自治区	2		1	1	
陕西省	23		2	13	8
甘肃省	5		1	3	1
青海省	1			1	
宁夏回族自治区	2			2	
新疆维吾尔自治区	12		1	8	3

资料来源：《中国体育事业统计年鉴（2019）》。

附录七　我国分省区市全民健身路径工程情况

我国分省区市全民健身路径工程情况

项目	数量（个）	器材件数（件）	场地面积（平方米）	投资总额			
				计	财政资金	彩票公益金（万元）	社会基金（万元）
总计	49658	399744	8485587.42	293261.30	114418.70	168514.73	10327.87
中央小计							
地方小计	49658	399744	8485587.42	293261.30	114418.70	168514.73	10327.87
北京市	1190	14524	341368.00	6152.50	1681.65	4470.85	
天津市	791	12690	195295.00	4046.58	300.10	3746.48	
河北省	3900	31628	969115.00	160300.87	71350.10	88348.37	602.40
山西省	1622	7570	165959.00	2520.73	233.29	1871.54	415.90
内蒙古自治区	2040	24264	625487.00	13205.12	10521.82	2683.30	
辽宁省	858	7299	298505.00	2115.45	437.40	1489.55	188.50
吉林省	882	9739	574554.00	3731.74	574.60	2826.14	331.00
黑龙江省	3451	5188	212031.00	2091.45	384.00	1630.45	77.00
上海市	197	2364	19700.00	3819.00	1000.00	2819.00	
江苏省	3823	26860	734436.00	10173.97	3748.64	4977.73	1447.60
浙江省	1967	18765	291365.00	6839.22	2567.10	2787.92	1484.20
安徽省	1825	9854	391322.60	3703.10	1050.00	2333.30	319.80
福建省	1393	7989	89322.00	3708.08	1135.20	2064.84	508.04
江西省	598	3636	68287.00	5255.53	4408.31	581.22	266.00
山东省	3231	28412	838316.00	6179.95	10.00	6028.95	141.00
河南省	1723	14223	442602.00	5256.65	2399.96	2631.80	224.89
湖北省	4892	30912	441722.76	7223.87	1286.80	4817.07	1120.00
湖南省	5065	47962	274803.00	11056.81	1203.75	8675.86	1177.20
广东省	1985	11993	412158.00	7966.53	1988.19	5304.90	673.44
广西壮族自治区	496	4138	94707.00	2254.94	1314.18	883.16	57.60
海南省	395	3914	22341.00	2227.22	1297.50	929.72	
重庆市	1250	9176	231411.06	3045.99	1124.60	1901.39	20.00

续表

项目	数量（个）	器材件数（件）	场地面积（平方米）	投资总额			
				计	财政资金	彩票公益金（万元）	社会基金（万元）
四川省	1652	14035	74600.00	3180.45	748.44	2419.01	13.00
贵州省	689	5547	123399.00	1946.50	846.50	1076.00	24.00
云南省	1029	9590	98573.00	4330.53	589.11	3471.12	270.30
西藏自治区	620	7440	37200.00	2170.00		2170.00	
陕西省	195	2104	60800.00	734.07		734.07	
甘肃省	898	16105	295228.00	4496.74	1002.50	2570.24	924.00
青海省	83	937	21170.00	410.28	169.00	241.28	
宁夏回族自治区	403	5030	10775.00	1394.10	497.30	896.80	
新疆维吾尔自治区	515	5856	29035.00	1723.33	548.66	1132.67	42.00

资料来源：《中国体育事业统计年鉴（2017）》。

附录八 我国分省区市县级体育社会组织情况

我国分省区市县级体育社会组织情况 单位：个

项目	县级体育社会组织情况合计	其中		
		县级体育社会团体情况	县级体育基金会情况	县级体育类民办非企业单位
地方小计	40182	31079	261	8842
北京市	0	0	0	0
天津市	0	0	0	0
河北省	1598	1249	6	343
山西省	1339	1219	14	106
内蒙古自治区	1404	1179	0	225
辽宁省	969	540	0	429
吉林省	842	675	8	159
黑龙江省	1045	750	18	277
上海市	0	0	0	0
江苏省	5082	3416	0	1666
浙江省	3187	2223	51	913
安徽省	1885	1577	0	308
福建省	1793	1460	17	316
江西省	1617	1421	0	196
山东省	3266	1727	36	1503
河南省	2084	1475	0	609
湖北省	1598	1276	37	285
湖南省	1590	1438	0	152
广东省	2754	2136	16	602
广西壮族自治区	771	705	0	66
海南省	172	167	0	5
重庆市	0	0	0	0
四川省	2031	1817	31	183
贵州省	1104	975	18	111
云南省	1401	1315	6	80

续表

项目	县级体育社会组织情况合计	其中		
		县级体育社会团体情况	县级体育基金会情况	县级体育类民办非企业单位
西藏自治区	2	2	0	0
陕西省	1081	987	3	91
甘肃省	656	527	0	129
青海省	387	355	0	32
宁夏回族自治区	275	272	0	3
新疆维吾尔自治区	249	196	0	53

资料来源：《中国体育事业统计年鉴（2019）》。

附录九　小城镇体育产业发展影响因素专家打分表

小城镇体育产业发展影响因素专家打分表（*N*=56）

维度	具体指标	总分
自然人文因素	小城镇的地理位置	249
	小城镇的自然资源	234
	小城镇传统体育文化	222
经济因素	小城镇的城镇化水平	228
	小城镇的产业结构	223
	小城镇体育人口的数量	223
	小城镇居民收入水平	226
	小城镇居民娱乐文化消费水平	227
	小城镇内体育市场需求	232
	小城镇外体育市场需求	221
制度因素	小城镇体育产业发展规划	248
	政府对体育活动的重视程度	236
	小城镇体育产业扶持政策	226
特定因素	小城镇基础设施条件	234
	小城镇体育场馆资源	241
	小城镇体育人才资源	231
	小城镇竞技体育的综合实力	193
	小城镇旅游业的实力	222
	小城镇传媒产业发展情况	226
	小城镇相关体育产业发展情况	214

资料来源：根据专家调查问卷的数据统计分析而成。

附录十 我国体育产业相关政策文件及主要内容

我国体育产业相关政策文件及主要内容

发布时间	发布单位	政策文件名称	体育产业相关政策主要内容
2010年3月	国务院办公厅	《国务院办公厅关于加快发展体育产业的指导意见》	到2020年，培育一批具有国际竞争力的体育骨干企业和企业集团，形成一批有中国特色和国际影响力的体育产品品牌；建立以体育服务业为重点、门类齐全、结构合理的体育产业体系和规范有序、繁荣发展的体育市场，包括体育健身市场、体育竞赛与表演市场、体育中介市场、体育用品业等
2011年3月	国家体育总局	《体育事业发展“十二五”规划》	提出提高公共体育服务水平、促进群众体育发展、巩固竞技体育的国际竞争力、增强体育产业创新能力等目标
2014年10月	国务院	《关于加快发展体育产业促进体育消费的若干意见》	加快对体育产业体系的整体布局，丰富体育产品和服务，进一步满足并刺激人民群众对体育的消费需求，到2025年，体育产业总规模将超过5万亿元
2015年2月	国务院办公厅	《中国足球改革发展总体方案》	提出“三步走”战略，分为近期、中期和远期目标：近期目标是理顺足球管理体制，制定足球中长期发展规划，创新中国足球特色管理模式；中期目标是实现青少年足球人口大幅增加，职业联赛组织和竞赛水平达到亚洲一流，国家男子足球队跻身亚洲前列，国家女子足球队重返世界一流强队行列；远期目标是中国成功申办世界杯足球赛、国家男子足球队打进世界杯足球赛决赛圈、进入奥运会正式比赛
2015年12月	财政部国家税务总局	《国家财政部、国家税务总局关于体育场馆房产税和城镇土地使用税政策的通知》	对事业单位、居民委员会、村民委员会拥有的体育场馆进行补助，适当减免用于体育活动的房产、土地，免征房产税和城镇土地使用税。对于经费自理的事业单位、体育社会团体、体育基金会、体育类民办非企业单位拥有并运营管理的体育场馆，在特定条件下，也可以对其用于体育活动的房产、土地，免征房产税和城镇土地使用税。值得注意的是，文件中强调了所有高尔夫球、马术、汽车、卡丁车、摩托车的比赛场、训练场、练习场等，除另有规定的外，不得享受房产税、城镇土地使用税优惠政策

续表

发布时间	发布单位	政策文件名称	体育产业相关政策主要内容
2016年5月	国家体育总局	《体育产业发展“十三五”规划》	到2020年，体育产业总规模超过3万亿，产业增加值在国内生产总值中的比重达到1.0%
2016年6月	国务院	《全民健身计划（2016—2020年）》	到2020年，每周参加1次及以上体育锻炼的人数达到7亿，经常参加体育锻炼的人数达到4.35亿，体育消费总规模达到1.5万亿元
2016年8月	国家体育总局	《竞技体育“十三五”规划》	以足球改革为突破口，提升足、篮、排三大球发展水平，巩固和扩大优势项目，挖掘潜优势项目增长点，冬季项目、基础项目和落后项目力争有更大提升；加速职业体育发展进程
2016年9月	国家体育总局	《青少年体育“十三五”规划》	到2020年，青少年体育活动开展更广泛，青少年训练基础更加坚实，青少年基本公共体育服务城乡、区域更加协调
2019年9月	国务院办公厅	《体育强国建设纲要》	到2035年，我国经常参加体育锻炼人数比例达到45%以上，人均体育场地面积达到2.5平方米
2019年9月	国务院办公厅	《国务院办公厅关于促进全民健身和体育消费 推动体育产业高质量发展的意见》	提出以习近平新时代中国特色社会主义思想为指导，强化体育产业要素保障，激发市场活力和消费热情，推动体育产业成为国民经济支柱性产业，让经常参加体育锻炼成为一种生活方式，并提出了10个方面的政策举措
2020年10月	国务院办公厅	《国务院办公厅关于加强全民健身场地设施建设 发展群众体育的意见》	到2025年，有效解决制约健身设施规划建设的瓶颈问题，相关部门联动工作机制更加健全高效，健身设施配置更加合理，健身环境明显改善，形成群众普遍参加体育健身的良好氛围
2021年2月	国家体育总局、国家发改委	《体育总局、发展改革委关于加强社会足球场地对外开放和运营管理的指导意见》	到2025年，社会足球场地全面开放，初步形成制度完备、权责明确、主体多元、利用高效的社会足球场地长效运营管理机制。要求社会足球场保障使用功能，确保开放时间；要科学管理社会足球场；要完善社会足球场配套设施；要求各地切实履行主体责任等

续表

发布时间	发布单位	政策文件名称	体育产业相关政策主要内容
2021年8月	国务院	《全民健身计划（2021—2025年）》	到2025年，全民健身公共服务体系更加完善，人民群众体育健身更加便利，健身热情进一步提高，各运动项目参与人数持续提升，经常参加体育锻炼人数比例达到38.5%，县（市、区）、乡镇（街道）、行政村（社区）三级公共健身设施和社区15分钟健身圈实现全覆盖，每千人拥有社会体育指导员2.16名，带动全国体育产业总规模达到5万亿元
2021年10月	国家体育总局	《"十四五"体育发展规划》	提出的主要目标是体育产业发展形成新成果。体育产业总规模达到5万亿元，增加值占国内生产总值比重达到2%，居民体育消费总规模超过2.8万亿元，从业人员超过800万人。提出体育助力新型城镇化建设工程
2022年3月	中共中央办公厅、国务院办公厅	《关于构建更高水平的全民健身公共服务体系的意见》	到2025年，更高水平的全民健身公共服务体系基本建立，人均体育场地面积达到2.6平方米，经常参加体育锻炼人数比例达到38.5%，政府提供的全民健身基本公共服务体系更加完善、标准更加健全、品质明显提升，社会力量提供的普惠性公共服务实现付费可享有、价格可承受、质量有保障、安全有监管，群众健身热情进一步提高。到2035年，与社会主义现代化国家相适应的全民健身公共服务体系全面建立，经常参加体育锻炼人数比例达到45%以上，体育健身和运动休闲成为普遍生活方式，人民身体素养和健康水平居于世界前列

资料来源：根据国家有关政府部门官方网站、国家体育总局官网等的文件资料整理而成。